中古歐洲史

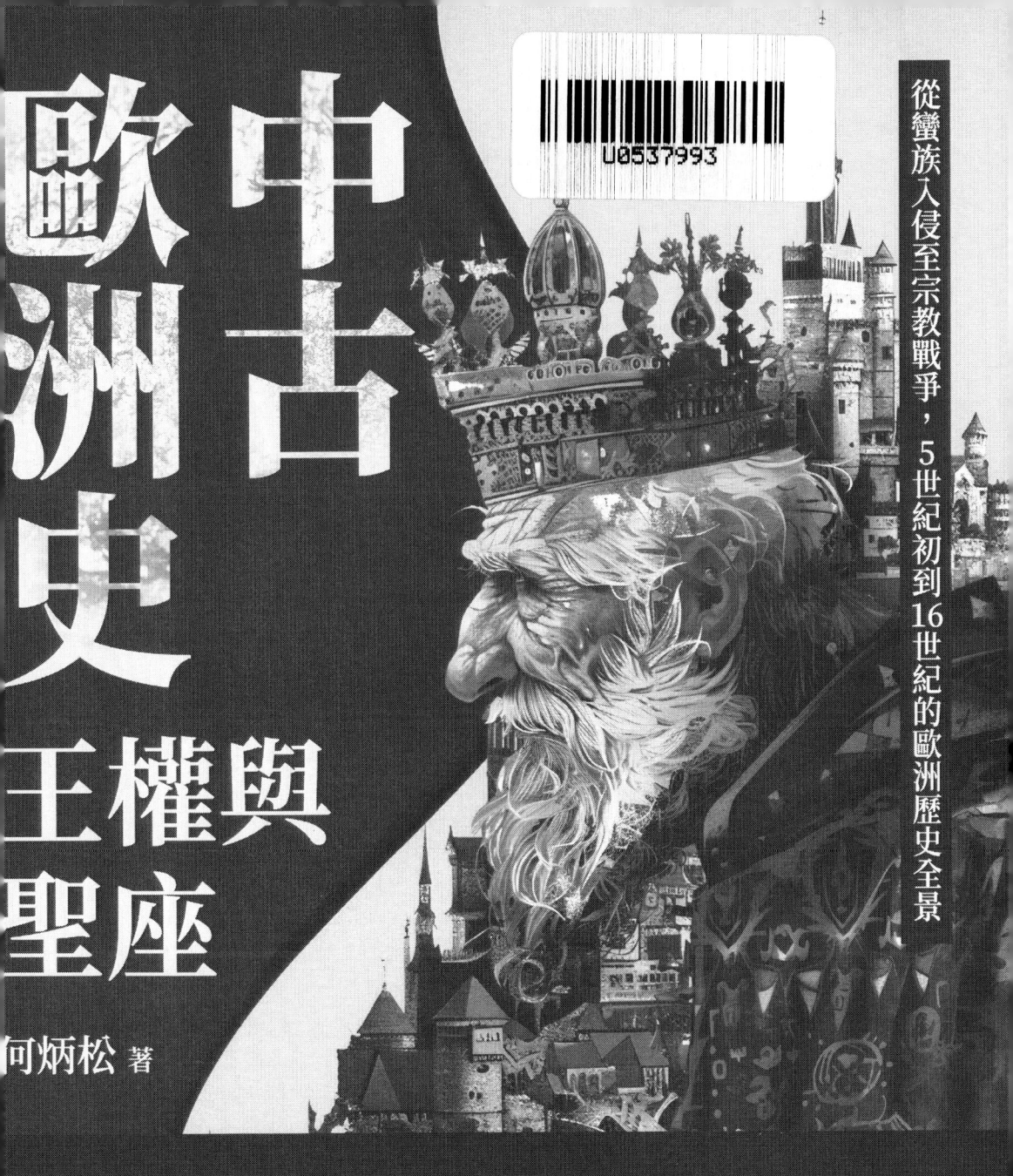

王權與聖座

從蠻族入侵至宗教戰爭，5世紀初到16世紀的歐洲歷史全景

何炳松 著

自1924年發行以來至今多次重印
全面搭建歐洲史的發展框架
系統描繪歐洲史興衰起伏脈絡

歐洲史經典入門書

從西元5世紀西羅馬帝國瓦解到16世紀的歐洲歷史
全書結構嚴謹，語言簡潔，清晰而全面的中古歐洲歷史概覽

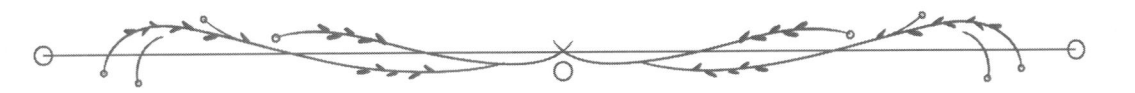

目錄

序

弁言

第一卷　蠻族之入侵及基督教會之事業

　　第一章　緒論　　　　　　　　　　　　　　　013

　　第二章　蠻族入侵以前之歐洲　　　　　　　　017

　　第三章　日耳曼種人之入侵及羅馬帝國之瓦解　027

　　第四章　羅馬教宗之興起　　　　　　　　　　039

　　第五章　修道士及日耳曼種人之入教　　　　　047

第二卷　封建制度之發達及民族國家之興起

　　第六章　查理・馬特及丕平　　　　　　　　　057

　　第七章　查理曼　　　　　　　　　　　　　　063

　　第八章　查理曼帝國之瓦解　　　　　　　　　073

　　第九章　封建制度　　　　　　　　　　　　　081

　　第十章　法蘭西之發達　　　　　　　　　　　089

　　第十一章　中古時代之英國　　　　　　　　　097

目錄

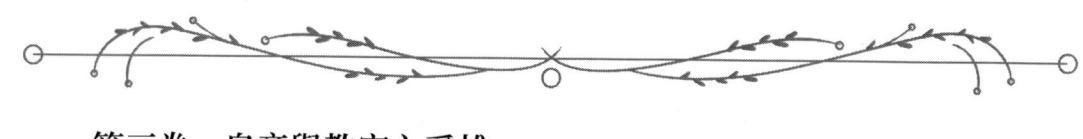

第三卷　皇帝與教宗之爭雄

　　第十二章　十世紀及十一世紀之德國與義大利　　109

　　第十三章　聖額我略七世與亨利四世之衝突　　121

　　第十四章　霍亨斯陶芬族諸帝與羅馬教宗　　127

第四卷　中古時代之一般狀況

　　第十五章　中古時代之教會　　139

　　第十六章　異端及托缽僧　　149

　　第十七章　鄉民及市民　　161

　　第十八章　中古時代之文化　　171

第五卷　文藝復興

　　第十九章　百年戰爭　　191

　　第二十章　羅馬教宗與宗教大會　　207

　　第二十一章　義大利諸城及文藝復興　　221

　　第二十二章　十六世紀初年之歐洲　　241

第六卷　宗教改革及宗教戰爭

　　第二十三章　宗教改革以前之德國　　255

　　第二十四章　馬丁・路德與宗教改革　　267

　　第二十五章　德國之宗教改革（西元一五二一年至一五五五年）　　281

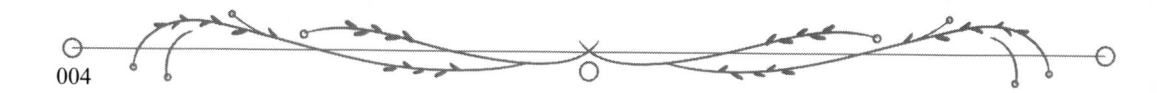

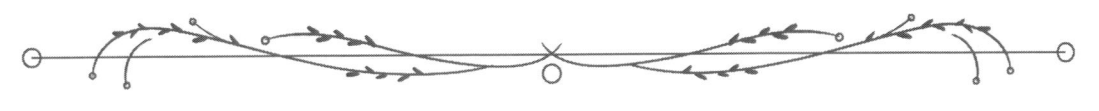

第二十六章　瑞士及英國之宗教改革　　　　　　293

第二十七章　羅馬舊教之改良與費利佩二世　　　305

第二十八章　三十年戰爭　　　　　　　　　　　325

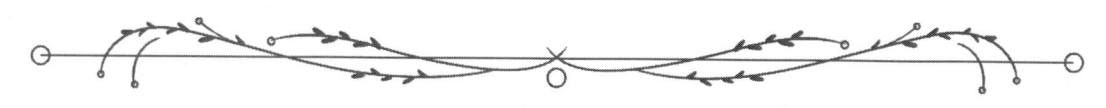

目錄

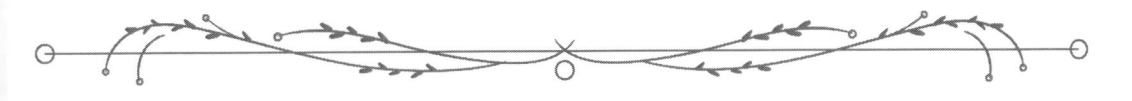

序

　　我們研究西洋歷史的道路，凡有兩條，一是讀西洋歷史名著的原本，一是讀我們自己的編著或譯本。

　　自十九世紀以來，西洋的歷史學，靠了新材料的發見，及新史觀的興起，它的發展真可以說是一日千里；而歷史名家的著作，也是日新月異，美不勝收。所以我們若能直接讀他們的著作，實是研究西史的一條最簡捷，最有效果的道路。但不幸因為文字上的困難，因為書籍的昂貴和難致，這一條路只成為少數學者的私徑。於是大多數的學子，便不得不向第二條路走去。

　　但第二條路也不是平坦大道。現在我們自己所編的西洋史，在性質及數量上，均尚免不掉貧乏的譏評。為歷史而研究西洋歷史的人，已經不多；加之這類少數的學者，又大都執教鞭於各大學，甚少閉門著書的機會。而西洋歷史的資料，在本國更不易得，此尤足增加了著書的困難和失望。

　　至於譯書一事，在表面上看來，它似乎是極易的，但實際上亦有許多困難。第一，歷史的著作，大抵是偏於學術的，所以它定不能得到群眾的狂熱歡迎，因此，人們或因得不到相當的報酬而氣餒。第二，凡是文筆清通的人，都能譯幾篇文藝小品，而不致有大舛誤；但假使你不曾研究過歷史，你譯出來的史學名著，怕就要免不了遭受「貽笑大方」、「貽害後學」的一類考語了。第三，歷史是最富於人性的一個學術，所以它的取材及範圍，亦當以人為根據。歐美人所著的歷史，在我們東方人用世界的眼光看

序

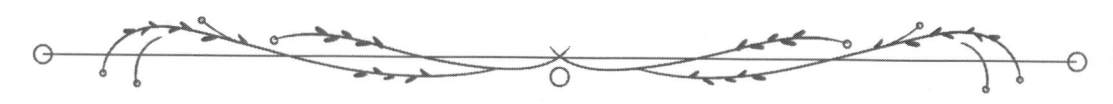

來,有許多是累贅可刪的,有許多是應當增加資料的。但這一件事更不易做,更非素無歷史研究,或乏世界眼光者,所能下筆的了。因此三個原因,歷史名著的好譯本,在今日的學術界中,遂等於鳳毛麟角。

本書的譯者,是我在北大時的同事。他的史學和史識,是我素來敬佩的。他的學識,本可以使他自編一書而綽有餘裕。但他因感到自己編書不易完滿,又因深佩美國前輩魯賓遜氏(James Harvey Robinson)的史學,所以便很謙虛的,把魯賓遜的這本書譯成中文,以饗國內的學子。何先生的歷史學識和研究,既足以消滅上說的第二個困難;而這個譯本中卷數的分配,章節的排列,以及材料的剪裁,亦均足以顯出譯者的眼光及目的,上說的第三個困難,到此也就無形地消解了。不但如此,上面我們所說的研究西洋史的兩條大路,第一條豈不是我們所認為更滿意的嗎?現在大多數的學子,雖仍不能自己去走那一條路,但靠了翻譯的幻術,他們竟可以去「臥遊」那個走不通的仙境了。豈不快哉!

魯賓遜是美國的一位很有名的教授和學者,他的這本教科書的風行,是沒有能和他競爭的。我希望他現在靠了何先生給他的這一套優美的華服,在我們這裡能受到更大的歡迎。

陳衡哲

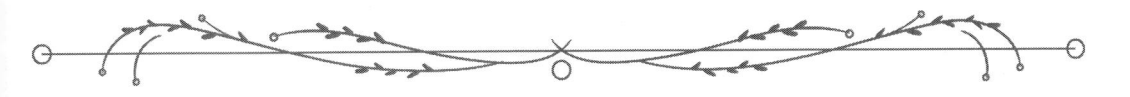

弁言

　　此書係著者於民國九年至十一年在北京大學史學系講授中古歐洲史之講義，大部分以美國名史家魯賓遜所著之《西部歐洲史》(An Introduction to the History of Western Europe)一書中之前二十九章為藍本。關於文明史方面，則取材於魯賓遜與比爾德(Beard)合著之《歐洲史大綱》(Outline of European History)第一卷以補充之。

　　至於本書之主旨為何，則原著《西部歐洲史》序文中有數語，茲引之為本書之弁言：

　　竊以為學者研究歐洲文明發達史時，史材分配問題，最為重要。故余之編著歷史，不但竭力以明確為主，而且使之合於現代對於過去事實及制度之輕重觀念。本書篇幅有限，故人名及不甚重要之衝突，在普通歷史課本中，雖占有地位，條亦略去不提，余並敢刪去許多習慣相傳之遺聞及軼事，蓋此種文字得在課本上占有地位，殆出諸偶然，或僅係習俗相傳之故，對於研究歷史者，並無深遠意義之可言也。

　　因刪略所省得之空間，則用之以達三種重要之目的。第一，歐洲數百年來所生息之制度，就中尤特重基督教之教會，加以討論，遠較普通同樣之書本中為詳。第二，人類活動中各方面第一等重要人物之一生及其事業如教宗葛利果一世(Gregorius PP. I)、查理大帝(Charlemagne)、阿伯拉爾(Abélard)、佩脫拉克(Petrarca)、馬丁‧路德(Martin Luther)輩——亦視其與世界關係之輕重，予以相當之研究。最後，本書之範圍為之加廣，

弁言

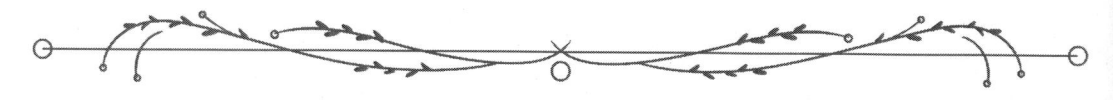

故不僅政治上之事業，即過去經濟上、思想上及美術上之成功，亦復成本書敍事文中不可分離之一部分云。

何炳松

第一卷
蠻族之入侵及
基督教會之事業

第一卷　蠻族之入侵及基督教會之事業

第一章
緒論

第一節　本書之目的

歷史之範圍　泛言之，凡過去人類所為、所思、所望者，皆歷史也。歷史為研究過去人類事業之科學，廣大無邊，然模糊異常，不易究詰，埃及象形文字之解釋，中古寺院制度之敘述，印度蒙古皇帝之纂舉，拿破崙戰爭之記載，皆研究歷史者所有事也。即如羅馬帝國之如何瓦解，西元一八九八年美國與西班牙之何以戰爭，喀爾文（Calvin）對於路德之思想如何，十八世紀法國鄉農所食者為何物，亦無一非研究歷史之材料。歷史範圍之廣，於此可見。

本書之目的　茲所述者為中古歐洲史，為期雖短，然極為重要。本書之目的，在於敘述自蠻族南下以後至近世諸國興起時止之各種重要變化，以明近世歐洲文明之淵源。然千餘年間，民族國家蔚然興起；偉人英傑，代有其人；加以文物典章，時有變化；研究者不一其人，著作之書，汗牛充棟。茲書所述，僅得數十章之文字，其不能包羅一切，可想而知。則抉擇材料，約取成書，編者之責，固甚大也。

注重一般狀況　編史而僅述時與事，讀史而僅記時與事，兩無裨益。研究歷史者，應知過去人類生活之狀況如何？其制度如何？職業如何？事業如何？中古時代，既無幣制，經商之方法如何？基督教在社會上之勢力

如何？僧侶之生活如何？有功於人類者何在？凡此諸端，皆吾人應詳述者也。故本書之目的，一言以蔽之，在於說明上古之歐洲，如何一變而為近世之歐洲。

抉擇材料之審慎　吾人既欲撮千餘年來人事變化之大綱以便讀者，故偶然之事及奇異之跡，不得不略去不提。吾人所注意者，在於過去人類之習慣及制度，凡偶然之事之可以說明此種習慣及制度者，則取以為材料焉。

研究過去應有同情　吾人研究過去之人事，斷不可心存藐視，以荒謬目之，須平心靜氣，具有同情。蓋史家之目的，不在批評過去制度之當否，而在說明過去制度之由來及其變化。例如中古時代，凡不信基督教者，則以火焚之。此種習慣，在今日視之，寧非無理？然研究歷史者斷不可肆口謾罵此種習慣之非是。其責任乃在於研究十三世紀時，何以無論何人，皆贊成此種習慣之存在。故本書所述之中古歐洲史，始終以同情貫徹其間，不作誅心之論，蓋過去制度之得以存在，必皆有優點者也。

第二節　歷史之起訖

歷史分期之不當　將人類之過去，分為數期，謂某期終於西元四七六年，而某期即自此始；某期終於西元一四五三年，而某期即自此始；此種時代之劃分，實不可能。人類之習慣，非一朝一夕所可造成，亦非一朝一夕所可變更。雖有時一戰之後，國祚因之而絕，政體因之而變。工商業或因之而盛，或因之而衰，人民之精神及語言或因之而變。然此種變化，其來必漸。戰爭或革命以後，農民之耕耘也必如故，工人之作業也必如故，

商人之貿易也亦必如故。即文人學士之著書，國民家庭之生活，亦皆必如故。故政體變遷之影響於人民習慣上者，進行甚慢，有時且並無影響之可言。

例如法國革命亦非驟然之變化　十八世紀末年之法國革命，為歷史上變化之最驟者；然稍加研究，則知法國之革命其來甚漸。而且當日革命者，並不能驟改法國之政體，因法國雖於西元一七九二年建設共和，然為日甚短，不久即有拿破崙（Napoleon Bonaparte）之稱帝，其專制且較前王為甚。即在今日，法國之政制中，尚留有王政時代之遺跡焉。

歷史之繼續　人類有保存舊習之傾向，其結果即為歷史上所謂「歷史之繼續」。故人類習慣無驟變之跡，亦無驟變之理，此語殆成史學上最重要之原理。

一般變化無一定之時日　編歷史者，若謂其書始於何年終於何日，吾人即可斷其忘卻史學上之原理。現在編歐洲史者，每有一定之起訖。抑若某名王即位，或某大事發見，而歐洲之狀況即為之丕變者然。實則普通之變化，斷無一定之時日。故研究歷史者，應就事實之實在情形而研究之，不可強限以時代。須知各民族之風俗習慣，新陳代謝，犬牙交錯，初無全體一致之跡也。

第三節　中古時代之意義

中古時代之起點不著　故吾人對於歐洲史上之所謂中古時代，不能斷其以何事或何年為起點。羅馬帝國之西北境外，有所謂蠻族者，未與羅馬

第一卷　蠻族之入侵及基督教會之事業

人接觸以前，其事已不可考。他日西部羅馬帝國之傾覆，即出諸若輩之手。北方蠻族之為患羅馬者，約始於紀元前百年頃，其時曾為羅馬名將蓋烏斯‧馬略（Gaius Marius）所敗。五十年後，凱撒（Caesar）曾著書述其戰敗蠻族之陳跡。此後再過五百年，北方蠻族乃有建設王國於羅馬帝國境內之舉。西部之羅馬政府，至是瓦解。而中古時代，於是乎始。

羅馬文化之衰替不始於中古　然謂羅馬文明至是掃地以盡，亦殊不然。蓋羅馬之文明，自奧古斯都（Augustus）在位之黃金時代而後，即日有變遷。日耳曼民族未入侵以前，羅馬之文學與美術，早已衰微不振，與中古時代相同。而中古時代之思想及狀況，則在羅馬帝國時代，已見端倪矣。

中古時代之意義甚晦　故所謂中古時代者，其意義極不明瞭。本書所指者，約自西元後五世紀初年起至十四世紀止，前後凡千年之久。

黑暗時代四字之不妥　昔日研究中古歐洲史者，以為自羅馬帝國西部瓦解以後，數百年間，文化蕩然無存，遂名此期為「黑暗時代」。以為當時之歐洲，民智閉塞，秩序大紊，與古代希臘、羅馬之文明既異，與近世之開明亦大不相同。然近來研究中古史者，漸知所謂黑暗時代者，亦未嘗無文明之進步及產生。實則當時之活動及發達，與其他各時代等；而近世之文明，亦多淵源於中古。本書之目的，先述蠻族南下之影響，元氣之恢復，及當時之制度。自第二十章以後所述者，係中古時代之制度、習慣及思想如何衰敗，近世歐洲之文化如何發生。

第二章
蠻族入侵以前之歐洲

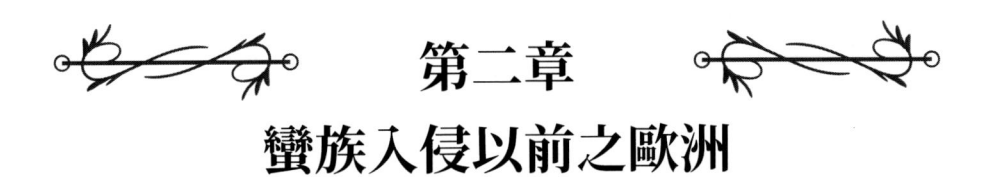

第一節　羅馬帝國統一之原因

羅馬帝國之領土　吾人如欲明瞭中古歐洲史，不能不先略知羅馬帝國史。當五世紀初年，西部歐洲一帶，並無獨立之國家。今日之英國、法國、西班牙、義大利諸國，在當日均係羅馬帝國之領土。至於今日之德國，在當日則草萊未闢，蠻族居之。羅馬人曾欲力征之而不得，乃沿萊茵及多瑙河兩河築壘駐兵以禦之。

帝國境內之人種　羅馬帝國之領土，包有歐洲之西南部，亞洲之西部，及非洲之北部。國內人種甚雜，埃及人、阿拉伯人、猶太人、希臘人、日耳曼種人、高盧種人、伊比利亞人，無不俯首帖耳，臣服於羅馬。

帝國統一之原因　領土既廣，人種又雜，各人種之文明程度，又復各不相同，而羅馬帝國竟能統一而維持之，達五百年之久，殊非吾人意料所及。然稍加研究，即可知羅馬帝國之能維持如此之久者，其故厥有數端：（一）羅馬帝國之政治組織，完備異常。中央之於地方，如臂使指。（二）羅馬人民之尊崇皇帝，幾同神聖。（三）羅馬法律，通行全國而無阻。（四）羅馬國道，四通八達；幣制劃一，商旅均便。（五）羅馬政府常遣教師並建設駐防地於國之四境，故羅馬之思想及文化，得以瀰漫國中，無遠弗屆。

中央政府勢力之普及　茲先述羅馬之政府及皇帝。皇帝命令，頒行全

國而無阻,所謂「君意即法律」,為羅馬法中精理之一。國內城市,雖有自由,然帝國官吏,監視甚密。羅馬政府除維持秩序,管理司法,防守邊疆外,尚有管理民食之責任。有時且迫國民之子繼其父之業,不得見異而思遷。貧民之飲食,由政府供給之,故無蠢動之患。此外並費鉅款舉行賽車格鬥諸戲以娛國民。總之,羅馬政府之組織,固然完備異常,即其保育人民之周至,亦復世間罕有。

崇拜皇帝 凡羅馬人均有崇拜皇帝之義,人民雖有信教之自由,而崇拜帝像之事,則全國一致。故羅馬政府之虐殺基督教徒,不但因信仰不同而已,亦且因基督教徒每有不願崇拜皇帝之舉,並公言羅馬帝國之將亡也。

羅馬法律 羅馬帝國既有統一之政府,故有全國一致之法律。各地習俗,縱有不同,而公平原理,不分畛域。羅馬帝國之法律,歐洲至今受其賜。人道精神,始終貫徹其間,為古代各種法典所不及。凡為妻為母為子者,無不受法律之保護,不若昔日受家長之壓制,並主張與其加罪於無罪之人,不若罪人脫逃之為愈。又以為所謂人類者,非此界彼疆,各族分居之謂,乃屬於一國及一法之人民之謂。

國道及建築 羅馬國內之大道,四通八達,郵傳軍隊,朝發夕至。商民行旅,來往無虞。全國之幣制及量衡,又復一致。駐防之地遍布國中,至今特里爾,科隆,巴斯,薩爾茲堡諸地,猶有羅馬橋梁建築之遺跡,當日文化之瀰漫,可想而知。

文化之普遍 羅馬政府之提倡教育,尤為盡力,凡巨城中,至少必有政府所派之教師三人,負教授修辭學及閎辯術等學科之責。羅馬人天性不喜文學及美術,故其文化多仿自希臘。由政府教師播之於國中,使全國之

文化，現相同之象。故羅馬人僅知其為帝國之公民，初無地域之觀念也。

帝國永存之觀念　自奧古斯都以來至蠻族入侵時，先後凡四百年，吾人絕未聞羅馬人有叛亂之舉，或獨立之心。時人以為羅馬帝國，必能維持永久而不蔽。

第二節　羅馬帝國衰替之原因

帝國衰替之原因　羅馬帝國之組織完備及統一精神，既如上述，何以一旦蠻族入侵，驟形瓦解？欲求其故，殊不易易。大抵羅馬帝國時代之人民，已漸失其有為之志與自信之心。所以如是，殆有四端：(一) 稅制不良，民力日疲。(二) 奴制風行，工人無業。(三) 人口減少，國力遂微。(四) 蠻族入居境內，伏他日西部帝國瓦解之基。

重稅　羅馬之皇室及官吏，人數甚多，費用浩大，而貧民「麵包與馬戲」之供給，所費尤為不貲。不得已唯有重徵於民之一法。地稅為國家最鉅之收入，其率本高；再加以官吏之中飽，人民之負擔因之益重。國內各地之地稅，由各地少數富民徵收之，只求收足應徵之數，不問其來源之如何。地主因之而傾家蕩產者，不一其人，故政府至有地主不得離其土地以逃避重稅之令。此種重稅，唯少數之富民能擔負之。至於中流社會，境遇日惡，貧困不堪，帝國社會之中堅，為之喪亡殆盡矣。

奴隸制度　至於工人之地位，尤為惡劣，而奴制之存在，實為主因。蓋羅馬自征服各國以來，國內之奴隸，有增無減。五百年間，城鄉各種工作，無一不入於奴隸之手。奴隸之數以百萬計，一地主每有奴隸數百人，

多或數千人,唯極貧苦者,家中方無奴隸。

貧富不均 地稅雖重,而羅馬帝國時代之人民,仍以土地之多寡為貧富之標準。無廣大田地者,即無充當縉紳或官吏之望。故國內土地,漸入於少數富民之手,而中人之家,日漸消滅。富民之田莊,遍布於義大利、高盧及不列顛諸地。為奴隸者,不但負管理及耕耘之責,即地主家庭中之一切日用,亦由若輩供給之。凡製造器具及衣服、烹飪食物、侍候主人及記室之役,均由奴隸任之。另命奴隸一人負管理全地之責。田產既廣,有同村落,而直轄於地主之一人。

工作之墮落 各種工作,既皆任奴隸為之,自由民遂多不願工作者,以為此乃奴隸之責任。哲學家塞內卡(Seneca)常謂工藝之為物,絕非哲學家所發明,實係「下流奴隸所想出者」。

自由民之失業 奴隸制度,既使工作有墮落之虞,而國內市場,亦復為奴制所壟斷。蓋巨族大家之日用品,皆由本家奴隸供給之,而且蓄奴之主,往往使奴隸出為人傭,自由民工作之機會,因之剝削殆盡。

奴隸狀況之改良 當蠻族入侵以前數百年間,奴隸景況,亦頗有改良之處。昔日奴主每有深夜監禁奴隸於地牢之習,至是革除。政府亦有種種保護奴隸之法律,其最要者,莫如禁止奴主之不得擅殺奴隸。蠻族將入侵之際,奴隸之數,日形減少,一因羅馬已無遠征他國擴充領土之事,二因奴主每有釋放奴隸之舉也。

被放之人 被釋放而自由之奴隸曰「被放之人」,其地位不若自由民之高尚。雖不至再為奴主之牛馬,然每年仍有為主人服役之義,並須納其收入之一部分於主人。婚姻之事,亦須得主人之允許,方得實行。

自由佃農 奴隸雖被釋放,而自由民之狀況,益趨惡劣。城市之中,

自由民工作之時，每與奴隸或被放之人同流合汙。至於鄉間之自由農民，亦一變而為介於奴隸與自由民間之「自由佃奴」。其身體始終附於某地，隨土地而易其主人。唯年能納其收入之一部分於地主，且為地主服役若干日者，地主不得任意剝奪其種地，此則與中古時代之「佃奴」同。因此為鄉民者永無自立之望，生生世世為佃奴矣。此種自由佃奴漸與奴隸合而為一。因法律規定某種鄉間奴隸永不得離其種地，須隨土地而易其主人也。

封建制度之起源 而且羅馬大地主，每有許多之貧弱地主附屬之。蓋地主之貧弱者，為逃避重稅及獲得保護計，每願將其田產讓諸強而有力之地主；唯大地主須保護之，並允其終身仍得耕種其土地。貧弱之地主既死，其子孫即流為自由之佃奴。此即他日封建制度之起源也。

人口之減少 凡國家隆盛者，其人口必日有增加。至於羅馬帝國，則自奧古斯都以來，人口即漸形減少，國家精力，隨之日疲。戰爭也，疫癘也，奴制也，重稅也，凡此種種，皆足以促人口之日減者也。蓋人民生活，既甚困難，則婚姻之事，每因之而被阻。大家巨族，遂不可多見云。

日耳曼種人之入境 政府為增加人口計，每允日耳曼蠻族人居國中為自由之佃奴。相傳皇帝君士坦丁（Constantine）曾召蠻族三十萬人入境。其時並募蠻族人入羅馬軍隊中為抵禦蠻族之用，開其端者為凱撒。此種政策漸成習慣，至帝國末年，甚至全軍兵士，純屬蠻人。日耳曼種人有為軍官者，亦有高據政府中之要津者。故蠻族未入侵以前，帝國中之蠻人，已遍地皆是。羅馬人與蠻族之畛域，漸不分明。他日帝國西部之瓦解，如此之速，蓋非無因。蠻人對於羅馬帝國，雖甚尊重，然其個人自由之精神，則可斷其必不放棄也。

第一卷　蠻族之入侵及基督教會之事業

第三節　羅馬文化之衰替及基督教之傳入

文學美術之衰替　羅馬帝國之國力既衰，蠻族之人民又遍布全國，文學美術亦隨之而衰替，遠不若黃金時代之盛極一時。君士坦丁時代之雕刻，遠不若圖拉真（Trajan）時代之宏壯。西塞羅（Cicero）之文體，美麗可觀，至四、五兩世紀時，已不可再得，而綺靡之閎辯，遂起而代之矣。塔西佗（Tacitus）殆為羅馬著作家中最後之一人。自彼於西元一二〇年死後，文學家無繼起者。二世紀初年以後之著作，無一顧之價值矣。

學者端賴大綱　蠻族入侵以前三百年間，凡文人學士之攻習古人名著者，每不讀其原本，而唯《名著選要》或《菁華錄》一類之書是賴。至於科學，亦端恃「大綱」而已。此種膚淺求學之方法，傳至中古，至十四世紀時佩脫拉克出世，方有精究古籍之精神發見也。

基督教傳入之先驅　羅馬帝國之文化，日就衰微，已如上述。其進步者，厥有一端。當一、二兩世紀時，羅馬人之宗教熱誠忽現中興之象，為他日基督教傳入之先驅。其時哲學家，已不信多神之說，而漸有崇奉一神之趨向。一世紀末年羅馬哲學家愛比克泰德（Epictetus）曾言曰：「吾人之義務，在於追隨一神……與彼同其心，盡力實行其命令。」皇帝馬可‧奧理略（Marcus Aurelius）於所著《沉思錄》（*Meditations*）中，亦有此意。蓋其時巨城中人民之生活，荒淫無度，見者無不觸目而傷心，思有以挽狂瀾於既倒。其時人民心目之中，尚以為死者靈魂，居於黃泉之下，至於來生則絕無樂趣之可言也。

基督教之新希望　自基督教傳入以後，人民有自新之望，罪過有懺悔之機。而且基督教主張凡為善之人，死者必居樂土。羅馬人無論男女，聞之莫不色喜。以為此生雖苦，來生或有快樂之一日。

第二章　蠻族入侵以前之歐洲

基督教與異端之混合　基督教自小亞細亞傳入歐洲以後，漸受異端思想之影響。基督教會之神父，極言基督教之教義與異端之精理，初無不合。基督教之儀式，亦多適用昔日異端之習慣。教會之組織，初本簡單，不久則教士階級，複雜異常。基督教與異端，因此漸形混合。故基督教與異端，雖有類於兩軍之對壘，而同時亦有類於兩河之合流。立於兩河交叉之處者，有波愛修斯（Boethius）其人（死於西元五二四年），為羅馬末造之名著作者。著有《哲學的慰藉》（De consolatione philosophiae）一書，風行於中古時代，蓋時人以為彼固基督教徒也。實則書中所述者，類皆異端之精義，至今尚有人疑其非信基督教之人。

第四節　紀元初年之基督教會

古初之教會　據聖保羅（Saint Paul）書札中之言論，謂當日之基督教徒，頗感有組織之必要。故選出主教及牧師等以管理教務，唯彼絕未提及此種官吏之職務如何。此外並有所謂助祭者負撫卹貧民之責。最初之基督教徒，以為耶穌不久即出而救世，故教徒之組織無複雜之必要。然日久教徒之數大增，良莠混雜，故組織宗教政府以管理而監督之。

大一統之主張　主教居普良居普良（Cyprian）（死於西元二五八年）所著之書名《論教會合一》（On the Unity of the Church）者，吾人讀之，頗得以窺見基督教未定為羅馬國教以前之教會情形。其時教徒中頗主張建設「大一統」之教會以統馭各地之信徒。

皇帝君士坦丁以前之教會組織　其時教會中之官吏與普通人民，已顯分畛域，前者曰「教士」，後者曰「俗人」。凡管理教務，及教訓教徒之

責，均由教士負之。羅馬帝國之內，每城必有主教一人，每鄉必有牧師一人，再下有助祭，有副助祭，再下有侍僧、驅魔者、讀經者及守門者。凡牧師皆受主教之節制，故巨城中之主教，勢力尤大，漸改稱為大主教，有召集省中各城主教開「宗教大會」議決要事之權。

第一次宗教大會及羅馬城主教之地位　當西元三一一年羅馬皇帝伽列里烏斯（Galerius）下令使基督教在法律上與異端同等。皇帝君士坦丁為羅馬皇帝之最先信基督教者，頗能實行前令。西元三二五年，彼並召集第一次基督教大會於尼西亞地方。據召集大會命令中之言，則知當日教會之組織，已與今日無異，不過羅馬城之主教尚未為教宗耳。至於羅馬城之主教何以雄長歐洲之故，後再詳述，茲不先贅。羅馬城主教之第一有勢者，當推良一世（Leo PP. I）其人，其就任之期，則在西元四四〇年也。

《狄奧多西法典》中之教會　皇帝君士坦丁以後諸帝，多禁異端而崇奉基督教。《狄奧多西法典》（*Codex Theodosianus*）最後一冊中，凡歷代皇帝所頒關於基督教會及教士之命令，蒐羅甚富。據其所述，則教士已享有免除徭役及納稅之特權，並得收受遺產。皇帝之以財產賜予教會者，頗不乏人。中古時代之君主及富民，亦莫不仿而踵行之，故教會財產之富，收入之鉅，遠駕歐洲諸國政府之上。教士並有開庭審案之權，而教士之犯法者，亦歸教會法庭審理之。此種法典之最後冊，先說明「三位一體」原理之意義，再詳述不信教者之種類及其刑罰。觀於《狄奧多西法典》中之條文，即可知中古教會之起源，已端倪於此。羅馬帝國西部之政府，雖為蠻族所傾覆，而蠻族卒為基督教會所征服。當羅馬官吏逃亡之日，正基督教士折服蠻族之時，昔日之文明及秩序，全賴教士之維持。拉丁文之不絕，教會之力也；教育之不盡亡，亦教士之力也。

第五節　東部羅馬帝國

羅馬帝國未嘗分裂　蠻族未入侵以前，羅馬帝國之政府、法律及文化，雖全國具一統之觀，然帝國東西兩部，亦早現分離之象。皇帝君士坦丁以武力入承大統，思再建第二帝都於東部以統制東方一帶之地以固國基。故於西元三三〇年建都於歐亞兩洲之交點，名之曰君士坦丁堡。然彼初無分裂帝國之心，即皇帝狄奧多西（Theodosius I）於西元三九五年有命其二子分治東西兩部之舉，亦未嘗心存分裂。嗣後羅馬帝國之中，雖有兩帝並治之跡，然帝國之一統，一如昔日，而兩帝亦絕無畛域之見存。凡國中法律，仍必得二帝之同意而後頒發。當時之著作家，凡提羅馬必曰帝國。一若國中僅有一君者然。實則統一思想，直貫徹於中古時代人民之心目中也。

帝國東部之國祚　蠻族之入居羅馬帝國中者，雖始於東部；然西部瓦解之後，東部諸帝尚能守護其領土至千年之久。他日帝國東部，不亡於日耳曼種人，實亡於土耳其人。

羅馬帝國東部之歷史不能詳述　羅馬帝國東部之歷史，雖不可不知，然此書不能盡情詳述。其言語、文字及文明，多仍希臘之舊，且頗受東方諸國之影響，故與西部歐洲之文明絕異。而文學與美術，在東部頗能繼續罔替，在西部則蕩然無存。

東部文化之隆盛　自羅馬帝國西部瓦解以後，東部遂為歐洲最巨最富之城，典章文物，燦然可觀。建築之宏麗，街市之清潔，西部歐洲人見之，莫不驚異。他日十字軍興時代，西部歐洲兵士之道經其地者，頗受其激動云。

第一卷　蠻族之入侵及基督教會之事業

第三章
日耳曼種人之入侵及羅馬帝國之瓦解

第一節
西哥德王國與汪達爾王國之建設及匈奴之入侵

匈奴人之入逼及哥德種之入境　西元三七五年以前，日耳曼種人亦曾屢有侵入羅馬帝國之舉。求其原因，殆出於冒險精神，羨慕文化，或人口增加不得不求新地於外國。同時羅馬人亦練精兵，築長城以禦之，使不得逞。不意忽有匈奴人迫日耳曼蠻族遷入衰微之羅馬帝國中。匈奴本黃種，世居亞洲之中部。西向入歐洲，橫掃居於多瑙河流域之日耳曼種日哥德者。哥得種人一部分遂渡河而南，入居羅馬帝國中。不久與帝國官吏衝突，於西元三七八年大戰於阿德里安堡，羅馬軍大敗，皇帝瓦倫斯（Valens）陣亡。至是日耳曼種人方知羅馬兵力之不足懼。故阿德里安堡之役，實為羅馬帝國西部瓦解之先聲。自是而後，西哥德種人允羅馬官吏之要求，相安無事，亦有願為羅馬兵士者。

亞拉里克陷落羅馬城（西元四一〇年）　不久蠻族酋長名亞拉里克（Alaric I）者，頗不滿於羅馬人之待遇。遂募集軍隊，以西哥德種人為中堅，向義大利而進，西元四一〇年攻陷羅馬城，大肆劫掠。亞拉里克目睹羅馬之文明，殆頗驚奇欽羨，故不毀其城。城中損失亦甚少。並下令不得損害教會及其財產。

第一卷　蠻族之入侵及基督教會之事業

上帝之城　唯亞拉里克雖不損壞羅馬城,而羅馬城陷落之一事,在當時當然視為大禍。當時羅馬之異端,均以為此事之所以發生,殆因羅馬人改信基督教觸怒舊日鬼神之故。唯有名之教會神父聖奧古斯丁(Saint Augustine)曾著《上帝之城》(*De Civitate Dei*)一書,力言羅馬昔日之鬼神未嘗有阻止災患之能力,而當日之種種困難,亦非基督教之責任云。

西哥德種人之侵入高盧及西班牙　不久亞拉里克死,西哥德種人遂散入高盧,再入西班牙,逐其地之蠻族汪達爾種人及蘇維匯種人——而出之。此二種蠻族於亞拉里克攻陷羅馬城前四年渡萊茵河而南入高盧,大肆蹂躪者前後凡三年,乃越庇里牛斯山而入居西班牙。西哥德種人既抵其地,遂與羅馬政府言和。一面與汪達爾種人戰,所向成功,羅馬皇帝遂於西元四一九年給以高盧南部之地,即他日之西哥德王國也。十年之後,汪達爾種人南下渡海而遷入非洲,建設王國,其勢力殆及地中海之西部。西哥德種人既占西班牙,當其王尤里克(Euric)(西元四六六年至四八四年)在位時,征服半島之大部,其王國之境,北達羅亞爾河,南抵直布羅陀海峽。

羅馬帝國之瓦解　五世紀中蠻族往來遷徙之情形,可不多述。總之西部歐洲一帶,無不被其蹂躪殆遍。即不列顛島亦為日耳曼族盎格魯種及撒克遜種所征服。

阿提拉與匈奴人　蠻族遷徙無定,歐洲本已大亂,同時忽又有匈奴人之侵入,歐洲人益惶懼。匈奴王阿提拉(Attila),羅馬人稱之為「上帝之鞭」,率其族西向而進。羅馬人與日耳曼種人合力禦之,於西元四五一年敗之於沙隆。匈奴人乃轉而南入義大利,擬進攻羅馬城。羅馬教宗良一世馳往勸阻之。不期年阿提拉死,匈奴勢遂不復振,自後不再為歐洲患。匈奴人入侵義大利之結果,僅有一端:即北部義大利諸城之難民,多逃入亞德里亞海濱之小島中,他日美麗富庶之威尼斯城,實肇基於此。

第三章　日耳曼種人之入侵及羅馬帝國之瓦解

第二節　東哥德王國之建設

羅馬帝國西部之瓦解（西元四七六年）　西元四七六年之一年，普通以為西部羅馬帝國「亡國」之日，亦即中古時代開端之時。此年所有事蹟，約略如下：自西元三九五年皇帝狄奧多西令其二子分治帝國東西二部後，西部皇帝每係庸懦無能之輩。蠻族在國內來往自如，皇帝不敢禁止也。不久蠻族軍官，漸有隨意廢立皇帝之事。當西元四七六年日耳曼種人之在羅馬軍中者，要求皇帝予以義大利土地三分之一，皇帝不允。其領袖軍官名奧多亞塞（Odoacer）者，遂逐皇帝羅慕路斯・奧古斯都（Romulus Augustus），使之入居於那不勒斯。一面將帝國之徽幟送往東羅馬皇帝，請允其代東帝統治義大利。羅馬帝國西部之帝祚，至是乃絕。

狄奧多里克建設東哥德王國於義大利　然不久東哥德王狄奧多里克（Theodoric the Great）逐奧多亞塞而代之。狄奧多里克幼時，曾居於君士坦丁堡者十年，故對於羅馬人之生活，知之甚審。既而返居蠻族中。東帝殊惶恐。彼率東哥德種人蹂躪帝國之東部，甚至東都幾有不守之勢。東帝屢賞以爵，給以地以羈縻之。嗣聞彼有西入義大利以驅逐奧多亞塞之意，東帝竊喜。狄奧多里克曾向東帝言曰：「如吾而失敗也，則汝以後不再有浪費及騷擾之友矣；如天許吾之成功，則吾願以汝之名，為汝之榮，統治吾力救出之上議院及帝國之西部。」狄奧多里克與奧多亞塞爭持至數年之久，奧多亞塞卒被困於拉溫納，至西元四九三年而降，不數日仍為狄奧多里克所手刃而死。

義大利之東哥德種人　東哥德種人既占有義大利，其對於羅馬文化之態度，殊可注意。狄奧多里克鑄造錢幣，仍刻東帝之名於其上，凡事必盡

029

力以得東帝之允許。唯同時甚欲東帝承認其勢力，蓋彼固非願居人下之人也。東哥德種人並割義大利土地三分之一據為己有，唯處置審慎，絕無擾亂之跡，狄奧多里克並能維持羅馬之法律及制度。官制及稱號，概仍昔日之舊。蠻族與羅馬人，概受一種法律之制裁。維持秩序，提倡學問，遷都於拉溫納，建築宏麗，其遺跡至今猶有存者。

東哥德種人信奉狄奧多里克派　西元五二六年狄奧多里克死，遺一極有組織之國家於身後，然有一弱點焉。哥德種人雖係基督教徒，然自義大利基督教徒之目中觀之，則以為非基督教之正宗。蓋若輩之入教也，原由東部歐洲教士傳授之，係亞流派。亞流（Arius）（西元三三六年卒）本亞歷山卓之長老，其主張為西元三二五年尼西亞公會議所反對。蓋其對於基督之觀念，及三位之關係，與羅馬方面之主張絕異也。故在義大利人之心目中，彼東哥德種人不特為異種之蠻族，亦且屬異端之信徒。雖狄奧多里克在當時主張信教自由者，其言曰：「宗教之事吾人不能強人之所不願。」然此種精神，實與當日羅馬帝國及教會之習慣不合。

第三節　羅馬文學之衰替

其他日耳曼諸王國　當狄奧多里克統治義大利之日，正法蘭克種人占據今日法國之時，其有功於造成近世之歐洲，實為蠻族之冠。此外西哥德種人建王國於西班牙，勃根地種人建王國於隆河流域，汪達爾種人建王國於北部非洲。各王國間，嘗有聯盟之舉，歐洲列國分疆而治之局，此為初次。抑若羅馬人與日耳曼種人之融化，可以進行無阻。

拉丁文學之絕跡　然時運尚未至此也，實則歐洲之擾亂，方以此為

始。在政局糾紛之中,科學、美術及文學等,斷無存在或發達之餘地。波愛修斯者於西元五二四年(或云西元五二五年)因洩漏機密為狄奧多里克所殺,實羅馬最後之著作家。彼係學者,長於吟詩,著有論理學及音樂,為後人所傳誦。

卡西奧多羅斯及其著作　羅馬人卡西奧多羅斯(Cassiodorus)(西元五七五年卒)為狄奧多里克之顧問,所遺書札,為吾人研究當時歷史之資料。暮年專心於著述藝術及科學之大綱——如文法、算學、論理學、幾何學、修辭學、音樂及天文學。其著作原所以備未受教育之教士誦習之用,為他日研究《聖經》及教會原理之備。其學問之膚淺,與其著作之簡陋,足見六世紀時義大利方面文化程度之低下。然在中古之歐洲,則知識之源,實不外此類書籍也。

六、七、八三世紀時西部歐洲無著作家　自此以後,西部歐洲之文化,黯淡異常。自狄奧多里克在位時代至查理曼(Charlemagne)在位時代,前後凡三百年間,竟無一人能用拉丁文將當時事實為文以述之者。蓋其時事實均足以摧殘教育而有餘。所有巨城——羅馬,迦太基,亞歷山卓,米蘭——或為蠻族所蹂躪,或為阿拉伯人所占據。古代圖書之藏於神廟中者,基督教徒每設法毀滅之以為快。狄奧多里克死後不久,東羅馬皇帝不再供給各城之教師,並廢雅典之學校。六世紀之歷史家,唯有都爾主教聖額我略(Sanctus Gregorius Turonensis)其人,文辭鄙俚,足徵當日文化之衰替。彼嘗曰:「吾人之時代,誠為不幸,蓋文學之研究,已無其人也。」

第四節
東帝查士丁尼一世之武功及倫巴底種人之入侵

查士丁尼一世滅汪爾達及東哥德　狄奧多里克死後之一年，為東部羅馬有名之皇帝查士丁尼一世（Justinian I）（西元五二七年至五六九年）即位之日，頗盡力於恢北部非洲及義大利諸地之舊壤。其名將貝利撒留（Belisarius）於西元五三四年滅北部非洲之汪達爾王國。至於義大利之哥德種人，雖善於自守，然有西元五五三年之戰，力不支而遁。究竟何往，已不可考。蓋其人數甚少，本不易統馭多數之義大利人，而義大利人又惡其為異端，故極願東帝軍隊之入境也。

倫巴底種人入侵義大利　哥德王國之覆亡，實為義大利之不幸。蓋東帝查士丁尼一世既死，即又有日耳曼種人曰倫巴底人者侵入義大利而占據之。此輩本極野之蠻族，大部分非基督教徒，其信基督教者，亦均係亞流派，其痛惡羅馬教會也，與不信基督教者等。先占波河以北之地，故此地至今名倫巴底。再南向而擴充其領土，橫行於義大利半島之中，蹂躪擄掠，無所不至，與哥德種人之治國有方者大異。義大利人多逃入海島中。然倫巴底種人終不能征服半島之全部。羅馬城，拉溫納及南部義大利諸地，仍為東部羅馬皇帝所領有。日久倫巴底種人漸失其野蠻之性質，信奉基督教之正宗，遂與義大利人同化。其王國國祚，先後凡二百餘年，為查理曼所滅。

第三章　日耳曼種人之入侵及羅馬帝國之瓦解

第五節　法蘭克王國之建設

法蘭克人種之重要及其略地之方法　上述之蠻族，無一能建設永久之王國者，有之自法蘭克種人始。昔日蠻族之王國，或亡於蠻族，或亡於東帝，或亡於教徒。至於法蘭克種人不特征服大部分之蠻族，其領土並東向而入於斯拉夫種人之境。法蘭克種人，始居於萊茵河下流，自科隆以至於北海。其得地方法，與昔日之哥德種人、倫巴底種人及汪達爾種人絕不相同。其他諸蠻族，多深入羅馬國境，遠離故土，有如島在海中。至於法蘭克種人，則以其故土為根據，先征服其附近之地。領土雖廣，終不遠離其故居，故方新之氣，源源而來，絕不受羅馬衰頹氣象之影響。

克洛維之武功　五世紀初年，若輩已占有今日之比利時及其東部附近之地。至西元四八六年，法蘭克種人有名王曰克洛維（Clovis I）者，大敗羅馬人。其領土南入高盧至羅亞爾河為止，而與西哥德王國接壤。克洛維再東向而征服居於黑森林之阿勒曼尼族。

克洛維之改信羅馬正宗基督教及其影響　克洛維武功甚盛，而以西元四九六年與阿勒曼尼族之戰為最有關係。彼雖異端，而其後已改信羅馬正宗之基督教。當戰事方殷之際，彼忽見前敵之兵士，勢不能支，乃求祐於基督，並謂如能克敵，定受浸禮而為基督教徒。戰後乃與其兵士三千人同受浸禮。彼之改信基督教，在歐洲史上有絕大之關係。蓋羅馬帝國中之蠻族王國，雖皆信奉基督教，然均屬亞流派；在正宗教徒視之，其邪僻有甚於異端。因之日耳曼種人及羅馬人不能有通婚之舉，而兩族之同化，遂生障礙。獨克洛維所信奉者，為羅馬之正宗，羅馬主教頗與之周旋而不以異族視之。吾人研究克洛維及其繼起者之史料，大都得諸都爾主教聖額我略

之著作。據其所著《法蘭克人史》(Historia Francorum)之所述，隱然以克洛維為上帝所命之人，為擴張基督教之武器。克洛維亦漸與羅馬教會相結納，他日影響於歐洲史上者甚鉅。

克洛維之擴充領土　克洛維之領土，屢有擴充。南與信奉亞流派之西哥德種人接壤，東南與異端之勃根地種人接壤。據都爾之聖額我略所述，謂克洛維嘗言曰：「吾不願信亞流派者之占有高盧之一部分。吾人應以上帝之力征服之；征服之後，乃將其國土入於吾人勢力之下。」不久克洛維果征服西哥德種人之領土以達於庇里牛斯山。勃根地種人亦一變而為附庸，終為克洛維所征服。未幾克洛維並用陰謀將國內法蘭克民族之一部分臣服於一己。

第六節　法蘭克王國之政情

法蘭克王國歷史之性質　西元五一一年克洛維卒於巴黎，其子四人遂分據其領土。此後百餘年間，蕭牆之禍，無日無之。然國君雖昏暴，而民族之發達，未嘗中止。一因四鄰無強國，無強鄰入侵之虞，一因法蘭克種人領土中，頗能維持一統之局。

法蘭克王國之領土　當日法蘭克王勢力之所及，包有今日之法國、比利時、荷蘭及德國之西部。至西元五五五年巴伐利亞入附，法蘭克王之領土，遂西達比斯開灣，東抵薩爾茲堡以外。昔日羅馬人所屢征而不得者，至是竟為法蘭克種人所克服。

法蘭克王國之分裂　克洛維死後五十年，法蘭克種人之領土，遂分為

三。在西部者曰紐斯特里亞，以巴黎或蘇瓦松為中心，其居民多受昔日羅馬文明之陶鑄。在東部者曰奧斯特拉西亞，以梅斯與亞琛為中心，其居民純屬日耳曼種。此二國即他日法國與德國之雛形。在其中者，即昔日之勃根地王國也。墨洛溫朝最後之君主名達戈貝爾特（Dagobert I）（西元六三八年卒），再起而統一諸地焉。

王國中之貴族　然至是法蘭克王國之統一，有一新生之危險，即國內貴族之跋扈是也。蓋日耳曼民族中，在昔已有世家望族，勢駕平民之上。日後軍事倥傯，戰績較著者，每握軍國之大權。跋扈之象，遂在所不免。

王宮執政　國中要津，以近王者為最重。近王之要職，則又以王宮執政為最有勢力，其地位與今日之國務總理相似。達戈貝爾特死後，法蘭克王多高拱無為，故國人稱之為「無事王」政治大權，皆操諸王宮執政之手。奧斯特拉西亞之王宮執政，名丕平（Pepin）者，即他日查理曼之曾祖父，其實權並及於紐斯特里亞及勃根地兩地，聲望益著。西元七一四年卒，其子查理‧馬特（Charles Martel）繼起，武功尤著。

第七節　蠻族與羅馬文化之融合

蠻族與羅馬人融合之程度　當吾人研究蠻族入侵羅馬帝國史時，頗欲瞭然於蠻族與羅馬人之關係如何？蠻族醉心於羅馬文明之程度如何？蠻族之舊習，保存者有幾？然此種問題不易解答。蓋關於兩族融和之跡，已無可考也。

蠻族之人數　吾人能可考而知者，厥有數端：第一，讀史者斷不可誤

以蠻族之為數甚多。據當時人之所述，則西哥德種人初入羅馬帝國時，男女老幼，共約四、五十萬人。此為蠻族南下各支中之最大者，然日後流離數十年方遷入西班牙及高盧之南部，則人數之有減無增，可想而知。勃根地種人初渡萊茵河時，人數不過八千眾。當克洛維與其軍隊受浸禮時，相傳亦不過三千餘人。

上述人數，當然模糊不甚可信。然觀於日耳曼蠻族之急於模仿羅馬之語言文字及習慣，頗足以證明其人數之不多。蠻族之入居羅馬帝國中者，先後已近五百年，故五世紀之變化，在羅馬人民性質上，必無甚影響。

拉丁文與拉丁語之分歧 日耳曼民族入羅馬境後，不久多操拉丁語。唯當日之拉丁語，較拉丁文為簡單而易習。各地方言，漸趨漸異，摔發達而成近世法國、西班牙、義大利、葡萄牙諸國之語文。然此種變化，並非源於蠻族之入侵。而日耳曼語言文字之影響於拉丁文字上者，亦甚微也。

日耳曼語言 北部之法蘭克種人及居於德國與斯堪地那維亞之日耳曼民族當然保存其原有之語言，在不列顛島中之盎格魯及撒克遜種人亦然。此種日耳曼語言，日後漸成為荷蘭、英國、德國、丹麥、瑞典諸國之語言文字。關於此點，後再詳述。

蠻族與羅馬人感情之融洽 日耳曼種人與羅馬人之感情，亦無不甚融洽之跡。除信奉亞流派基督教之蠻族外，其餘蠻族自始即與羅馬人自由通婚。法蘭克種人之君主，嘗命羅馬人任文武要職，正與昔日羅馬政府之重用蠻族無異。兩人種間僅有不同之點一，即各有法律是也。

日耳曼法與羅馬法 蠻族中之有成文法，殆始於尤里克在位時代之西哥德種人，其文則適用拉丁。踵而仿行者，有法蘭克種人、勃根地種人及倫巴底種人等蠻族。各種法典合成所謂蠻族之法律。吾人研究五世紀時日

耳曼民族之習慣及思想，實唯此種法律之是賴。自五世紀以後，日耳曼民族之各支，殆皆受各支法律之制裁。至於羅馬人則仍適用羅馬法。南部歐洲一帶蠻族人數較少之地，終中古之世，多沿用羅馬法。至於其他各處，則沿用日耳曼法至十三、十四兩世紀時止。其例之最著者，莫過於中古時代之神訴。

蠻族之審判方法　日耳曼法律上，無審判之規定。無所謂證據，更無所謂判決。蓋蠻族思想簡單，此種方法，非所知也。故兩方欲證明其控訴之正確與否，唯有應用下述之方法：（一）訴訟者先宣誓其言之真確，並請同階級中人宣誓以證明訴訟者之言之真確，其人數多寡，由法庭定之，此之謂宣誓保證法。其意以為誓不由衷者，神必罰之也。（二）訴訟者兩方面，或請人代表，可舉行格鬥，視其勝負而定其曲直。其意以為直者必蒙天祐。可操必勝之券也。此之謂賭力法。（三）第三法謂之神訴法：訴訟者或手浸於沸水之中，或手提或足蹈赤熱之鐵塊以走。如三日之後，手足無傷痕者則為直，否則曲。此種審判方法，頗足以證明當日蠻族文明程度之低下。

第八節　中古時代之事業

古代文明之衰微　觀於上文所述羅馬帝國之狀況，及蠻族入侵之情形，即可知中古時代問題之困難及其責任之重大。日耳曼民族各支之精神與習慣，雖不相同，而其不識羅馬文學、美術及科學之為何物，則殊一致。蓋蠻族之性質，愚樸而強悍，除戰爭及飲食外，別無嗜好。歐洲之秩序，因之大亂，而羅馬帝國之文化，幾乎蕩然無餘。美術建築諸品，有破

壞而無建設。西部歐洲狀況，一返羅馬未興以前之舊。

古代文明並不絕緒 所幸古代文明之損失，暫而不久。蠻族對於古代之文化，亦並不使之掃地而無餘。而且就文明故土之中，經營新社會之建設。羅馬人之農業方法，蠻族仿而行之。凡蠻族所不知者，無不以羅馬之方法為模範。總之，自古代東方諸國傳來之文化，並未因蠻族南下而衰亡殆盡也。

中古時代之進步 蠻族之受教育，先後凡需千年之久。而歐洲卒有古化復興之一日。當十四、十五兩世紀時代，先有義大利，繼之以西部歐洲諸國，對於古代文學及美術之真與美，幡然覺悟，如醉之初醒。蠻族之教育，至是告終。然中古時代，並非毫無進步之時代。其有功於歐洲文明上者，亦正不少。蓋近世歐洲之文明，乃二質混合而成。所謂二質者，即上古之文明，及中古日耳曼民族之精神及思想是也。

第四章
羅馬教宗之興起

第一節　基督教會得勢之原因

中古教會勢力之宏大　當法蘭克王國勢力擴充之日,正基督教會組織發達之秋,基督教徒團體之如何發達,傳道教士人數之如何日增,三世紀後基督教之著作家如居普良輩之大一統主義等,吾人已略述於上。羅馬皇帝君士坦丁之定基督教為國教,以後諸帝之援助教徒,《狄奧多西法典》之保護教會及教士,及非正宗之基督教之排斥,吾人亦已略述於上。

茲再述羅馬帝國末造及中古時代之教會。自羅馬帝國西部瓦解以後,西部歐洲制度之最永久而且最有勢力者,莫過於基督教之教會。吾人欲知基督教會之內容,不能不先探其得勢之源,及東西兩派分裂之故。再研究修道士之發達,及其與教士之關係。再進而研究修道士與教士對待蠻族,感化蠻族,及統治蠻族之陳跡。

教會得勢之原因　中古時代教會之所以得勢,其最大原因,即在於當日之教會實能適合當日之環境而應付當日之需求。蓋無論何種組織,如不能應付需求,即永無發達之望也。

異端與基督教觀念之不同　其次,則因基督教本主靈魂不滅,死後當賞罰之說,當時人民,莫不聞而生畏。古代希臘人與羅馬人之觀念,對於死後,不甚注意,即有念及之者,亦每以死後乾燥無味,遠不若生時之快

樂。若輩雖亦有主張惡人死後必入地獄者，然大都以為死後景況，不樂不苦。古代異端，視宗教為今生之業，與來生無關。崇奉神明，無非求今生之快樂。

當時人既深信來生之無望，故均懷行樂及時之想。賀拉斯（Horace）嘗謂人皆有死之一日，而快樂則與死以俱去。唯吾人不宜有逾分之舉，恐有害於快樂也。然吾人對於將來，切不可無事而憂，蓋此乃天命，非人力所能為者也，云云。此種思想，頗足以代表古代異端之心理。

基督教人之觀念　至於基督教之主義，則與此絕異，特重人生之死後。此種人生觀念漸代異端之主張而傳入於蠻族。因之當時人多捨此生之職業及快樂，專心於來生之預備。閉戶自修之不足，並自餓自凍或自笞以冀入道。以為如此或可以免此生或來世之責罰。中古時代之著作家，類皆修道士中人，故當時以修道士之生活為最高尚。

教會為救濟人類之唯一機關　彼樸野之蠻族，深信其一生之命運，端賴教會。而教士亦復以地獄果報之說動世人之心，以為唯有行浸禮者，方有上登天堂之望。然受浸禮時，僅能洗除過去之罪過，而不能洗除未來之罪過。如無教會之救濟，則死後靈魂，必入地獄無疑。

神奇之蹟　其時教會中並有種種神奇之事，人民信之者極眾。如醫病也，救苦也，罰惡也，無不如響斯應，出人意外。在今日視之，固甚可笑，而在當日，則各種記載之中，無不富有神奇之蹟，而當時人亦無懷疑者。

禮拜堂之建築　關於最初基督教禮拜堂之建築，此處不能不略述及之。羅馬每有建築巨廈於市場附近之習慣，以備市民交易，法官審案，及官吏辦公之用。此種處所，羅馬人名之為「大廳」。羅馬一城之中，即有此種大廳數處。國內各巨城中，至少類有一處。屋頂宏敞，支以長列之

柱,有時每邊有柱二列而成廊路。自皇帝君士坦丁崇奉基督教以來,羅馬人遂多仿此種建築式以造宏麗之禮拜堂,且亦以巴西利卡名之,故巴西利卡一字之意義,至是遂變為「大禮拜堂」。

自君士坦丁時代以至今日,已一千六百年,當時之禮拜堂,當然已無存者。唯君士坦丁百年後所造之羅馬聖母大殿,至今尚存,其廊柱之整齊與嵌飾之美麗,頗可表示最初禮拜堂建築之一斑。就大體而論,則羅馬式之禮拜堂,類皆外樸而內麗。至於羅馬式建築之如何漸變為哥德式建築,使內外並形美麗之蹟,後再詳述。

第二節　中古教會之政權

教會與羅馬政府　然中古教會之重要,不在其宗教上之職務,而在其與當日政府之關係。其初教會與帝國政府,頗能互相尊重,互相援助。總之羅馬帝國政府存在一日,則教士永無自由專斷之一日。蓋帝國法律,由皇帝規定之,彼教士絕無置喙之餘地也。而且教會亦非有政府之援助不可。因崇奉基督教及摧殘異端之二事,非有政府之力不行也。

教會獨立之開始　然自蠻族入侵,羅馬帝國西部瓦解之後,西部歐洲之教士,多不服各國君主之干涉,漸脫離政府而自立。再進而漸奪政府之大權。西元五〇二年,羅馬宗教大會曾宣言奧多亞塞之命令為無效,以為俗人無干涉教會事務之主權。羅馬主教哲拉旭一世(Gelasius I)(西元四九六年卒)曾述教會權力之根據如下:「治世界者有二力:即教士與君主是也。唯前者之權實大於後者,蓋教士固對於上帝負責者也。」夫人類之永久利害,既較世俗利害為尤重,則萬一人類利害有衝突時,教會官吏當

然有最後判決之權利云。

教會攬權之漸　然教會要求管理教務之權為一事，而其代行昔日帝國政府之職務又為一事。唯教會之代行政府職權，並非僭奪，因當時實無強而有力之政府，足以維持秩序也。蓋自羅馬帝國瓦解以來，西部歐洲一帶，直可謂為無國家。各國君主之權力尚不足以保存本國之秩序。國內之大地主，紛爭不已，中央政府，無力干涉。戰爭之事，為國內貴族之唯一要務，視同娛樂。為君主者，既無維持和平之力，又無保護人民之方。政局既如此之糾紛，政府又如此之無能，則教會之得勢，理有固然。凡民間契約、遺囑及婚姻諸事，莫不受教會之節制。孤兒寡婦之保護，人民教育之維持，均唯教會之是賴。此教會勢力之所以日增，而政治大權之所以漸入於教士之手也。

第三節　羅馬教宗得勢之原因及其機關之發達

教會勢力之來源　茲再述羅馬教宗之由來及其得勢之故。在《尼西亞公會議決案》及《狄奧多西法典》中，雖無規定羅馬城主教為教會領袖之明文，然羅馬城之主教自始即隱然為基督教之首領，蓋西部歐洲之教會，唯在羅馬城中者為基督門徒所始創。

彼得為羅馬城第一主教之傳聞　《新約全書》中屢言保羅之在羅馬城，彼得（Peter）亦然。而且父老相傳，彼得，實為羅馬城中之第一主教。此事雖無文獻之足徵，然自第二世紀中葉以來，世人多信其為確有。總之當時既無相反之傳聞，而又得人人之深信，此種深信，即為極重要之一事。彼得本基督之門徒，而亦為門徒中之最賢者。《新約全書》中，基

督之言曰：「吾與汝言，汝是彼得，在此石上，吾將建設吾之教會；地獄之門，無能阻吾。而吾且以天國之鑰予汝，無論何人汝以為應束之地下者，在天亦如之。汝以為應縱之地下者，在天亦如之。」

羅馬教會為教會之母　故西部歐洲教會之視羅馬教會，有同慈母。且以為羅馬城主教所持之原理，係嫡派相傳，故最為純正。凡有爭執，必就正之。加以羅馬城為帝國首都，首都中之主教，其地位當然駕乎其他諸城主教之上。然其他巨城中之主教，日久方承認羅馬城之主教為其領袖也。

最初羅馬城之主教已不甚可考　紀元後三百年間羅馬城之主教為誰，其詳已不可考。總之至基督教勢力極大羅馬帝國權力極衰後，羅馬城主教方握有政治大權也。

教會神父時代　至於四、五兩世紀中之教會史，材料較富。蓋自尼西亞大會之後，教徒中文人蔚起，著作甚豐，直可稱為教會文學之黃金時代。此期實為神父講述神學之時代，後代之神學家，多宗仰之。言其著者：有亞他那修（西元三七三年卒），相傳為規定基督教正宗信條之人，攻擊亞流派尤力。有巴錫爾（西元三七九年卒），為提倡修道事業之人。有聖安博（Saint Ambrose）（西元三九七年卒），為米蘭之主教。有耶柔米（Jerome）（西元四二〇年卒），譯《聖經》為拉丁文，而成教會之定本。尤著者，當推奧古斯丁（西元三五四年至四三〇年），著作之富，影響之大，一時無兩。

神父著作之內容　神父所研究者，多屬理論，故對於教會之組織，多不經心。觀其論調，亦並無推崇羅馬城主教為首領之意。唯奧古斯丁著作中，曾稱當日之羅馬城主教為「西方教會之首」。自奧古斯丁卒後，繼其後者，為一極英明有志之人，他日羅馬城主教卒為「王中之王」者固非偶然矣。

第一卷　蠻族之入侵及基督教會之事業

良一世　良一世（西元四四〇年至四六一年）之為羅馬城主教，實為羅馬教會史名開端。羅馬帝國西部之皇帝瓦倫提尼安三世（Valentinian III），因良一世之請求，於西元四四五年下令宣布羅馬城主教為教會之領袖，以為羅馬教會為基督弟子彼得所創，且羅馬城又為帝國之首都也。又命西部歐洲諸地之主教，均應聽羅馬城主教之命，凡不應召者，則由帝國官吏督責之。西元四五一年東部歐洲有迦克墩公會議，議決東都教會之地位與西都教會等。兩城之主教共有統馭其他主教之權。唯羅馬教會始終不承認此案為正當。東西兩派之分離，伏機於此。良一世之主張，雖未能即時實現，而且時來反抗。然其有功於教會之得勢，則無可疑也。

教宗名稱之由來　羅馬教宗之名，英文曰 Pope，源出拉丁文中之 Papa，其意為「父」，蓋對於當日主教之通稱。至六世紀時 Popa 一字，漸限於羅馬城中之主教。然至八、九世紀時，方顯然為羅馬城主教所獨有。至聖葛利果一世為羅馬城主教時，方宣言唯羅馬城中之主教得稱「教宗」云。

最初教宗之責任　良一世卒後不久，奧多亞塞有廢羅馬帝國西部皇帝之事。不久又有狄奧多里克及蠻族倫巴底種人先後入侵之跡。國中無主，政局糾紛，不獨羅馬城中之人民，視羅馬城主教為主人，即義大利之居民，亦視羅馬城中之主教為共主。蓋皇帝遠處東都，而帝國官吏之守土於中部義大利及拉溫納諸地者，亦頗願得羅馬城中主教之援助。羅馬城中之政權，已入於主教之手。同時主教之領土，滿布義大利半島之中，故主教並負有管理及保護之責。對於日耳曼種人之交涉，亦唯彼一人任之。

第四章 羅馬教宗之興起

第四節　羅馬教宗聖葛利果一世

聖葛利果一世　當聖葛利果一世（西元五九〇年至六〇四年）任羅馬教宗時代，尤足徵教宗勢力之宏大。彼本羅馬上議院議員之子，曾被任為省長。彼以富貴之地位易使人墮落，其母本駕信基督教者，而聖葛利果幼時又嘗讀奧古斯丁、耶柔米，及安博輩之著作，故其父去世後，遂盡出其家財設立寺院七處。七寺院中，其一即以家屋改建者，聖葛利果修道其中，修行太苦，身體大傷，幾罹傷生之禍。幸其時羅馬教宗有命其前赴君士坦丁堡之舉，彼之才力，遂大著於世。

上古羅馬城變成中古羅馬城　西元五九〇年聖葛利果被選為羅馬教宗，皇帝所居之上古羅馬城，遂一變而為教宗所在之中古羅馬城。建築教堂多取材於古代之神廟。基督門徒彼得及保羅之墳墓，漸為教徒頂禮膜拜之中心。當聖葛利果就任之始，羅馬城適大疫。彼乃率教士及教徒遊行通衢之上，以求祐於上帝。忽見天使長麥可（Archangel Michael）現身於哈德良（Hadrianus）皇帝之墓上，韜其利劍，以示上帝息怒之意。古代羅馬史，自聖葛利果就任時止，而中古史則於是乎始。

聖葛利果之著作　聖葛利果以著述名於中古。彼與奧古斯丁、安博，及耶柔米為羅馬教會中之四大神父。觀其著作，頗足見當時文學之衰替。其著述之最有名者為《答問》一書，蓋一種神蹟神話集也。名家竟有此種著作，此種著作竟備成年人誦習之用，殊出吾人意料之外。在其著作《道德論》中，嘗謂書中或有文法錯誤之處，讀者不必驚異，蓋研究此種高尚之題目，著書者不應拳拳於文法之錯謬與否也。

聖葛利果之政才　吾人試讀聖葛利果之信札，足見當日教宗中如有傑

出之人，則其勢力之宏大，幾無倫匹。彼雖自稱為「上帝之僕中之僕」（此種稱謂至今尚然），然其勢力極鉅。蓋是時東帝勢力之在西部，已虛名徒擁，羅馬城中之實權均在聖葛利果之手也。同時並能阻止倫巴底種人，使之不得入侵義大利之中部。凡此種種職務，均係政治性質，聖葛利果一旦執行之，教宗政權，遂於是乎始。

聖葛利果之傳道事業　聖葛利果於義大利半島以外，嘗與羅馬帝國東部皇帝，奧斯特拉西亞，紐斯特里亞，及勃根地諸國之君主，信札往來。彼竭力選派教士中之賢者為主教，而對於各地寺院，亦能悉心管理。然其最大之事業，莫過於傳道。他日英國、法國、德國諸國，莫不俯首聽令於教宗者，聖葛利果之力也。

聖葛利果本係修道士，故其傳道之事業，類有賴於修道士。吾人於敘述傳道事業之先，不能不先述修道士之由來及其性質。

第五章
修道士及日耳曼種人之入教

第一節　清修主義及寺院制度

中古修道士一級之重要　中古歐洲之修道士，其勢力之大，與其事業之廣，頗難敘述。人才蔚起，史不絕書。有哲學家，有科學家，有歷史家，有美術家，有詩人，有政治家，名人如比德（Bede）、波尼法爵（Bonifacius）、皮埃爾·阿伯拉爾（Pierre Abélard）、阿奎那（Aquinas）、培根（Bacon）、安傑利科（Angelico）、薩佛納羅拉（Savonarola）、路德、伊拉斯謨（Erasmus）輩，無一非修道士出身。

寺院制度發達之原因　寺院制度之力量，在於足以感化各階級中人。是時蠻族入侵，人生漸苦。寺院之為物，不特為篤信宗教者藏身之所，即彼思想高尚不願為兵受苦者，亦多以寺院為尾閭之洩。蓋寺院生活，神聖而平安。彼蠻族雖悍，對於修道士之生命及財產，每不忍加以殘害。同時失志者，受辱者，貧而無告者，亦多遁入寺院以終其身。至於修道士之人數，有增無減。帝王貴族，多布施大地以為容納修道士之所。其他如深山叢林之中，清淨無塵，修道者莫不趨之若鶩焉。

寺院清規之必要　寺院之發達，始於四世紀時之埃及。當蠻族戰敗羅馬人於阿德里安堡之日，正聖耶柔米宣傳清修主義之時。迨六世紀時，西部歐洲一帶，寺院林立，修道士日增月盛，遂感有規則之必要。唯寺院清

規，始於東方，西部歐洲之氣候與人民之性質均與東部歐洲異，故東部歐洲之清規，不適於西部歐洲寺院之用。因之聖本篤（Saint Benedict）於西元五二六年時，編訂規程，以備義大利北部喀西諾山寺之遵守，蓋彼實此寺之首領也。其規程妥善而適用，其他寺院，多仿而行之，遂成西部歐洲一帶寺院之清規。

聖本篤清規　聖本篤清規之重要，與國家之憲法無異。其條文頗自然而圓滿。以為俗人不定皆能修道者，故規定凡入寺修道者必先經一修業之期，謂之「徒弟」。凡寺院之住持由修道士選舉之，統轄寺中一切。凡修道士均有服從之義。修道士除祈禱靜坐外，均須工作與耕種。並有誦習與教授之義務。凡身弱不能工作者，則令其任輕易之事，如抄書即其一端。

凡修道士均須遵守服從、貧苦及貞潔三種志願，對於住持有絕對服從之義，凡修道士不得有私有之物。須終身以貧苦自守，所用諸物，均屬諸寺院。除服從及貧苦二志願外，並須有貞潔之志願，終身不娶。蓋當時不但以為單身生活較娶妻者為清高，即許其娶妻，於寺院組織上，亦實有不能相容之勢。此外凡修道士之生活，必須自然，不得行過度之斷食以傷其身體。蓋當日東部歐洲修道士之因苦修過度，卒傷其生者，時有所聞，故聖本篤特限制之。

修道士保存古籍之功　本篤派修道士影響之及於歐洲者甚鉅。任教宗者得二十四人，任主教及大主教者得四千六百人。以著述名世者，得一萬六千人。當大局擾攘之日，文人學子多入居其寺院之中，潛心著述。至於抄書一事，本係修道士應有之職業。若輩手抄古籍，雖每不經心，而不知其所抄者之為何物，然當時因圖書館之毀壞及藏書家之漠視，古人文稿，喪失垂盡，故抄書之業，實為要圖。雖抄本謬誤百出，總較不傳為勝。拉丁文學之不致失傳，蓋皆修道士之功也。

第五章　修道士及日耳曼種人之入教

修道士有功於歐洲物質上之發達　昔日奴制盛行時代，常人視工作為賤業。自修道士身任工作之後，工作之事復其常態。寺院附近之土地，由修道士耕種之，草萊遂闢。當日旅舍甚少，往來商旅，多食宿於沿途寺院之中，各地交通，因之日便。本篤派及其他各派之修道士，莫不熱忱以贊助教宗。教宗深知其勢力之宏大，故特予以教士所享之特權。因之教士遂有清修教士與世俗教士之別。

清修教士與世俗教士互為表裡　羅馬教會，極欲繼羅馬帝國之後以統馭歐洲。然教會官吏，職務繁雜，斷不足以代表基督教之精神。教會儀節及教務之管理，教會財產之保存，皆世俗教士之責任。而清修教士頗足以證明個人篤信及修養之必要。故寺院之制度，無異教會之教師，使教會不至流為僅具形式而無精神之器械，宗教精力，源源而來，無中斷之虞。

寺院之構造及其內容　修道士所居之處曰寺。其構造頗合修道士之需求，而且往往建於遠離城市之處，蓋取其清靜也。其建築類仿自羅馬人之別墅，四周為室，其中為院。院之四周有走廊，以便往來於各室而不受太陽風雨之苦。不但本篤派之寺院如此，即其他各派之寺院亦莫不皆然。

院之北為禮拜堂，多西向。日後寺產既富，故寺中之禮拜堂，每極其美麗。英國之西敏寺，即係昔日在倫敦城外某寺之禮拜堂。至今英國寺中禮拜堂之遺址，尚不一而足，備遊人憑弔之資。在院西者為儲藏食物之室，在院南而與禮拜堂相對者為食堂與坐廳。坐廳在天寒時並有暖爐。在院中而與食堂相近者為盥洗所，為修道士聚餐前洗手之處。在院東者為寢室，寢室離禮拜堂極近，蓋修道士每日須禮拜七次，而七次之中，有一次於天未明時舉行者也。

據本篤清規之規定，凡修道士均須藉寺產之出產以維持其生活。故寺

屋之外，圍以花園、菜園、磨坊、魚池及種穀之地。此外並有醫院一，以治病人，又客房一，以便行旅。在較大之寺院中，亦每附有宏麗之居室，以備君主貴族偶然住宿之用。

第二節　英倫三島中之傳道事業

修道士之傳道事業　修道士事業之最鉅者，莫若傳道。羅馬教會勢力之日大，源於傳道事業者為多。蓋修道士不僅傳其道於日耳曼種人而已，而且使日耳曼種人俯首為教宗之臣子也。到於修道士之傳道事業，則自傳道於不列顛島之日耳曼種人始。

紀元初年之英倫三島　當西元初年，英倫三島為凱爾特種人所居，其習慣與宗教，已不可考。凱撒於西元前五五年始入徵其地，然羅馬勢力，始終不出自克萊德河至福爾斯海臂止長城之外。即長城以南諸地，亦不盡為羅馬所同化。至今威爾斯之語言，尚仍凱爾特種語言之舊，即其明證。

盎格魯與撒克遜兩種人之入侵　當五世紀初年，日耳曼蠻族入侵羅馬帝國，羅馬軍隊之駐在不列顛島者，因之撤歸，以厚國防之力。不列顛島遂漸為日耳曼民族所征服。蠻族中尤以居於丹麥之撒克遜種人及盎格魯種人為多。此後二百年間之事蹟，已不可考。不列顛島上之凱爾特種人究竟何往，亦不可考。舊日史家多以為此種人或被殺而死，或被逐入山。然以與日耳曼種人同化之說較為可信。撒克遜種人與盎格魯種人之首長，建設小王國於島中，當教宗聖葛利果一世在位時代，計有七國或八國之多。

英國之改信基督教　當教宗聖葛利果尚為修道士時，於羅馬城中奴市

第五章　修道士及日耳曼種人之入教

上見有盎格魯種人狀貌雄偉，不勝驚異。繼悉其為異端之蠻族，心竊憫之。他日聖葛利果就任教宗，乃遣修道士四十人赴英國傳道，而以奧古斯丁為領袖，並以英吉利主教之職予之。肯特國王之后，係法蘭克王之女，本信基督教，故西元五九七年羅馬修道士登岸時，頗受優待，並以舊日羅馬時代所建之坎特伯雷教堂予之。羅馬之修道士遂設寺院於此，為傳道事業之機關。坎特伯雷之地，至今尚為英國宗教之中心。

愛爾蘭之修道士　然英倫三島中之基督教徒，並不僅限於奧古斯丁及修道士。當不列顛島為羅馬行省時代，已改奉基督教。其時並有聖派翠克（St. Patrick）（約卒於西元四六九年）傳道於愛爾蘭之舉。日耳曼種人入侵以後，異端復盛，愛爾蘭因僻處海中，得免於難。唯愛爾蘭教徒不熟諳羅馬基督教之習慣，故頗有互異之處。愛爾蘭慶祝基督復活節之期，及修道士削髮之樣式，均與羅馬異。當奧古斯丁傳道於不列顛島南部之日，正愛爾蘭人傳道於不列顛島北部之時。

羅馬派與愛爾蘭派教士之衝突　羅馬派與愛爾蘭派教士之習慣既不相同，故時有衝突之舉。愛爾蘭之教士，雖尊重教宗而不願離羅馬派而獨立，然始終不願廢棄其舊習。同時亦不願承認坎特伯雷之大主教為領袖。至於羅馬教宗則甚不願愛爾蘭教徒之獨樹一幟於島中。兩方相持不下，互相仇視者，凡五、六十年之久。

羅馬派之勝利　然相爭之結果，羅馬教會終得勝利。西元六六四年諾森布里亞王開宗教會議於惠特比，承認羅馬基督教為國教。愛爾蘭之教士不得已退歸。

當惠特比會議開會時，諾森布里亞王言曰：「同奉一神者，應遵守一致之規則，不應互異，因人人所希望之天國，本屬相同。」彼以為僻處歐

洲西部海外之一島，竟與其餘基督教國異其習慣，殊屬非理。此種教會統一之信仰，實為教會得勢之一大原因。他日英國領土日有擴充，忠於教宗者凡千年之久，至十六世紀初年亨利八世（Henry VIII）在位時，方離羅馬教宗而獨立。

古代英國之文化 不列顛島之宗教，既成一統之局，隨發生一種崇拜羅馬文化之熱誠。各地著名之寺院，漸成當日文化之中心，歐洲大陸諸國，殆無能與之相埒者。常與羅馬往來，未或中輟。羅馬工人多渡海入英國建築石造之羅馬式教堂以代舊日之木造者。青年教士，多習拉丁文，有時並習希臘文。古代書籍，輸入國中而重抄之。當七、八兩世紀之交，有名著作家比德其人，通稱「可敬之比德」（西元六七三年生，七三五年卒），著有當日《英吉利教會史》（*Ecclesiastical History of the English People*），為吾人研究當日英國宗教最重要之資料。

第三節　歐洲大陸上之傳道事業

歐洲大陸上之愛爾蘭傳道教士　不久傳道之熱誠，又自英國而返諸歐洲大陸。昔日克洛維及法蘭克民族，雖已改信基督教，然北部歐洲一帶，仍未普及。當奧古斯丁入英國之前數年，愛爾蘭傳教者聖高隆（Saint Columba）登歐洲大陸之岸而入高盧。往來各處，建設寺院，苦於修行，善施神術，極為時人所信仰。彼並深入蠻族阿勒曼尼所居之地以達於康士坦斯湖畔。不久為蠻族酋長所逐，遂南下傳道於北部義大利之倫巴底種人，於西元六一五年卒於其地。其同仁中有名聖加爾（Saint Gall）者，留居康士坦斯湖畔，弟子日眾，遂建寺院，乃以其名名之，為中部歐洲最著寺院

之一。其他愛爾蘭之教士多深入圖林根及巴伐利亞森林中以傳其道。唯德國教會，則溯源於英國之傳道士也。

聖波尼法爵傳教於德國　聖高隆卒後約一百年，當西元七一八年時，羅馬教宗遣英國修道士名波尼法爵（Saint Boniface）者入德國傳道。凡經營四年而返羅馬，教宗任以傳道主教之職，誓從教宗之命令。波尼法爵主張服從教宗甚力。他日羅馬教會之獨霸西部歐洲，彼蓋與有力焉。

聖波尼法爵事業之偉大　波尼法爵既有法蘭克王國中王宮執政查理‧馬特之保護，盡力於傳道之事業。昔日愛爾蘭教士所感化之基督教徒，及北部歐洲之異端，無不入附於羅馬。西元七三二年，波尼法爵升任美茵茲之大主教。乃著手於建設薩爾茲堡，雷根斯堡，符茲堡，艾福特，諸主教教區，即此可見其傳道域區之廣，及其傳道事業之盛。

聖波尼法爵改革高盧教會　波尼法爵既組織德國之教會，遂著手於高盧教會之改革。是時高盧教士多不德之行，而教會之財產亦因時局不寧，日有損失。波尼法爵得查理‧馬特之援助，盡力於改良之事業，高盧教會，卒入附於羅馬。西元七四八年高盧諸地之主教集會宣言維持宗教之一統，服從教宗之命令，以冀得為彼得之羊云。

第一卷　蠻族之入侵及基督教會之事業

第二卷
封建制度之發達
及民族國家之興起

第二卷　封建制度之發達及民族國家之興起

第六章
查理・馬特及丕平

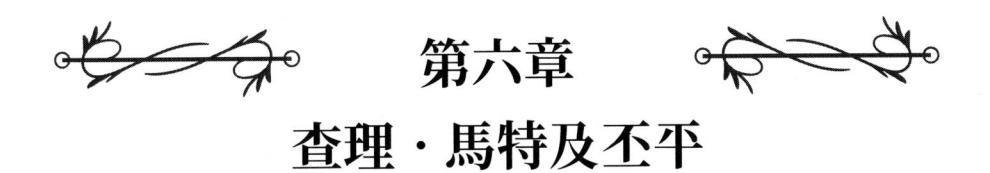

第一節　查理・馬特之內政

查理・馬特任王宮執政時之困難　當羅馬教宗漸成西部教會首領之日，正法蘭克王國中王宮執政查理・馬特（西元七一四年至七四一年）及其子丕平二人建樹查理曼帝國根基之時。查理・馬特所遇之困難，與他日歐洲各國君主所遇之困難正同。中古君主之最大問題，殆莫過於如何可以使國內負固不服之權臣、主教及住持，俯首帖耳以聽命於中央政府。

伯與公之由來　是時國內官吏之最有勢力者，凡二等：即伯與公是也。當羅馬帝國時代，凡各城均有伯負行政之責，伯之上則有公。此種官吏之稱號，日耳曼種人沿用之而不改。當日君主雖有任意任免之權，然為伯為公者，漸有任職終身之趨向。

查理・馬特之抑服諸侯　其時亞奎丹，巴伐利亞，及阿勒曼尼亞諸地之公，多夜郎自大，不服王命，查理力平之。武功甚盛。中央政府之勢，為之再振。

查理・馬特與主教　至於國內主教之難以駕馭，亦正與公與伯同。查理雖不遵教會之規定，不與人民以選舉本區主教之權，主教之任免，唯彼一人主之。然一旦主教被任之後，每利用其地位以建設獨立之小邦。寺院之住持亦然。查理對於主教及住持之跋扈者，一律免職，而以其親友代

之。如予其姪以二寺及三主教之教區，即其一例，然新任者之跋扈，與舊者初無稍異也。

第二節　丕平之篡位

丕平與卡洛曼　查理卒於七四一年。其未卒之先，已將其王宮執政之職傳其二子：即丕平與卡洛曼（Carloman）是也。兄弟當國，大權在手；所謂君主，無事可為，正如史家所謂「披髮長鬚，徒擁君主之名而自滿；高據御座，儼然國王；接待各國使臣，受大臣之指導以答覆各國使臣之詢問，不知者方且以為出自國王之本意。實則當日國王除虛名與王宮執政所給之微俸外，一無所有云。」其時國內之反抗者均為王宮執政所壓服，而卡洛曼忽有辭職之舉，入寺為僧。丕平一人遂大權獨攬，當日紀年史上並謂「國內昇平無事者凡二年」云（西元七四九年至七五〇年）。

丕平之篡位稱王　丕平之權勢既大，乃隱懷篡奪王位之志。然當日國王雖無所事事，而事關廢立，究非易易，故丕平有商諸羅馬教宗之舉。教宗答曰：「余意以為無權之人而假稱為王，不若以有實權為王而且稱王之為愈。」

據上所述，可知後代史家以為丕平之為王，係羅馬教宗所任命，並不盡然。蓋羅馬教宗明知丕平之僭奪王位，勢所難免，而且為國人所心許，故不得不順勢以利導之耳。西元七五二年國內之公伯以盾擁丕平由聖波尼法爵行傅油之禮，繼以教宗之禱告，丕平乃即王位，為卡洛林朝之始。

教宗參與加冕之影響　此次羅馬教宗之參預加冕，君主原理上遂發生

重大之變遷。蓋日耳曼種人之君主，自古以來類皆由人民或貴族選舉軍隊中之首領充任之。君主之得位，並非神授，實因其才力出眾足以折服人民耳。自丕平遵古代猶太之舊習，使聖波尼法爵及羅馬教宗來行傅油之禮，「日耳曼種之酋長遂一變而為神命之君王」。羅馬教宗並謂凡有反對丕平之族者，必受天罰。服從君主，遂成為宗教上之責任。在教會方面觀之，則凡得教會讚許之君主，即無異上帝之代表。他日王權神授之觀念，實端倪於此。

第三節　丕平與羅馬教宗之攜手

丕平與羅馬教宗攜手之重要　羅馬教宗贊成丕平之篡奪王位，足徵當日西部歐洲兩雄——法蘭克王及羅馬教宗——之水乳。不久並攜手而同盟，在歐洲史上生出絕大之影響。吾人欲了解之，不能不先明羅馬教宗所以脫離東羅馬皇帝及與丕平交歡之故。

東西教會之分離——偶像之爭　自聖葛利果一世死後百餘年間，在羅馬之教宗類皆服從東帝。嘗求東帝之援助以抵禦北部義大利之倫巴底種人。當西元七二五年時，東羅馬皇帝利奧三世 (Leo III the Isaurian) 下令禁止教徒不得崇拜耶穌及其他聖人之偶像。蓋帝本一富有思想之基督教徒，頗不忍聞回教徒之譏誚基督教為崇拜偶像者。故下令凡國內教堂中之偶像及壁上之畫像，一概銷毀。基督教徒，群起反對，即東都教士亦復嘖有煩言，而西部歐洲一帶之教士，尤為不服。羅馬教宗堅持皇帝無干涉教會習慣之權，抗不奉命。並召集宗教大會宣言凡有「推翻，毀壞，或褻瀆神聖之偶像者」則逐諸教會之外。西部歐洲教會遂始終維持其崇奉偶像之舊習。

第二卷　封建制度之發達及民族國家之興起

羅馬教宗與倫巴底種人　羅馬教宗雖不喜毀滅偶像之東帝，然仍望東帝之援助以禦倫巴底種人之南下。不久倫巴底王名埃斯托夫（Aistulf）者，不聽羅馬教宗之請求或恫嚇。西元七五一年入占拉溫納而進逼羅馬城，意在統一義大利，以羅馬城為其首都。此誠義大利半島存亡危急之秋也。義大利將其統一於日耳曼民族之下而文明發達如高盧乎？觀於倫巴底種人之進步，又非不能組織國家者。然羅馬教宗終不願失其獨立之地位以附屬於義大利之王。故義大利王國之不能建設，實羅馬教宗有以致之。千餘年來，義大利半島之不能統一，教宗作梗，實為主因。當時教宗曾求援於東帝，東帝不之顧，不得已求援於丕平，親越阿爾卑斯山而入法蘭克王國。國王優禮有加，偕教宗南返，以解羅馬城之圍，時西元七五四年也。

丕平征服倫巴底種人　當丕平北返之日，正倫巴底種人再圍羅馬城之時。觀是時教宗斯德望二世（Stephanus PP. II）所致法蘭克王之信札，尤足見當日之特點。函中略謂丕平一生際遇之隆，均源於聖彼得之祐，故應急來援救聖彼得之後繼者。如法蘭克王而任倫巴底種人之割裂與摧殘羅馬城，則王之靈魂將入地獄而受鬼怪之割裂與摧殘。此種言論，頗為動聽；丕平再南下，卒征服倫巴底王國，夷為附庸。

丕平贈領土於教宗　丕平既恢復義大利之地，乃不歸還於東帝，而返饋諸羅馬之教宗。教宗之領土遂自拉溫納以達於羅馬城之南部。繼續維持至十九世紀後半期。

丕平之在位之關係甚大　丕平之在位關係甚大。法蘭克王國之勢力，日有增加，為近世法國、德國、奧地利三國發祥之地。北部歐洲君主之干預義大利內政亦始於此時，為他日法國、德國諸國君主失足之主因。此外教宗之領土，雖壤地褊小，而其關係之重大及國祚之永久，亦復為歐洲所罕有。

第六章　查理・馬特及丕平

丕平及其子查理曼僅知得教宗贊助之利益，初不知其遺害之無窮。此後西部歐洲各國之民族，無不求其君主、法律與命運於臺伯河上矣。

第二卷　封建制度之發達及民族國家之興起

第七章 查理曼

第一節　查理曼之性情

研究查理曼之資料　日耳曼民族中之歷史上偉人，吾人知之較悉者，當首推查理曼其人。其他如狄奧多里克、查理・馬特、丕平輩，吾人所知者，不過大概而已。當日史家雖稍有記載，然對於各人之性質，多略而不詳也。

查理曼之容貌　查理曼之容貌，據其祕書之所述，頗與其政治手腕之特點相同，殊可注意。其身體長而且壯，面圓，目巨而有光，鼻較常人為大，面貌和藹可親。無論坐立，均儼然有君人之態度，身材魁梧，故見者每不察其頸之過短與其體之過肥。步趨穩健，舉動安詳，言語清朗而發音微低。好勞惡逸，喜馳馬畋獵，並善游水。體力雄厚，精神飽滿，故往來國內，從事征戰，所向無敵，而毫無倦容。

查理曼之教育及其對於學術之態度　查理曼曾受教育，故深知學問之重要，力行提倡。每飯必令人朗誦古書以悅其耳；尤喜讀歷史及聖奧古斯丁所著《上帝之城》一書。能說拉丁語，並諳希臘文。曾有意於著作，唯因年老太晚，故始終僅至自能書其姓名為止。嘗召國內之學者入居宮內，利用其學問，建設國家教育之制度。彼亦注意於建築以美麗其王國。嘗親自計劃亞琛地方之大禮拜堂，一切陳設，莫不關懷甚切。又造美麗之王宮

二：一在美茵茲附近，一在荷蘭之奈梅亨地方，並造橋於美茵茲附近之萊茵河上。

傳奇中之查理曼　他日查理曼雖死，其印象尚深入人心而不能驟去。後人所著傳奇中，多詳述彼一生之功業，雖多係空中樓閣，而當時人則多信以為真。聖加侖寺中之老僧於查理曼死後不久，曾著書謂其擁大隊之軍士，橫掃全部歐洲。騎士之忠勇無倫者，實擁戴之，為他日歐洲騎士之模範。終中古之世，詩人騷客，多以查理曼之事功為其吟詠之資。

吾人試研究查理曼在位時代之功績，即知彼誠不愧為歷史上之偉人而為中古時代之豪傑。蓋其影響於歐洲進步上者極大。茲先述其武功，再述其內政，最後乃述其提倡文化之蹟。

第二節　查理曼之征服撒克遜種人

查理曼之帝國觀念　查理曼之目的，在於統一日耳曼民族以建設基督教帝國，而其志竟成。當丕平當國時代，法蘭克王國之領土，不過今日德國之一部分。弗里西亞及巴伐利亞本已奉基督教，因查理曼先人及傳道教士波尼法爵輩之勸導，早已入附法蘭克王國。其時介於兩國之間者，有撒克遜種人，負固如昔。信奉異端，其制度習慣尚一仍七百年以前之舊。

撒克遜種人之征服　其時撒克遜種人所在地，約自科隆而東以達於易北河，北至今日布萊梅及漢堡諸城所在地。此種民族，既無城市，又無道路，欲征服之，極不易易，蓋若輩勝則乘勢南下，敗則退入森林也。然任其自由，則逼處法蘭克王國之北鄙，嘗有騷擾之虞，而王國之國境，亦且

第七章　查理曼

無擴充之望也。查理曼在位時，一意於征服撒克遜種人者，凡十餘年。平其叛亂者，前後凡九次，卒因基督教會之力克服之。

撒克遜種人之改信基督教　查理曼之有賴於教會，以征服撒克遜種人為最著。凡每次叛亂既平之後，彼必令蠻族改奉基督教以表示其忠順於王之意。隨即遣派主教及住持等馳往其地以管理之。西元七七五年與七九〇年間所頒之處置撒克遜種人土地之法律，規定凡「不忠於國王者」與「逃避浸禮，藐視浸禮，及仍信異端者」均處以死刑。查理曼深信撒克遜種人入教之必要，故下令凡以武力強奪教堂中之物件者與當「四旬齋」期中而食肉者均處以死刑。無論何人，不得依據異端之儀式，向樹木或泉水行宣誓之禮，或躬與異端祭鬼之宴會；凡生子必於一年之內受浸禮；否則均罰金。

教會之維持　至於各區教會之維持費，由各區人民捐地三百畝以充之。並備居室一所為教士之用。「同時，根據上帝之命令，凡教徒均須納其財產及工作所得十分一之稅於教會及教士；凡貴族、平民及佃奴，均須納其一部分於上帝。」

政府與教會之互助　上述種種之規則，極足以代表中古時代政府與教會之關係。凡反叛教會者，在政府視之，罪同叛逆。當時政府與教會，雖嘗有衝突之跡，然在人民心目之中，則每以為教士與官吏，相輔而行，缺一不可云。

北部德國城市之興起　當撒克遜種人未被查理曼征服以前，本無城市。征服以後，則主教所在之區與寺院所在之地，市鎮林立，城市漸增。其中最著者，允推布萊梅，至今尚為德國之巨城也。

第三節　查理曼之征服倫巴底種人

查理曼為倫巴底種人之王　丕平曾與教宗約，願負保護之責，吾人已述及之。當查理曼有事於北部撒克遜種人居地之日，倫巴底種人乘機南下而進攻羅馬城。羅馬教宗急求援於查理曼，查理曼令倫巴底王將其征服諸城交還羅馬教宗。倫巴底王不允，查理曼遂於西元七七三年率大隊軍士入侵倫巴底，陷其都城帕維亞。迫倫巴底王入寺為修道士，法蘭克軍士盡掠其財產而去。西元七七四年，倫巴底之公伯均被迫而臣服於查理曼。

查理曼兼併亞奎丹及巴伐利亞　查理曼未即位以前，國內巨省如亞奎丹及巴伐利亞等，均形同獨立，不受管轄。亞奎丹公當丕平秉政時代，時有蠢動之舉，於西元七六九年合併於法蘭克王國。至於巴伐利亞，在查理曼心目中，以為任其獨立，則難望其援助以抵抗邊境之撒克遜種人。乃迫巴伐利亞公納其領土，並禁之於某寺中。查理曼乃以其地分給國內諸伯。撒克遜種人所在地與倫巴底王國間之領土，遂入於法蘭克王之手。

第四節　查理曼之征服斯拉夫種人及回教徒

查理曼之外交政策　吾人以上所述者，僅以查理曼與日耳曼民族之關係為限。實則彼所注意者，尚有東部歐洲之斯拉夫種人及西班牙之阿拉伯人。彼如欲自守其國，非設法征服之不可。故查理曼在位之後半期，即注其全力於此。於西元七八九年一戰而敗撒克遜種人東北之斯拉夫種人，迫波希米亞入貢。

第七章　查理曼

特別區與邊防使　查理曼深恐非日耳曼種之蠢動，故於王國四境特設特別區曰邊防區者，分遣邊防使分駐其地以鎮之。以防禦日耳曼種入犯為職務。邊境之安危，多繫於邊防使之得人與否。邊防使中頗有擴充勢力以自固者，他日法蘭克王國之瓦解，伏機於此。

查理曼征略西班牙　當西元七七七年時，查理曼有集召國內要人開會之舉，西班牙回教徒之不滿於科爾多瓦之教主者，遣人求援於查理曼。次年查理曼率師南入西班牙。數年之後，征服厄波羅河以北之地，並遣邊防使駐其地。自後回教徒在西班牙之勢力，日漸衰替。至西元一四九二年，最後回教徒之根據地新格拉納達失守，西班牙回教徒之領土，至是喪失殆盡。

第五節　查理曼之稱帝

查理曼之加冕　查理曼最大之功業，莫過於西元八〇〇年之重建西羅馬帝國。是年查理曼赴羅馬解決教宗良三世（Leo PP. III）與其敵人之紛爭。事成之後，於耶穌聖誕日在聖彼得教堂中舉行慶典。當查理曼跪於壇前行禱告時，教宗加以王冠，以「羅馬人之皇帝」稱之。

稱帝之允當　此次加冕之舉，查理曼自以為並不預知，實出其意料之外。據當日法蘭克史中之所述，則謂：「當日東部羅馬帝國女王在位，皇帝之名，已不能用，於是羅馬教宗良神父，及所有基督教徒均以為不如推舉法蘭克王查理為皇帝之為愈。蓋因彼之領土除義大利、高盧及德國外，又占有歷代皇帝所居之羅馬城。上帝既許其領有如許之土地，人民又均具愛戴之熱忱，則彼之稱帝，實屬允當。」查理曼雖無稱帝之權利，然當日

大勢所趨，有不得不如此之故。當彼未稱帝以前，彼為法蘭克種人及倫巴底種人唯一之君主。日久武功甚盛。領土增加，國王之名，本已不稱。而且當日羅馬東部之皇帝，自教宗良下令禁止偶像以後，在羅馬教會視之，有同異端。加以查理曼未加冕以前，東部帝位為一惡婦人名伊琳娜（Eirénē ē Athēnaía）者，傷其子君士坦丁六世之兩目，奪而代之。故查理曼之稱帝，與當日西部歐洲之政情正合。

羅馬帝國之繼續 西部帝國之建設，當時人均以為即係昔日羅馬帝國之中興。而以查理曼為廢帝君士坦丁六世之繼統者。然就事實而論，則新帝之地位與昔日羅馬皇帝之地位絕不相同。第一，東部羅馬之帝祚，始終綿延不絕。第二，查理曼以後之日耳曼皇帝類皆柔弱無能，即德國、義大利二部之地，亦不能守，遑論其餘。不過西部帝國自十二世紀以後，改稱為神聖羅馬帝國，國祚延綿至千餘年之久。至西元一八〇六年方絕。

稱帝之流弊 日耳曼諸君之稱帝，實伏他日多事之機。若輩嘗虛耗其精神，越國過都以維持其義大利國之領土，且因查理曼受教宗加冕之故，為日後教宗要求廢立皇帝權利之根據。故當中古之世，皇帝屢有南下之舉而教宗與皇帝則屢起無謂之爭。

第六節　查理曼之內政

查理曼之困難 查理曼之領土，既廣且雜，統治為難。帝之修明內政，治國有方，卒致有盛極難繼之嘆。當日之困難，與昔日查理‧馬特及丕平時代同，言其著者，即國庫空虛與諸侯跋扈二事。查理曼之能力，以見諸治國方面者為最著。

查理曼之私塾 當中古時代，中央政府之收入，類有賴於皇室之私產，蓋其時羅馬國稅制度，久已不行也。故查理曼對於私產之整理及收入，異常注意。其規則至今尚存，吾人讀之，頗足以瞭然於當日之狀況焉。

爵位之由來 法蘭克王所賴以治國之官吏，以伯為最重要；凡君主不能親臨之事，均令伯為「王之手與聲」。國內秩序之維持，司法之監督，軍隊之募集，均唯伯之是賴。邊疆之上則有邊防使，前已言之。此外並有公，公之名至今尚通行於歐洲諸國中。

巡按使 查理曼為監督國內諸伯起見，時時特派巡按使巡行全國，遍問民間之疾苦，以告於王。每區二人：一俗人，一教士，以便互相牽制。各區巡按使，每年更換，以免其與各區之伯，狼狽為奸。

查理曼之改革 查理曼稱帝後，政治組織上，絕無更張，唯國民年在十二歲以上者，均須宣誓忠順其皇帝。每年春間或夏季，必召集國內之貴族及教士開大會以商議國事。頒發法律多種，至今尚有存者。嘗與各區教士及寺院住持商議教會之需求，尤注意於教士及俗人之教育。吾人觀當日之種種改革，頗能窺見當日歐洲之情狀何如也。

第七節　查理曼之提倡教育

查理曼以前之黑暗時代 查理曼之注意古籍，為狄奧多里克後第一人，蓋自三百年前波愛修斯死後，古學久已不振。約西元六五〇年時，埃及為阿拉伯人所征服，紙草之源遂絕。其時歐洲之紙，尚未發明，所用者僅羊皮紙一種，價值甚貴。雖較埃及之紙草為堅實，然所費太鉅。故書籍

第二卷　封建制度之發達及民族國家之興起

之抄傳，頗多障礙。據本篤派修道士所述，則八世紀為法國文學史上最閉塞、最黑暗、最野蠻之時代。墨洛溫王朝之公文書，每有文理欠通之病，足見當日文人之無學。

教會之保存學問　然當時雖稱黑暗，而亦有曙光。即在查理曼以前，亦已見世界將復現光明之象，拉丁文可斷其不亡，因當日教會及公文書，均用拉丁文也。基督教之教義，不得不考之於《聖經》及其他諸書，而教士之講道文稿，亦即文學之一種。故凡屬教士，均非稍受一種教育不可。凡教士之賢能者，無論其為何國人，當然不能不識拉丁之古籍。其時又有編輯古籍為「精華錄」之類者，故時人對於古代之文化，亦並未盡忘。研究雖不能精深，而古學之種類為何，則尚留在當時人之心目中也。

查理曼說明教育之不振之二函　查理曼為當日君主中深悉教育衰替第一人，彼未稱帝以前，曾有二函提及此事。其一係致某主教者，其言曰：「近年以來，吾嘗接讀各寺院之函札，謂寺院中之修道士，嘗代吾行神聖誠篤之禱告。吾觀諸函中之用意，固屬可嘉，然察其文字，殊屬鄙俚，蓋因不重教育之故，故函中之言，每有錯誤，不能盡達其心中之真意。吾甚恐將來作文之能力，愈趨愈下，所具知識將不足以了解《聖經》。吾人深知文字謬誤，本屬危險，而知識謬誤，尤為危險。故吾望汝不僅不忘文字之研究，且望汝能虛心實在去研究，則汝必能深悉《聖經》中之玄妙。」

其二云：「吾輩先人，不重學問，吾曾竭力提倡之；吾甚望國人均能隨吾之後熟究文藝。吾人得上帝之助，曾以此種精神校正《新舊約》各書中之謬誤矣。」

查理曼對於國民教育之觀念　查理曼之意，以為教會不但有教育教士之責，且應予普通人民以初等教育之機會。故於西元七八九年下令凡教士

第七章　查理曼

均須集其附近自由民及佃奴之子弟，建設學校為「兒童讀書」之地。

其時國中主教及住持之遵令建設學校者，其數雖不可知；而當日文化中心之可得而考者，則有都爾、富爾達、科爾比、奧爾良諸地。查理曼並建設「王宮學校」備皇子及貴族子弟入學之用，請英國人阿爾琴（Alcuin）任管理全校之責，並聘義大利及其他諸地之名人為教師。其最著者，即歷史家保羅（Paulus Diaconus），著有《倫巴底人史》（*Historia Langobardorum*），為吾人研究倫巴底王國史之大源。

查理曼注意抄書　查理曼對於抄書謬誤之危險，尤為注意。故在其建設學校命令中，並謂：「爾輩須將讚美詩、樂譜、文法，及寺院與主教教區中之書籍，詳加校正；因祈禱之時，每因書籍謬誤之故，致有祈禱不得當之患也。毋使汝之子弟誤讀或誤書。如有抄寫福音、讚美詩或《彌撒經》之必要時，令成年者謹慎為之」，此種預告，極為合理，蓋遺傳古籍之重要，亦正不亞於教育之提倡也。唯查理曼並無恢復希臘羅馬學問之意。彼以為教士而能熟習拉丁文，能了解《彌撒經》及《聖經》，斯可矣。

查理曼提倡教育之結果　查理曼之提倡教育及知識，並無結果。九世紀時雖有文人，其著作亦能傳之於後世；然自其帝國瓦解之後，同室操戈；加以蠻族再來，諸侯跋扈，西部歐洲之大局，一返二百年前之舊。故十世紀及十一世紀初年之狀況，與七、八兩世紀時，初無少異。唯不若查理曼以前秩序之紊亂，與民智之閉塞耳。

第二卷　封建制度之發達及民族國家之興起

第八章
查理曼帝國之瓦解

第一節　查理曼帝國之分裂

「虔誠者」路易之繼位　查理曼之帝國，領土廣大，一旦查理曼去世，其將從此瓦解乎？抑仍統一耶？此誠研究歷史者之重要問題也。查理曼似深知一旦物故，統一無人，故於西元八〇六年，將其帝國之領土，分給其三子。帝之分給領土於其子，究因習俗相沿，不能不平分於諸王子耶？抑因深知己身去世，後繼乏人耶？吾人不可得而知。唯不久其年長之二子，均先其父逝世，其幼子路易獨領帝國。

查理曼帝國之分裂　路易（綽號「虔誠者」）（Louis le Pieux）即位之後，不數年即有分給帝國於其諸子之舉。然諸王子各不相下，時起紛爭，故自西元八一七年至八四〇年間，瓜分之舉，竟有六次之多。諸王子紛爭之跡，茲不詳述，至西元八四〇年，路易卒。其第二子路易（綽號「日耳曼人」）（Louis II de Germanie）領有巴伐利亞及今日德國諸地。其幼子查理（綽號「禿頭」）（Charles II le Chauve）領有法蘭克王國之西部。其長子洛泰爾（Lothaire）領有兩弟領土間之地，並襲皇帝稱號。查理與路易因其兄有實行皇帝職權之舉，合力以抵抗之，敗之於豐特努瓦地方，時西元八四一年也。越二年乃訂《凡爾登條約》。

《凡爾登條約》（西元八四三年）　當三人商訂和約時，對於洛泰爾之

領有義大利，查理之領有亞奎丹及路易之領有巴伐利亞殆無異議。其爭持最烈者，即關於其餘帝國領土分配之一端。其結果則長兄既稱皇帝，並得領有法蘭克領土之中部；包有都城亞琛。其疆界之不自然，及其言語風俗之不一致，固甚顯然。路易並得倫巴底以北西至萊茵河之地。至於查理則領有今日法國之大部分及西班牙邊境與法蘭德斯諸地。

第二節　法國、德國之起源

德國、法國之起源　《凡爾登條約》之重要，在於東西兩法蘭克王國之發見。為他日法國與德國兩國之雛形。「禿頭」查理領土中之人民，大部分沿用拉丁語，日久漸變而為南部法國語及法國語。至於路易領土中，人民與語言均屬日耳曼種。介於兩國之間者，為洛泰爾王國此地一變而為洛塔林吉亞，再變而為今日之洛林，至今尚為德國法國兩國相爭之地。

史特拉斯堡誓言　至於當日各地方言之互異，徵於西元八四二年史特拉斯堡誓言而益信。蓋當《凡爾登條約》未訂以前，洛泰爾之二弟，曾鄭重宣誓互助以抗其大兄。二人先用本國之語言各向兵士云，如吾有離異吾兄之時，汝輩亦當解除忠順吾兄之義務。於是路易再用「羅馬語」向兵士重述其誓言，使查理之兵士易於了解。查理亦用「條頓語」向兵士重述之。此兩種誓言之原本，至今尚在，為歷史上最有興趣最有價值之文字，蓋吾人藉此得以稍知當日歐洲各國語言之雛形也。前此之日耳曼種人，殆僅有語言而無文字，凡能文字者皆用拉丁，法國語亦然。

第八章　查理曼帝國之瓦解

第三節　「胖子」查理之統一帝國

帝國之再分　西元八五五年洛泰爾卒，遺其義大利及其王國於其三子。至西元八七〇年，其子先後去世者凡二人，其叔父「禿頭」查理與「日耳曼人」路易二人遂訂《梅爾森條約》，瓜分其姪之領土。僅留義大利及皇帝稱號於其僅存之姪。其結果則自西元八七〇年，西部歐洲一帶，顯分三國。一如近世義大利、德意志及法蘭西殊可異也。

帝國之暫時統一　「日耳曼人」路易既卒，其子查理（綽號「胖子」）（Charles le Gros）入繼東法蘭克王國之統。西元八八四年，「禿頭」查理之子若孫，先後逝世，堪繼統者僅有一五齡之童子。西法蘭克王國之貴族，群請胖子查理兼領其地。查理曼帝國至是分而復合者，凡二三年。

「胖子」查理與北蠻　「胖子」查理多病而無能，與北蠻所訂之條約，尤足徵其優柔而無勇。當巴黎伯奧多（Odo）盡力抵抗北蠻之圍困巴黎時，查理不但不率軍來援，反允年予北蠻銀七百磅為解圍之條件。並允北蠻軍隊於是年冬日屯駐於內地勃根地，焚毀劫掠，如入無人之境。

「胖子」查理之被廢　此種辱國之條約，大拂西法蘭克王國貴族之意。若輩遂樂與其姪克恩滕公爵阿努爾夫（Arnulf of Carinthia）合謀篡奪；西元八八七年查理被廢。自此以後，除他日法國皇帝拿破崙外，再無一人能統一查理曼帝國之東西南三部者。阿努爾夫雖稱帝，然國內已無復統一之望。即統一之名，亦不可復得。當時編年史中曾謂「當阿努爾夫虛費光陰之日，正各小王國發達之秋」云。

勃根地王國之由來　西法蘭克王國中之貴族，在北部者選巴黎之奧多為王；至於南部，則有維埃納之博索（Boso）伯，隱懇羅馬教宗封其為羅

訥河流域及普羅旺斯一帶地方之王。博索死後，日內瓦湖沿岸一帶地，叛而自立。他日此地與博索之領土，合而為勃根地王國。

帝國內部之瓦解　當「胖子」查理未廢以前，國內之伯及大地主多乘機自立，儼同君主。其在東法蘭克王國則昔日查理曼所征服之日耳曼種，漸謀自立，就中尤以巴伐利亞人及撒克遜種人為不馴。至於義大利，則領土瓦解之狀況，較北部二國為尤甚。

第四節　帝國不能統一之原因

道路之不修　據上所述者觀之，足見當日已無人能再統一查理曼之帝國者。蓋當日之困難甚多，欲建設一統一之國家，幾乎無望。第一，國內交通，到處阻梗。羅馬時代之道路橋梁，至是因無人修理，類皆殘毀。至於羅馬帝國國境以外之地，為查理曼所征服者，其道路尤較惡劣無疑。

錢幣之稀少　此外當中古之世，錢幣稀少。為君主者，遂無資多任官吏為治國之用。而且因經費有限之故，不能募集軍隊為維持秩序平定叛亂之需。

蠻族之入侵　除君主優柔，國庫空虛之外，尚有一大患焉——即蠻族之四面入侵是也。此次蠻族之入侵，較查理曼時代以前之蠻族入侵，尤為不幸。蓋足以破壞歐洲之和平而阻止歐洲之進步者。查理曼帝國瓦解以後兩百年間，歐洲極其黑暗，此為其絕大之原因。

回教徒之入侵　回教徒之如何征服北部非洲及西班牙，如何在都爾地方為查理·馬特所敗，吾人已述及之。然此次失敗，並不能阻止回教徒之

侵犯南部之歐洲。查理曼死後不久，西西里一島遂入於回教徒之手，義大利及南部法國，屢被蹂躪。即羅馬城亦不能免也。

斯拉夫種人及匈牙利人之入侵 至於帝國東部，則有斯拉夫種人入侵之患。查理曼雖曾戰敗之，然此種人之騷擾東疆，垂二百年之久。此外又有匈牙利人，係來自亞洲之蠻族，蹂躪德國及義大利，其騎兵並深入法蘭克王國之東部。最後匈牙利人被逐東返，其所居之地遂名匈牙利。

北蠻之入侵 最後又有所謂北蠻者，蓋丹麥、挪威、瑞典諸地之海盜也，相率南下。若輩不但劫掠海濱之巨城，有時並沿河深入法蘭克王國境中，達於巴黎，大肆騷擾。其入侵英國者，世稱丹麥人。英王阿佛烈大帝（Alfred the Great）竟不能不承認若輩為英國北部之主人云。

據上所述，可見法蘭克王國之險象環生，患難紛至。內有貴族之紛爭，外有蠻族之騷擾。此撲彼起，無時或已。故當日之諸侯，莫不深居城堡；當日之城市，莫不圍以城牆。甚至修道士之寺院，亦復有建築堡壘以資防衛者。

第五節　封建制度之權輿

國內諸侯之得勢 中央既無有力之君主，國內又無強盛之軍隊，各地之安危，無人顧及。國內之伯、邊防使、主教及大地主輩，群起而謀自衛。若輩一面有衛國之功，一面有保民之德，故人民之嚮往者，無不傾心。此「胖子」查理以後之政權，所以旁落於國內大地主之手也。中古諸侯之城堡，類皆位置於形勝之地，如果國君有力，又焉能坐視其存在者？

第二卷　封建制度之發達及民族國家之興起

於此可見當日之諸侯，已隱然有負固不服之志矣。

中古時代之堡壘　吾人今日試遊歷英國、法國或德國之境中，每見有中古城堡之遺址，雄踞山巔，憑眺四方，可達數英里之地。圍以厚牆，牆外有濠。堡中有高塔，其窗甚小。可見此種建築絕非昇平時代之居室，而為雲擾世界之王宮。

蓋居住堡中之人，必隨時有被攻之險，如其不然，又何必糜鉅費造成冷靜森嚴之巨廈為居室之用乎？當時巨廳之中，諸侯之扈從，群集一處，以備調遣。一旦被攻，則群趨於小窗之內，以箭射敵。如敵人逼近，則傾火燒之瀝青或融化之鉛以禦之。

羅馬時代之軍營　昔日羅馬人每於軍營之外，圍以厚牆，此種有牆之營，名曰堡壘。然皆係政府之堡壘，而非私人之居室也。羅馬帝國衰替之日，蠻族相繼入侵，國內大亂。於是伯、公與大地主，多建築堡壘以自衛。然當日之所謂城堡，不過築土為堆，圍以深濠，衛以木椿而編以樹枝。土堆之上為木造之堡壘，亦以木椿圍之。此種城堡，在查理曼死後，尚通行數百年。唯因材料不甚堅實，或被焚，或腐爛，故至今已無存者。

戰術之變遷及石料之應用　約自西元一一〇〇年以後，建築城堡之材料，漸以石代木。蓋至是戰術已變，木料已不足以資保衛也。昔日羅馬人之攻城也，每以巨石或尖銳之木棒向牆上或向牆內投之。並有投石與投木之手機。當兵士攜斧或撞車登城時，並有自衛之方法。自日耳曼民族入侵以後，對於此種戰機，不甚習慣，故舊日之武器漸廢而不用。唯東部羅馬帝國中尚沿用舊日之戰術。自有十字軍之役以後，此種戰術，復傳入西部之歐洲。西部歐洲之建築城堡，因之不得不以石代木云。

圓形堡壘之風行　唯方形之堡，不如圓形無角者之易守，故百年之

第八章　查理曼帝國之瓦解

後，圓形之堡，極其風行，以迄西元一五〇〇年為止。自西元一五〇〇年後，火藥巨炮之為用已廣，城堡雖堅，亦難禦砲彈之攻擊矣。

堡壘之內容　昔日木堡，至今無存。吾人之城堡觀念，可自石造者得之。城堡之地址，多在懸崖之上，得建瓴之勢，不易近攻。如在平地，則圍以深溝，謂之城濠。中儲以水，橫以吊橋。其大門並有厚木板造之柵欄，由上而下，謂之吊門。牆內有高塔一，謂之主塔，內包數層。有時堡內亦有巨廈及居室，為諸侯及其家庭起居之所。然有時即居於主塔之中，此外堡內並有儲藏糧食及軍器之處，並有禮拜堂一。

封土中之地主　吾人欲明中古貴族之地位及封建制度之起源，不能不先知當日地主之狀況。當查理曼在位時代，西部歐洲一帶地，多分裂而為龐大之地產，有若羅馬時代之領地。此種分裂之由來，已不可考。此種龐大之地產，亦名封土。類以佃奴耕種之，終身不得離其地，並受地主之約束。同時佃奴並須代種地主之私地，凡地主及佃奴日用之需，皆取資於封土。所謂中古之地主，即係指領有封土一、二處之地主而言；每年收入，足以自給，並有餘暇與四鄰之地主戰。

地主之特權　當查理曼即位以前，政府已有給予寺院、教堂及個人，以免納地稅之特權。凡朝廷官吏之司法或募捐者，不得擅入其地。此種特權，原在免除官吏之勒索，並不予以政府之大權。其結果則享有此種特權之寺院及個人，每以君主之代表自命，實行國王之權責。他日中央政府之勢力日衰，地方諸侯遂漸成獨立之地主。此外即無此種特權之地主與重要官吏如伯與邊防使等，亦多尾大不掉，獨霸一方。

諸侯之世襲　國內諸伯之地位，尤為優勝。查理曼所任之伯，類皆選自富民或巨族中人。又因政府無錢之故，凡有功勳於國家者，則酬以土

079

地，諸伯之勢力益大，漸視其領土及地位為私產，傳之於其子若孫。當查理曼時代，因有巡按使巡行制度，故諸伯尚能就範。自彼死後，巡按制廢而不用，官吏之抗命或無能者，中央已無法以處之矣。

國家組織繼續維持之原因 然吾人斷不可以為查理曼死後，西部歐洲一帶，遂無國家，或以為四分五裂，小國如林。

第一君權之保存 第一，當時君主，猶保其昔日威嚴之一部。為君主者或柔懦而無能，或無法以抑服抗命之官吏。然無論如何，君主自君主，曾受教宗之加冕而為上帝之代表。其地位總在諸侯之上。他日英國、法國、西班牙諸國之君主，最後義大利、德國諸國之君主，摧殘封建，抑服諸侯，終占優勢。

第二封建制度 第二，當日之地主，雖形同獨立，然無不屬於封建制度之中。凡地主之有餘地者，每分給他人，唯受封者須盡忠順及其他種種義務，如從軍，貢獻意見，及援助主人等。諸侯與附庸之關係，遂權輿於此。凡諸侯同時為國王或其他諸侯之附庸，各盡其忠順之義務。故封建制度，遂起而代國家，以私人之結合代君主與人民之關係。

封建制度中之政府與田產制度，均與今日各種制度不同，極難了結。然吾人若不曉然於封建制度之為何，則中古千餘年間之歐洲史，即將茫無頭緒矣。

第九章
封建制度

第一節　封建制度之起源

　　封建制度之來源　封建制度為西部歐洲第九、第十兩世紀狀況之天然結果。其中要質，並非當日新發明者，亦非當日新發見者，實則合各種要質以應付當日之需求者也。故吾人於研究封建制度之前，不能不先述羅馬帝國末造之政情及日耳曼蠻族之習慣。一則可以瞭然中古分封領土之習慣，一則可以明白諸侯與附庸之關係。

　　羅馬帝國末造之恩澤制　當羅馬帝國末年，西部歐洲一帶之小地主，多以土地之主有權讓諸有力之大地主，求其保護，前已述及。當時因人工稀少之故，大地主每許小地主仍得耕種其土地，不取租金。自蠻族入侵以來，小地主之景況，日趨惡劣。然其時寺院林立，小地主每向寺院求保護，寺院僧侶無不樂而許之，收其田產為寺產，並允小地主仍得耕種其地。小地主雖無主有之權，然地中所產，仍為所有，只須年納收入之一小部分於寺院，以承認寺院之主權。此種土地之使用謂之恩澤。法蘭克王國之君主及大地主之處置其領土，類皆如此。此種恩澤，實為封建制度發達之第一步。

　　諸侯與附屬關係之起源　與恩澤制並起者，尚有一種制度，足以說明封建之起源。當羅馬帝國末年，凡自由民之無產者，每入附於富而有力之

地主。衣服飲食及保護之責,均由地主負之,而自由民則有忠順主人之義,「愛主人之所愛,避主人之所避」。

日耳曼族之同志結合 此外又有日耳曼種人之一種習慣,極有類於羅馬之習慣,以致研究歷史者,每難斷定封建制度之何自起。塔西佗(Tacitus)嘗謂日耳曼種之青年每有誓忠於領袖之習,如青年之助彼出戰者,則領袖有維護之義。此種制度,塔西佗稱之為同志結合。在日耳曼種人視之,不僅義務之交換而已,實亦為主人與同志間之一種道義上結合。其結合也,有一定之儀節。為同志者並須宣誓其忠愛之忱,正與後日封建時代諸侯與附庸之關係相同。領袖與其同志之互助義務,兩方均視為神聖不可違者。

封建制度合恩澤制與同志結合而成 羅馬之小地主,與日耳曼之同志,雖絕不相同;然他日封建制度中之附庸,實源於此。自查理曼卒後,西部歐洲一帶遂將日耳曼同志結合之習慣與羅馬恩澤之習慣合而為一。凡使用地主之領土者,即為附庸,封建制度,於是乎始。

第二節　封建制度之要質

分封與封土 封建制度之起源,既不出自王命,亦不出自地主之本心。其來也漸,並無正軌,純因此種制度為當日之最便利而且最自然者。大地主亦樂分其領土於附庸,而附庸亦願盡其從軍服役納稅之義務。凡諸侯根據上述條件分給土地於附庸者,謂之「分封」。分封之地,謂之封土或采邑。為附庸者亦可分給其封土於他人而自為其主。此種分給,謂之「再封」。再封之人,曰「附庸之附庸」。此外諸侯之無力者,每求護於

第九章　封建制度

諸侯之有力者，並納其土地而為其附庸。故諸侯亦同時為附庸，附庸之人數，因之增加不少。

封建制度之發達　據上所述者觀之，終中古之世，封建制度日興月盛，「自頂而底而中，同時並進」。第一，大地主每瓜分其領土以予附庸。第二，小地主每納其土地於寺院或大地主而為其附庸。第三，凡諸侯或附庸可再封其一土於附庸之附庸。至十三世紀時，法國方面竟有「無地無諸侯」之習慣，正與中古時代之情狀相同。

封土之世襲　吾人須知封土與恩澤不同，既無一定之年限，亦非僅限於終身。凡封土皆世襲，由附庸傳之於塚子。凡附庸之能盡忠於諸侯及實行其義務者，諸侯即無奪回其封土之權。封土世襲之制度起自何時，雖不可知，然至十世紀時已風行一世矣。

封土世襲之結果　當日君主及諸侯莫不曉然於封土世襲制度之不當，然積習甚深，改革不易。其結果則為君主或諸侯者，對於領土中之實力，喪亡殆盡，所得者僅附庸之徭役及租稅而已。總之當日封土，漸成附庸之私產，為諸侯者徒擁地主之虛名而已。

君主權力不及附庸　當日為君主之諸侯者，形同獨立。為諸侯之附庸者，每不受君主之節制。自九世紀至十三世紀時，德國、法國諸國之君主，並無統治國中人民之權。權力所及，僅至其諸侯而止。至於其他人民，因為諸侯之附庸，故與中央之君主，不生直接之關係。

封建制度之複雜　吾人既知封建制度之起源，雜而且漸，即可知當日雖在小國之中，其制度亦不一致，遑論全部之歐洲？然法國、英國、德國，三國中之封建制度，頗有相同之處；而法國之封建制度，尤為發達。後當詳述法國之制度以例其餘。

083

第三節　附庸之義務及貴族之種類

封土為封建制度之中堅　封土一物，為封建制度之中堅；封建制度之名，亦實由此而起。就廣義之封土而言，即指土地，由地主分給他人，許其永遠使用，而以為其附庸為條件。凡願為附庸者，須跪於諸侯之前，行「臣服之禮」，置其手於諸侯之手，宣言願為彼之「人」，而領某處之封土。諸侯乃與之接吻，提之使起立。於是為附庸者手持《聖經》或他種聖物，宣忠順之誓，鄭重以表示其願盡一切責任之意。臣服之禮與忠順之誓，為附庸絕大之義務，而為「封建之約束」。凡封土易主時，附庸若不行臣服之禮，即以叛而獨立論。

附庸從軍之義務　附庸之義務，種類極多。有時所謂臣服者，僅指服從諸侯不損害其名譽與領土而言。凡諸侯有遠征之舉，為附庸者有從軍之義務，唯逾四十日以上者，則費用由諸侯供給之。至於附庸守衛諸侯城堡時間之久暫，各處不同。附庸從軍之日既短，為諸侯者多感不便。故當十三世紀時，凡君主及大諸侯，多公募軍隊以備隨時赴敵之用。年予騎士以一定之收入，為騎士者不但為附庸，而且有隨時從戎之義，此種制度，曰金錢封土。

其他種種義務　為附庸者，除有從戎之義務外，並有為諸侯出席審判同僚之責。此外諸侯有所諮詢，附庸有貢獻意見之義。諸侯或行大禮，附庸有前往服役之義。有時附庸亦有供給金錢或人工於諸侯之責。如遇封土之易人，諸侯子女之婚姻時，為附庸者，均應送以金錢，或親身服務。最後，凡諸侯或赴附庸家中，附庸須供給其飲食。有時封建契約中，甚至將諸侯來會之次數，所帶之人數，及應備之食物，亦復詳細規定云。

封土之種類 至於封土之大小及種類，亦復不勝列舉。大則如公與伯之封土，直隸於國王。小則如騎士之封土，由佃奴耕種之，一年所得，尚不敷一人生活及購買戰馬之用。

貴族及其特權 中古社會中之貴族，必領有封土，且不須為佃奴之工作者充之。並須為自由民，不必工作，其收入足以自給及購買戰馬之用。貴族每享有特權，此種特權，在法國至革命時方廢。至於德國及義大利，至十九世紀方廢。特權之大者，以免稅為最。

貴族分類之不易 至於當日之貴族，極難分類。十三世紀以前，並無一定之等差。例如為伯者，其領土或甚為狹小，或廣擁領土有同大公。然就大體而論，則公、伯、主教、與住持，類皆直隸於國王，故為最高等之貴族。其次即為附庸。附庸以下即為騎士。

第四節　封建制度之內容

封建清冊 封建制度中封土期限，極為複雜，故諸侯不得不將其封土注於冊而保存之。此種清冊之傳於今日者甚少。然吾人幸有十三世紀時香檳伯之封土清冊，得以窺見當日封建制度內容之一斑，並足以瞭然於製造封建制度時代地圖之不易。

香檳伯領土之發展 當十世紀初年，有特魯瓦伯名羅貝爾（Robert I）者。曾欲奪法國王查理三世之位，未成而卒，時九二三年也。其領土遂傳於其婿，而其婿則本已領有蒂耶里堡及莫二區。不久三區之封土，並傳於其子，而其子若孫，並行種種僭奪之舉，領土益增。至十二世紀時自稱香

第二卷　封建制度之發達及民族國家之興起

檳伯。凡德國、法國諸國封建制度之發達，大率類此。當日諸侯之擴充封土，與他日法國君主之統一國家，其進行程序，正復相同。

香檳伯清冊足以說明封建關係之複雜　據上述冊中之所載，則知當日香檳伯之領土，共有二十六處，每處必有城堡一所為其中心。各處均係諸侯之封土。大部分雖屬於法國王，然香檳伯之諸侯，除法國王外，尚有九人。其中有一部屬於勃根地公。至於沙蒂永，埃佩爾奈，及其他市鎮數處，則屬於蘭斯之大主教。彼同時又為松斯大主教及其他四主教與聖德尼寺住持之附庸。香檳伯對於若輩，均有忠順之義。一旦各諸侯或起戰爭，則伯之地位，必極困難。實則彼之地位，與當日之附庸，初無少異。

然香檳伯領土清冊之目的，不在記載其受諸他人之封土，實在記載其分封他人之封土。據冊中所記，則伯之領土，再封諸騎士二千人。冊中所載諸騎士受封之條件，亦復詳盡無遺，有僅行臣服之禮者，有願每年從戎若千日者，有願守衛其城堡若干日者。同時伯之附庸，亦多有受封於其他諸侯者。故伯之附庸，每有同時並受封土於伯之諸侯者。

土地以外之分封　香檳伯除分封領土廣收附庸外，同時並以一定之收入或一定之糧食予人而令其為附庸。如金錢也，房產也，小麥也，雀麥也，酒也，雞也，甚至蜜蜂也，皆足以為分封之資。在今日視之，則出資以召募軍隊，寧不簡潔了當？而在當日則一若非此不可者然，亦足見封建制度勢力之巨也。蓋以為僅允許以金錢之報酬，尚不足以擔保其義務之必盡。必有封建之約束，其關係方較密而且固云。

據上所述者觀之，可見封建制度，並不若普通歷史家所謂自君主而諸侯而附庸之層次井然。蓋附庸之主，不一其人。故封建之制，益形複雜。下面之表，雖不足以完全說明當日封建之實情，然其內容之複雜，則正可見一斑矣。

第九章　封建制度

▍第五節　封建時代之私鬥

封建制度之維持專賴武力　若就封建時代之規則及契約而論，則條分縷析，幾乎事事皆有極詳細之規定，似可維持當日之秩序及個人之自由。然試讀當日之編年史，則大局之紛擾，干戈之雲擾，無以復加。除教會外，幾皆唯力是視。如諸侯而無力者，即無望其附庸之能盡其責。所謂忠順，本屬維持秩序之唯一原理，而食言之輩，在當時無論為諸侯或為附庸，亦正不一其人也。

附庸關係之斷絕　為附庸者，一旦有不滿於其諸侯之意，每易人而事之。而附庸並有易主之權利，如諸侯不能公平司法，即可為易主之理由。然附庸易主之事，往往為謀利起見，遂背故主。故當日易主之事，史不絕書。凡附庸之有力者，或諸侯之無能者，則易主之舉，往往隨之而起。

封建時代以戰爭為法律　封建時代，除戰爭外無法律；所謂法律，即是戰爭。當時貴族，除戰爭外無職業；所謂職業，即是戰爭。諸侯附庸，好勇鬥狠。權利嘗有衝突之跡，人民皆有貪得無厭之心。故戰爭流血，習以為常。為附庸者，至少必與四種人戰：其一，與其諸侯戰；其二，與主教或住持戰；其三，與其同僚戰；第四，與其屬下之附庸戰。故封建之約束，不但不能擔保大局之和平，反一變而為爭鬥之導線。人人皆存幸災樂禍之心。不特此也，即家庭之內，亦時起蕭牆之禍。因爭奪家產之故，每有子與父鬥，弟與兄鬥，姪與叔鬥之事云。

在理論上，為諸侯者，既有司法之權，當然有排難解紛之責。然往往無能為力，亦不願為力，蓋恐一旦判決，無法執行，反增困難也。故為附庸者，每有爭執，唯有訴諸武力之一途；爭鬥一事，遂為其一生最大之事

業。爭鬥之事,並受法律之承認。十三世紀之法國法律及一三五六年德國之《金璽詔書》(bulla aurea)均無禁止爭鬥之規定!不過謂爭鬥之事,須以光明正大出之耳。

比武 爭鬥既息,則比武以資消遣。兩軍對壘,有同真戰。羅馬教宗及宗教大會常下禁止之令,即國王亦然。然國王喜鬥者多,故每貽出爾反爾之誚。

第六節　教士之息爭及國王之得勢

從心之厭亂 當十一世紀時,人心已現厭亂之象。大局雖紛擾異常,而一般進步亦殊不少。舊城中之商業、文化,日有進境,伏他日新城市發達之機。為商民者,鑒於當日政情之紛糾,莫不引領以冀和平之實現。基督教會中人,尤能致力於恢復和平之運動。主教中嘗有《上帝停戰條約》之頒發。規定凡自禮拜四至禮拜一早晨,及其他齋戒之日,均應停戰。主教及宗教大會亦每迫諸侯宣誓遵從《上帝停戰條約》,否則逐之於教會之外,爭鬥之風,為之稍殺。自西元一〇九六年十字軍開始東征之後,為羅馬教宗者類能移歐洲人私鬥之心,轉向以攻土耳其人。

君主之得勢 同時中央君主──英國、法國兩國國王,尤為有力──勢力漸盛。爭鬥之風,漸漸減殺。兵力既強,每能強迫諸侯之就範。然明君如聖路易(Louis IX of France)(西元一二七〇年卒)雖盡力以求和平,亦終不可得。日後一般狀況,均有進步,工商諸業,漸形發達,私鬥之事,遂不能再維持永久矣。

第十章
法蘭西之發達

第一節　于格・卡佩之建設法蘭西王國

研究民族國家興起之重要　中古歐洲史上最有興趣而且最重要之方面，莫過於近世民族國家之由封建制度中漸漸興起。研究歐洲史而不知西部歐洲諸國——法國、德國、奧地利、西班牙、英國、義大利——發達之程序。則對於歐洲史上之要質，即將茫無頭緒。

據以上數章中之所述，抑若自「胖子」查理被廢以後二、三百年間之歷史，純屬封建諸侯之戰爭史。實則中古時代之君主，雖其權力有時不若其臣下之宏大，然君主之歷史仍較其諸侯之歷史為重要。得最後之勝利者，君主也，非諸侯也；建設中央政府者，君主也，非諸侯也。即近世諸國如法蘭西、西班牙及英吉利之發達，亦君主之功，而非諸侯之力也。

查理曼朝與奧多族之紛爭　吾人於前章中，曾述及西法蘭克王國之貴族，曾於西元八八八年廢其君「胖子」查理，而迎奧多入繼大統。奧多本為巴黎、布臘，及奧爾良諸地之伯，領土甚廣，勢力甚大。然一旦欲伸其勢力於國之南部，則幾不可能。即在北部，貴族中亦有反抗者。蓋若輩雖有擁戴之忱，然並無俯首聽命之意也。不久反對奧多者竟選舉「禿頭」查理僅存之孫查理三世（Charles III le Simple）為王。

于格・卡佩之被選為王　此後百年間，法國王位更番入於奧多及查理

曼兩系之手，奧多之後多富而賢；查理曼之後每貧而懦。最後于格‧卡佩（Hugues Capet）（約西元九八七年至九九六年）被選為法國及西班牙諸民族之王，查理曼朝之祚乃絕。

法蘭西名稱之由來 于格‧卡佩之先人在卡洛林朝，曾任軍官，稱為法蘭西公，法蘭西在當日本係塞納河北之一區。卡佩亦沿稱法蘭西公。日後凡法蘭西公之領土，均以法蘭西名之，西法蘭克王國，遂一變而為法蘭西王國。

伸張王權之困難 吾人須知自于格‧卡佩即位以後，經營凡二百餘年，方建設一強而有力之王國，而其領土，尚不及今日法國之半。先後二百年間，卡佩朝諸君之權力，不但並無增加之跡，而且愈趨愈下，遠不如前。即私有之領土，亦復喪失殆盡。國內世襲之貴族，其數日增，一旦蒂固根深，即成牢不可破之勢。諸侯城堡，林立國中；城市交通，處處障礙；鄉間村落，疫癘為災。故法蘭西之君主，雖擁王名，而足跡則不敢出私有領土之一步。一出巴黎，則諸侯城堡觸目皆是。為諸侯者，有同盜賊，為國王、教士、商民及工人之患。為君主者，既無金錢，又無軍隊，其權力僅限於日形減削之私有領土中。君主之尊嚴，在外國及邊疆之上，或稍有聞風生畏之象；至於國內，則既無人服從，亦無人尊重，都城以外之地，即有同敵國之境云。

第二節　法蘭西國中之小邦

法國境內小邦之由來 當十世紀時，法國之大封土——諾曼第、布列塔尼、法蘭德斯、勃根地等——以及昔日亞奎丹瓦解後之小封土，無

第十章　法蘭西之發達

不漸形獨立，有同國家，各有特異之習慣及文化。至今遊歷法國者，尚能窺見其遺跡。此種封建國家之由來，往往源於諸侯之特具能力及政治手腕。日後或以金錢購買，或以武力征服，或因婚姻關係，各地之領土，有增無已。其附庸之不盡職者，則毀其城堡，故域內附庸，不敢抗命。諸侯之領土，再封於附庸，故附庸之數日增。

諾曼第　法國中之小國以諾曼第為最重要而且最有興趣。昔日北蠻之蹂躪北海沿岸者，凡數十年。其後有酋長名羅洛（Rollo）者於西元九一一年得法國王查理三世之允許，獲得布列塔尼以北沿岸一帶地，為北蠻殖民之區。羅洛自稱為諾曼種人之公，並將基督教傳入國中。居其地之蠻族，頗能保存其斯堪地那維亞之習慣及語言。日久之後，漸染其四鄰之文化，至十二世紀時，其都會盧昂為歐洲最文明城市之一。諾曼第一區實為他日法王困難之大源，至西元一〇六六年諾曼第公威廉並兼領英國。勢力益盛，法王統治其地之望，至是幾絕。

布列塔尼　布列塔尼半島，本有凱爾特種居之，因孤立海邊之故，故受北蠻海盜之蹂躪尤烈。日後此地幾變為諾曼第之領土。然至西元九三八年，有阿蘭者，起而逐諾曼種人於境外，以封建制代家族制，自後遂稱布列塔尼公國。至十六世紀時，方入附於法國。

法蘭德斯諸城市之起源　北蠻之蹂躪，大有影響於索姆河與斯海爾德河兩河下流之地。其居民多紛紛逃入舊日羅馬人所築之城堡中。久居之後，遂成城市。他日法蘭德斯之城市如根特、布魯日等，實淵源於此時，而為有名工商業之中心。當地之巨族，因能抵禦海盜，頗得民心，因之漸有雄霸其地之志。然其地之小諸侯，數多而獨立，故私鬥之風極盛。

勃根地　勃根地之名，模糊異常，因凡昔日勃根地種人所建王國之各

部，皆適用此名。至九世紀之末，吾人漸聞有所謂勃根地公其人，為法國王之軍官，駐於索恩河以西一帶地，然勃根地公每無力以抑服其附庸，故始終不敢不承認法國王為其天子。

其他領土 昔日之亞奎丹公國，包有今日法國中部南部一帶地，於西元八七七年被廢。然亞奎丹公之稱號，仍由法王給予領有加斯科涅諸地之諸侯。在其東南者，有土魯斯伯國，盡力於勢力之擴充，為他日南部法國文學之中心。至於香檳一區，前已述及，茲不再贅。

以上所述之諸地，即卡佩及其子孫所欲統治者。至於索恩河及隆河以東之地，於西元九三三年合而成為勃根地王國，至西元一○三二年入附於德王。

第三節　法國君主之地位

卡佩朝諸君地位之複雜 卡佩朝諸君主之地位，極其複雜。以巴黎諸地之伯之地位而論，則享有普通封建諸侯之權利。以法蘭西公之地位而論，則塞納河以北一帶之地，名義上均為其領土。以諸侯上屬之地位而論，則諸侯中如諾曼第公、法蘭德斯伯、香檳伯等，無一非其臣下。而且除享有諸侯之權利外，同時並為法國王。加冕之禮必由教會舉行之，與昔日丕平及查理曼輩無異。既受上帝之命而為王，遂一變而為教會之保護者及國法之泉源。在國民眼中視之，其地位當然加諸侯一等。為國王者，不但得諸侯之臣服，而且能迫人民之忠順。

法國王室得勢之原因 至於諸侯，則以為國王者，不過封建中之天

第十章　法蘭西之發達

子。而國王則一面以君主自居，一面亦以諸侯之上屬自命，每能利用其地位以擴充其勢力。三百年間，卡佩朝之君主，從無嗣續中絕之患。而且承繼大統者，類皆年壯有為之人。故至十世紀初年，法國王之勢力，已駕於諸侯之上。

路易六世與卡佩王　法國王之能統一其私有之公國者，當首推「胖子」路易（即六世）其人。（西元一一〇八年至一一三七年）王善用兵，並盡力於維持國內要地之自由交通，及減削負固不服者之勢力。然彼不過開國內統一之端而已，至其孫腓力二世・奧古斯都（Philippe II Auguste）（西元一一八〇年至一二二三年）時，統一事業，方告成功云。

第四節　法國境內之英國領土

英王亨利二世之領土　腓力在位時代之困難，遠較其先人為鉅。當彼未即位以前，因歷代通婚之故，法國中西南三部之領土多入於英國王亨利二世（Henry II）之手。亨利二世為英國王威廉一世（William I）孫女瑪蒂爾達（Matilda）之子。瑪蒂爾達嫁法國之諸侯安茹與曼恩伯，故亨利二世因其母而得英國、諾曼第公國及布列塔尼公國；因其父而得曼恩與安茹伯國。又因娶亞奎丹公之女嗣艾莉諾（Eleanor）而得南部法國之地。亨利二世在英國史上雖甚重要，然對於英國、法國兩國之領土，均甚關心。而其注意法國之領土，較其注意英國為尤切。

腓力與英王之關係　英國王亨利二世雄武有為，實為法國王之勁敵。英國王領土之在法國者，占法國之大半。故腓力之一生，以與英國相爭為事。亨利二世與其法國領土於其三子：若弗魯瓦（Geoffrey II）、理查

(Richard I)及約翰(John)，每樂英國王子兄弟之爭及父子之爭而利用之，播弄是非以為快。如使「獅心王」查理(Richard the Lionheart)者之反抗其父，使約翰之反抗其兄理查等，皆其顯而易見者。假使英國諸王子，無兄弟鬩牆之禍，則法國王之領土，或竟全入英國王之手，亦未可知。

英王理查一世　當亨利二世在世之日，法國王絕無減削英國人勢力之機。自亨利二世死後，其子理查一世即位，法國王之前途復大有希望。理查一世遠離其國而躬率十字軍以遠征聖地。勸法國王腓力同往。然理查一世性情傲驕，腓力殊不能堪。腓力身體本柔弱，中途病，遂有所藉口，半途折回，陰為理查一世之患。理查一世在外數年，無功而還，乃與腓力戰，戰事未終而卒。

英王約翰之喪失領土　理查一世之幼弟約翰，為英國王中之最昏暴者，法國王腓力遂乘機而奪得英國領土在法國者之大部。其姪阿蒂爾(Arthur I)之死，人咸疑約翰之所使。同時彼又強占其附庸之妻為己有。法國王腓力遂以封建諸侯之地位，召英國王約翰入法國受審。英國王不允，法國王遂下令籍沒英國王在法國之領土。僅留西南隅之地以予英國。

法王領土之大擴　腓力不但易於統馭羅亞爾河流域一帶地，即諾曼第亦欣然入附於法國。理查一世死後之六年，英國領土之在歐洲大陸者，除亞奎丹以外，喪亡殆盡。卡佩王朝之領土，至是遂為法國中之最富而且最廣者。腓力至是不僅為新得領土之諸侯，而且為諾曼第之公，安茹及曼恩等地之伯，領土之境，遂達海濱。

第十章　法蘭西之發達

第五節　中央政府之建設

王權之伸張　腓力不但大擴其領土,亦且伸其權力於人民。彼似亦深知城市之重要,故對於新得領土中之城市,無不優視,保護之,監督之。該地諸侯之勢力及富源,遂皆為其所奪。

親王食邑　腓力死,其子路易八世(Louis VIII le Lion)即位。其改革事業中當以建設親王之食邑為最著。彼以國內之封土,分封於其子:一封阿圖瓦伯,一封安茹與曼恩伯,一封阿爾費尼伯。世之研究歷史者,每以此次分封之舉為不幸。蓋封建制度之思想,因之入人益深也。不但王國之統一為之多緩時日,而且開他日同室操戈之漸云。

路易九世　腓力之孫路易九世(Louis IX)亦稱聖路易(西元一二二六年至一二七〇年)在位之日甚久,為法國君主中之最英明者。其功德及事業之偉大,史冊上紀之獨詳。然其最大之功勳,莫過於鞏固王國之基礎。其時法國中部之諸侯,與英國王聯合以叛。聖路易既平內亂,遂與英國王協商解決領土糾紛之方法。其結果則除亞奎丹、加斯科涅及普瓦圖仍與英國王為領土外,其餘均屬於法國,時西元一二五八年也。

巡按使　路易並改革政府之組織,伸張國王之權力。蓋自卡佩王以來,中央政府亦曾遣派巡按使巡行國內,其職務與查理曼時代之巡按使正同。政府予以年俸,時時遷調,以免根深蒂固,尾大不掉之弊。路易仿行此制而擴充之。君主之權力,因之增多不少。

路易九世之政府　當十三世紀以前,法國幾無所謂中央政府。為君主者,每有賴於諸侯主教之大會以實行其職權。此種會議,既無組織,又無定期,而所議政事尤混亂而無類。至路易九世在位時代,此種會議之職

務，漸分為三：第一，為政務會議，負執行國家大事之責；第二，為會計院，為管理國家收入之財政機關；第三，為高等法院，選精於法律者組織之。昔日之高等法院，多隨國王之行止，往來無定，至是乃設庭於塞納河中巴黎小島上，其建築至今尚存。同時並有上訴制之規定，凡不服封建法庭之判決者，均得上訴。國王之權，遂遍及全國。又規定凡王家領土中，僅能通行王室之錢幣，至於諸侯領土內，亦得與諸侯所鑄之錢幣，一律通用。

腓力為法國第一專制君主 聖路易之孫腓力（Philippe IV）（綽號「公正王」，西元一二八五年至一三一四年）為法國王中之第一專制君主。當彼即位之日，政府組織已屬完備異常。任用法律家多人，均抱有羅馬法上之君權觀念者。故若輩對於侵犯君權者視為非法，竭力贊助法國王收回諸侯主教所有之政權。

全級會議之召集 腓力因欲強迫教士之納稅，遂與羅馬教宗有衝突之舉，其詳情後再述之。既與教宗衝突，不能不求國民之援助。故於西元一三〇二年有召集全級會議之舉。除貴族及教士外，並令各城市亦派代表赴會。是時英國之國會亦漸形完備。唯兩國國會之歷史，絕不相同也。

法國歷朝君主，處置有方，故免封建分裂之虞，而建專制統一之國。唯英國王在法國之領土尤存，症結未解，終十四、十五兩世紀之世，英國法國間，頻起爭端，而法國卒占優勝。茲再繼述當日為法國勁敵之英國。

第十一章
中古時代之英國

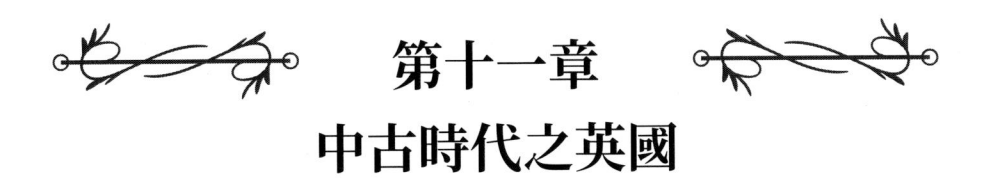

第一節　諾曼第人入侵以前之英國

威塞克斯之獨霸及北蠻之入侵　日耳曼民族中盎格魯及撒克遜兩種人之侵入不列顛島，及其信奉羅馬基督教之情形，前已述及之。島中蠻國林立，日久為南部威塞克斯王國愛格伯（Ecgberht, King of Wessex）所統一。然當日耳曼種人之侵略方終，國內之統一方始時，又有北蠻者（英人名之為丹麥人）先後入英國，不久即征服泰晤士河以北一帶地。然為英國王阿佛烈大帝（西元八七一年至九〇一年）所敗。迫之改奉基督教，並與之分疆而治，其界線自倫敦起橫斷島中，至支斯得爾止。

阿佛烈之提倡文化　阿佛烈之提倡教育，與查理曼正同，廣延大陸上及威爾斯之僧侶，來教授其國中之人民。凡國中之自由人民，其境況足以自給者，均須熟習英國之文字，凡志在充當教士者，並須熟習拉丁文。彼曾翻譯波愛修斯所著《哲學之慰藉》及其他著作為英國文，同時並提倡編纂極著名之《盎格魯──撒克遜編年史》（*Anglo-Saxon Chronicle*）。為用近世文字編纂歷史之第一次。

阿佛烈死後之英國　當九世紀末年，丹麥、瑞典、挪威諸王國，先後建設，斯堪地那維亞人之不滿於其國家者，多出沒於北海一帶。故英國自西元九〇一年阿佛烈死後百年間，北蠻種人之入侵，紛至沓來，無時或

第二卷　封建制度之發達及民族國家之興起

已。而英國人亦嘗有徵收丹麥稅於國民之舉，為賄賂北蠻種人令其不再入侵之用。最後北蠻種人之王克努特（Canute）於西元一〇一七年自立為英國王，然其柞不永。繼而起者，為最後之薩克森王愛德華（Edward the Confessor）（綽號「宣信者」）其人。在位亦不過二十年。西元一〇六六年愛德華死，諾曼第公威廉入繼王統。撒克遜期之英國史，於是告終。吾人於敘述威廉一世事業之先，應先述當日英國之狀況何似。

威廉入侵時之英國狀況　當威廉一世即位之時，大不列顛島，在地理上凡分三部，與今日同。南部小王國，先後滅亡，英吉利之領土已北達特威德河，與蘇格蘭王國分界。在其西者，有威爾斯，其人民屬不列顛種，日耳曼族入侵時，其數已不甚多。國內北蠻種人，久已同化。英吉利全島均屬於英國王之一人，當時國王處理國家大事，雖不能不徵求巨官貴族及主教所組織之會議曰賢人會議者之同意；然其權力，仍日有增加。分全國為區，每區各有地方議會一，為處理地方事務之機關。

自惠特比大會教宗黨勝利以來，教會內部，大施改革。而且常與歐洲大陸交通，故英國因此不至於孤立於海上。當日英國之文化，雖亦有不如歐洲大陸者，然其建設鞏固之王國，組織完備之政府，亦正不落人後也。

英國之封建制度　然英國雖孤立海中，而封建制度，亦正不能免。諾曼第人入侵英國之後，當然挾歐洲大陸之封建制度以俱來。實則威廉一世未入英國之前，英國中已有封建制度之痕跡。國內每有數區，同屬於伯爵一人者。勢力宏大，實為國王之勁敵。同時教士在其領土中，亦每握有政治大權，與同時法蘭克王國中之狀況，正復無異。英國大地主權力之鉅，亦與歐洲大陸上之封建諸侯同。

第二節　威廉一世之入英及其政績

哈洛德與威廉之爭位　威廉一世不但要求英國之王位，而且強迫國內人民之服從，有違命者以大逆不道論。至其要求王位之根據，已不可考。相傳威廉曾赴英國謁見「宣信者」愛德華，願為其附庸，唯英國王如無子，則須以英國王統傳之。然其時威塞克斯公哈洛德（Harold）於愛德華未死之前，已使其兄弟得國內伯爵之封土三，勢力雄厚。故英國王去世，彼竟不顧威廉之要求而入即王位。

威廉之入侵得教宗之贊助　威廉乃訴之於羅馬教宗。並謂如得英國王位，彼必使英國教士聽命於教宗。教宗亞歷山大二世（Alexander PP. II）聞之大悅，遂斥哈洛德得位之不正，而力贊威廉之侵入英國。故威廉之侵入英國，頗含有神聖戰爭之性質，人民響應者，頗不乏人。當西元一○六六年春夏之間，諾曼第各海港中多從事於造船之業以備運兵之用。

哈洛德之地位　是時英國王哈洛德之地位，極不穩固。一面威廉有入侵之虞，一面英國北部有北蠻騷擾之事。當彼戰勝北蠻大宴群臣之日，威廉率兵入國之消息傳來。是時已入秋間，哈洛德軍隊中之農民多回里收穫，故其軍力甚薄。

森拉克之戰　英國軍隊占據哈斯丁西之森拉克山丘上，以待敵人之至。戰馬甚少，端賴持斧之步兵。諾曼第人則騎兵較多，並用弓箭。英國兵士戰鬥甚力，諾曼第兵不得進。然不久英國軍潰，英國王之目中箭而陣亡。威廉既敗英國兵，英國王又復戰死，則其入即王位，已無問題。唯威廉不願以征服者自居，彼於數週之內，脅使英國有力之貴族及主教承認其為英國王，開倫敦城之門而納之。西元一○六六年耶穌聖誕之日，在西敏

第二卷　封建制度之發達及民族國家之興起

寺中被舉為王,乃加冕即位。威廉一世即位以後,國內有諸侯之不服,國外有領土之紛爭,詳細情形,茲不多述。一言以蔽之,曰處處勝利而已。

威廉治國之政策　威廉統治英國之政策,極足以表示其政治之手腕。彼雖將歐洲大陸之封建制度引入英國,然同時又能維持其王權,不使衰落。凡在森拉克戰役以前之不助彼者,均以叛徒論。唯願為其附庸者,則仍允保存其本有之領土。其他在森拉克戰役中,與之反抗者,或後來抗命者,則藉沒其財產,轉給於其同志。

維持英國之舊習　威廉宣言彼之治國當一秉「宣信者」愛德華之成法,不願變更英國之習尚。故彼頗盡力於學習英語,維持賢人會議,遵守英國舊習。然彼同時又極不願受人民之約束。故國內各區,雖封諸伯爵,而同時又由中央政府另任郡守統治其地。而且分封諸地之時,故使一人之封土,散在各區,以免集於一地,致召尾大不掉之患。最後,凡國內之附庸,均令其誓忠王室,以免有援助諸侯以反抗國王之舉。

土地測量　威廉既即位,極欲周知國內之情形,故有編輯《英格蘭土地測量統計簿》之舉。凡國內之土地,各區土地之價值,土地中之佃奴及家畜,新舊地主之姓名等,無不記載極詳。此種報告,於英國王當日徵稅上之便利,固屬甚大,即後世之研究歷史者,亦視同稀有之奇珍也。

威廉與教會　威廉增進教會之利益,亦復不遺餘力。召諾曼第貝克寺住持,義大利人名蘭弗朗克(Lanfranc)者來英國任坎特伯雷大主教之職。凡主教均有管理教務之權,並得設法庭為審理教案之用。唯主教與附庸同,均須誓忠於英國王。羅馬教宗不得英國王之同意不得干涉英國之內政。凡教宗代表不得英國王允許者,則禁其入境。英國教會不得英國王之允許者,不得受教宗之命令;教宗而欲驅英國人於教會之外,亦非得英國

王之贊成不可。教宗聖額我略七世（Sanctus Gregorius PP. VII）因威廉之得領土，教宗援助之功居多，令其為教宗之附庸，英國王竟不之允。

諸曼第人入侵英國之結果　據上所述者觀之，諾曼第人之侵入英國，不僅一種朝代之變遷而已。英國民族之中，並新增一質焉。諾曼第人之入英國者，多寡雖不可知，然吾人可斷其必不少，而其影響於英國宮庭及政府上者亦甚大。百年以後，英國之貴族、主教、住持、官吏，幾皆染諾曼第之習慣。「此外，建築家及工匠之修造城堡、炮壘、大禮拜堂、寺院、鄉區禮拜堂者，莫不諾曼第人。商民自諾曼第中盧昂及康諸城遷入倫敦及其他諸城，法蘭德斯之織工亦入英國散居於城鄉各處。當其入英國之始，多自成團體，然至十二世紀末年，即與英國人合而為一。而英國人種因之愈強，愈有力，愈活潑，其職業及興趣，亦因之愈複雜云。」

▌第三節　亨利二世之政績

威廉・魯弗斯　威廉卒，其子威廉・魯弗斯（William Rufus）（西元一〇八七年至一一〇〇年）及亨利一世（Henry I）（西元一一〇〇年至一一三五年）相繼即位。亨利一世卒，內亂隨起。國內貴族有擁戴威廉之甥史蒂芬（Stephen）者，亦有擁戴其孫女瑪蒂爾達者。西元一一五四年史蒂芬死，英國人乃承認瑪蒂爾達之子亨利二世（Henry II）（西元一一五四年至一一八九年）為王，是為金雀花王朝之始。是時國內因戰爭頻仍，元氣大傷。貴族多乘機自立，跋扈異常。歐洲大陸諸國人，多入英國軍中充兵士，騷擾尤烈。

亨利二世之困難及其成功　亨利二世遂用嚴厲之政策以收拾危局。毀

第二卷　封建制度之發達及民族國家之興起

非法建築之炮壘，遣散異國之兵士，削奪亂時所封之伯爵。亨利之困難甚大而且多，一方面不能不恢復英國國內之秩序，一方面又因娶亞奎丹公女嗣之故，歐洲大陸上之領土，增加不少，統治尤為不易。彼一生雖專心於大陸上之領土，而其在英國之政績，亦正不小也。

司法制度之改良　彼欲實行其司法之大權，及除去當日私戰之惡習，故有改良司法制度之舉。分遣司法官巡行全國，每年至少一次。並建著名之中央法院以審理英國王治下之法案。法官凡五人：二教士，三俗人。大陪審官制度亦發端於此時。一面有判決法案之權，一面亦有控告罪人於巡行法院之義。

小陪審官制度　至於小陪審官制度之淵源，已不可考，雖不始於亨利二世時，然著陪審制度為定律者，實自彼始。以十二人為陪審官而斷定被控者之犯罪與否。此種制度，與羅馬之專由法官判決者既異，與日耳曼種人之專持神訴或宣誓保證者，尤屬不同。沿用既久，遂為今日英國民法之根據。

亨利二世與貝克特之關係　亨利二世在位之日曾有與名教士貝克特（Becket）衝突之事，頗足徵當日之君主實有賴於教會中人。貝克特生長於倫敦。自幼即入教會為下級教士，不久入侍英國王，亨利二世之得位，彼有力焉。新王感之，任為「大法官」。貝克特處理國事，井然有條；維護君權，不遺餘力；好獵尚武。教會中收入既鉅，起居飲食，儼然王者。亨利極信任之，乃予以坎特伯雷大主教之職。大抵當日君主之重臣，每於教士中選任之。蓋因教士之知識及教育，每較常人為優；而且官吏之職，又非世襲，遠不若諸侯之危險也。

貝克特之力維教會　亨利二世之任貝克特為坎特伯雷大主教也，其意原在於統馭英國之教士。彼欲令教士之犯法者，受中央法庭之審判，凡主

第十一章　中古時代之英國

教均須盡封建之義務，凡教士不得上訴於教宗。不意貝克特被任之後，即辭其大法官之職，盡力於維持教會之獨立。並力主教會權力，應在政府之上，因此遂開罪英國王。貝克特不得已遁入法國，求羅馬教宗之保護。

貝克特之被殺及亨利二世之後悔　不久貝克特復與亨利二世言和。貝克特乃驅逐英國大教士數人於教會之外。同時英國王並疑其有陰謀篡奪王子王位之舉，怒甚，乃向其臣下言曰：「豈無一人可為吾復此惡劣教士之仇耶？」聞者以為王真有殺之之意，竟刺死貝克特於坎特伯雷大禮拜堂中。實則英國王本無殺貝克特之意。迨聞其被刺，懊悔欲絕。尤恐他日之果報。羅馬教宗欲逐英國王於教會之外。英國王求和，向教宗代表力言其無殺死貝克特之意；允將藉沒之財產，仍交回坎特伯雷禮拜堂；願助軍餉為恢復聖地之用；並允組織十字軍，親赴耶路撒冷。

第四節　《大憲章》

理查一世與約翰　亨利二世之末年，頗為多事。一面有法國王腓力二世‧奧古斯都之播弄，一面有諸子之紛爭，前已略述之。亨利既死，其子「獅心王」理查即位（西元一一八九年至一一九九年），為中古史上最奇特之君主。然治國無能，雖在位十年，而居英國者不過數月。至西元一一九九年卒，其弟約翰即位（西元一一九九年至一二一六年），為英國君主中之最庸劣者。然其在位時代，在英國史上極有關係。第一，英國喪失歐洲大陸領土──諾曼第、布列塔尼、安茹等──之大部；第二，英國王受人民之逼迫，頒布《大憲章》。歐洲大陸英國領土之喪失，上已述及，茲僅述其頒布《大憲章》之情形。

《大憲章》之頒布　當西元一二一三年時,約翰令國內之諸侯渡海入歐洲大陸以恢復其新失之領土。諸侯群以為若輩無從軍國外之義務,堅執不允。而且若輩對於英國王之專制妄為,亦頗示不滿之意。至西元一二一四年,國內一部分之男爵集會宣誓以力迫英國王承認若輩提出之憲章。其中將國王不應為之事,臚列無遺。約翰不允,諸貴族率其軍隊向倫敦而進,遇王於倫敦附近之倫尼米德地方。王不得已於西元一二一五年六月十五日宣誓尊重國民之權利。

《大憲章》之內容　英國之《大憲章》,殆為政治史上最重要之公文。其中條文頗能將當日君民間爭執之問題,以簡明之文字縷述無遺。此種憲章,不但君主與貴族間之契約,實君主與國民間之契約也。不但貴族之權利得有保障,即國民之權利亦得有根據。蓋君主既尊重諸侯之權利,故諸侯亦尊重人民之權利,不得因小罪而奪商民農民之貨物與器具。為君主者,除三種封建賦稅外,不得再徵收其他之國稅,唯得國會之允許者,不在此例。所謂國會乃指上級教士及諸侯而言。

生命財產之保障　《大憲章》中最重要之條文莫過於下述之規定:無論何人,除非即送法庭審判,不得逮捕之,拘禁之,或剝奪其財產。吾人欲知此種規定之重要,只須回想法國於西元一七八九年以前,君主權力甚大,可以不經審判,拘禁人民,而且拘禁之期,並無一定。《大憲章》中並規定國王須允商民之自由往來,並尊重國內各城市之特權;政府官吏並不得擅權以虐待其人民。

《大憲章》之重要　《大憲章》實為國民自覺後之第一種大舉動,為百年來君主、教士、法學家等慘淡經營之結果。其中無一字足以引起種族或血族之不同,或維持英國法律與諾曼第法律之互異。故英國之《大憲章》一方面為一期國民生活之結果,一方面為另一期之新紀元,而後一期之多

事，實不亞於前一期云。

《大憲章》雖頒布，然英國王約翰習於詭詐，故曾有食言之舉而終歸失敗；即此後之英國王，亦無一能廢止此憲章者。他日英國王雖亦有不遵憲章，擅作威福者，然人民每能迫君主使之毋忘《大憲章》，故《大憲章》始終為英國憲政發達史上之砥柱。

第五節　國會之發達

亨利三世　約翰之子亨利三世（Henry III）在位時代（西元一二一六年至一二七二年），英國國會，漸形發達。國會之為物，不僅為英國憲政中之最要機關，而且為世界上文明各國之模範。亨利三世每喜任外國人為官吏，擅作威福，允教宗徵稅於英國人民，凡此種種舉動，均足以激貴族之怒而失國民之心。貴族與市民遂合力以抵抗之，即史上所稱之男爵戰爭是也。為領袖者即西門・德孟福爾（Simon de Montfort）其人。

國會　昔日撒克遜時代之賢人會議——諮議院及諾曼第諸君在位時代之大會議均由英國王時時召集國內之貴族、主教及住持組織之，為商議國家大事之機關。至亨利二世時代，開會尤頻，討論亦較烈，國會之名，於是乎始。

平民代表之參政　至西元一二六五年，因西門・德孟福爾之力，國會中乃始有平民之代表。除貴族教士外，每區另派騎士二人，每城代表二人。

愛德華一世時代之模範國會　至愛德華一世（Edward I）時代，國會

中之有平民代表，遂定為成法。彼之召集市民，蓋因當日之市民，漸形富有，政府需款；不得不求助於此輩富民也。同時凡國內之重大政務，彼亦願遍得國內各級人民之同意。故自一二九五年召集模範國會後，人民代表，每得與貴族及教士同出席於國會。

「除解疾苦」　國會最初即力主如國王需款，必先允許「解除疾苦」方可。所謂「解除疾苦」，即國王對於一己或官吏之非法行為，須先加以糾正，則國會方可與國王以徵稅之權。昔日之國會，隨王之行止往來無定所。自愛德華一世以後，國會之地址乃固定於西敏城（今為倫敦城之一部分），至今不改。

國會權力之增加　當愛德華二世（Edward II）在位時代，國會於西元一三二二年鄭重宣言：凡關於國王及王儲之大事，須顧及國家及國民之狀況，並須「得國中教士、伯與男及平民之同意」而決定之。五年之後，國會竟敢廢愛德華二世，而立其子愛德華三世（Edward III）為王。

新主即位後，屢與法國戰爭，需款甚急，故每年召集國會一次；並為結好於國會起見，每向國會徵求意見而容納其陳述，允許凡法律「不經宗教上及政治上之貴族與平民之勸告與同意者」不得通過。至是國會漸分為二院，「宗教上及政治上之貴族」——即主教與貴族——組織貴族院；平民——包括鄉紳及城市之代表——組織平民議院。國會從此一變而為近世之制度矣。

第三卷
皇帝與教宗之爭雄

第三卷　皇帝與教宗之爭雄

第十二章
十世紀及十一世紀之德國與義大利

第一節　德國初年之歷史及鄂圖一世之事業

德國與法國歷史之不同　查理曼帝國東部之歷史，與西部之法蘭西不同。凡經中古四百年之競爭，至十三世紀時，吾人遂知「日耳曼人」路易之子孫遠不若聖路易輩之能建設王國以貽之於後世。自十三世紀至拿破崙時代，歐洲政治上所謂德國者，實一群大小不同之獨立國而已。離今五十餘年之前，方有德意志帝國之組織，而普魯士實為其領袖。

血族公國之起源　試覽查理曼卒後百年之德國地圖，則知帝國東部四分五裂，為諸地之公者實與君主無以異。此種公國之淵源，已不可考，然有二事焉，足以說明其由來。第一，「日耳曼人」路易之子孫，類皆柔弱而無能，故昔日為查理曼所壓制之民族精神，至是重起，群擁戴各族之領袖。第二，當日蠻族入侵，實逼處此，先之以北蠻，繼之以摩拉維亞種人，再繼之以匈牙利人。其時既無強而有力之中央政府，足以保民，則國民之求助於各地領袖，亦勢所難免者矣。

亨利一世　此種公國，德人稱之為「血族公國」，林立國中，為患王室。所謂統一，充其量至同盟為止。故西元九一九年，國內貴族選舉薩克森公國之亨利一世 (Heinrich I) 為王時（西元九一九年至九三六年），彼絕不欲有削奪諸公權力之舉。其時四境多故，彼實有賴於國內諸公之援助。

他日斯拉夫族之壓服，及匈牙利人之驅逐，彼實預為之地，不過其子鄂圖一世（Otto I）即位後，方告成功云。

鄂圖一世 鄂圖一世（西元九三六年至九七三年）世稱大王，實德國史中之非常人也。彼雖無廢止國內公國之舉，然每能奪其地以予其子弟及戚友，同時並減削其權力。例如其弟亨利雖叛亂二次，卒封之為巴伐利亞公。又因其婿康拉德（Konrad der Rote）之叛，乃封其有學問之弟科隆大主教布魯諾（Bruno）為洛林公以代之。舊日之公，或因絕嗣或因叛亂，多喪其公國。諸公國中絕無有賢能之主，世襲罔替者。故諸公國多相繼入於國王之手中，而國王亦遂握有任意委任之權利。

匈牙利人之失敗及匈牙利、奧地利二國之起源 當十世紀中葉，德國之東北兩部界線，尚未分明。易北河外之斯拉夫族，常有騷擾薩克森邊疆之舉。鄂圖一世不但抵禦之而已；並建設主教教區，如布蘭登堡，哈弗爾貝格等，為他日德意志帝國之政治中心，易北河與奧德河間之殖民及傳道事業，莫不因之而促進。而且彼並永阻匈牙利人之入侵。彼於西元九五五年大敗匈牙利人於奧古斯堡附近地方，追逐之以達於德國邊疆之上。匈牙利人乃遷居於自有領土中，遂奠民族國家之首基，發達之後，卒成東部歐洲重要動力之一。巴伐利亞公國一分之地，另建奧地利邊防區，為他日奧地利帝國發祥之地。

第二節　神聖羅馬帝國之起源

鄂圖一世干涉義大利之內政 鄂圖一世之最大功業，應以干涉義大利內政為第一，卒致有稱帝之舉。歐洲史中之最黑暗者，莫過於西元八八七

第十二章　十世紀及十一世紀之德國與義大利

年「胖子」查理被廢以後義大利及羅馬教宗之經驗。當日政情，已不甚可考，吾人所知者，唯有斯波萊托公、弗留利侯及勃根地諸王先後入即義大利之王位而已。加以回教徒之入侵，益形紛糾，故德國法國雖常有內亂，而較之義大利之擾亂，則和平多矣。「胖子」查理廢後之三十年間，義大利王之被教宗加冕而稱帝者凡三人。再三十年間西部歐洲遂無皇帝，至鄂圖一世南下，皇帝之稱號方復見於史上。

　　鄂圖一世之稱帝（西元九六二年）　　其時凡有志之君主，多視義大利為戰場。鄂圖一世於西元九五一年第一次越阿爾卑斯山而南入義大利，娶某王之寡婦為后。彼雖未行加冕之禮，而世人皆以義大利之王目之。不久其子叛，乃返德國。然十年之後教宗又因求其援助，召之南下。鄂圖一世急應命而來，盡逐教宗之敵人，教宗乃以帝冕加諸其首，鄂圖一世遂稱皇帝，時西元九六二年也。

　　鄂圖一世稱帝之重要　　鄂圖一世之加冕與查理曼之加冕同為中古史極有關係之事。鄂圖一世既稱帝，德國諸王之責任加重，卒因不能勝任而失敗。三百年間，德國諸王一面盡力於德國之統一，同時又不能不顧及義大利及羅馬教宗。戰爭頻仍，犧牲重大，其結果則一無所得。義大利既不服皇帝之管束，羅馬教宗又復建設其獨立，而德國本國，亦因之四分五裂，成小邦林立之局。

　　皇帝所遇困難之一例　　鄂圖一世自身之經驗，即足以證明德國皇帝與教宗關係之不幸。鄂圖一世方北向，教宗即有違反協定之舉。新帝遂不得不南返並召集宗教大會以謀教宗之廢立。然羅馬人不願迎立鄂圖一世所擁戴之教宗，鄂圖一世不得不再返義大利，圍羅馬城以迫其承認。不數年後，鄂圖一世又有第三次南征之舉，以擁護其所選之教宗。蓋其時之教宗又有被羅馬人驅逐之事也。

以後諸帝，莫不有屢次南征義大利之舉，軍費浩大，軍事棘手。第一次入義大利加冕，以後則或為廢抗命之教宗，或為護忠順之教宗，干戈屢起。此種遠征之結果，每甚紛擾。加以德國國內之諸侯，本有狡焉思逞之志，一旦皇帝遠出，益復乘機以擴充其勢力。

神聖羅馬帝國 鄂圖一世以後之德國君主，在羅馬加冕之後，每棄其「東法蘭克種人之王」舊號而不用，自稱「羅馬人之永遠莊嚴皇帝」。後人名其帝國曰神聖羅馬帝國。名義上國祚綿延至八百餘年之久，然其與古代羅馬帝國之不同，較之查理曼帝國之於羅馬帝國尤甚。德國君主既兼領德國與義大利之王位，故除選舉教宗權利外，其權力之鉅實與皇帝無異。然德國諸帝，每不能在國內建一強而有力之國家，徒虛耗其精力於與教宗之競爭。卒致教宗之勢力，日盛一日，而所謂帝國者，則僅存其影而已。

第三節　康拉德二世與亨利三世

帝國之極盛時代 鄂圖一世以後之繼起者，茲不能詳述之。若輩與鄂圖一世同，一面應付迭起之內亂，一面抵禦外侮之頻仍，而斯拉夫種人之為患尤甚。普通以為帝國之極盛時代為康拉德二世（Konrad II）（西元一〇二四年至一〇三九年）及亨利三世（Heinrich III）（西元一〇三九年至一〇五六年）在位時代，此二君實為法蘭克尼亞朝之始。昔日撒克遜族之帝祚，實止於西元一〇二四年。

波蘭王國 西元一〇三二年勃根地王國入附於康拉德二世。勃根地王國之領土廣大而重要，久為帝國之一部分，一面有利於德國義大利二國之交通，一面又為德國與法國之中介。帝國東境之外，斯拉夫種人於十世紀

後半期組織波蘭王國。波蘭王雖嘗與皇帝戰，而始終承認德國皇帝為其天子。康拉德亦仿鄂圖之政策，盡力將國內諸公國予其子亨利三世，封之為法蘭克尼亞，斯瓦比亞及巴伐利亞之公。此實君權基礎之最鞏固者矣。

亨利三世　康拉德二世及亨利三世雖多能而有為，然十一世紀初半期神聖羅馬帝國之得能為西部歐洲強國者，大都緣於當日無對峙之國家。蓋法國君主尚未竟其建設中央政府之功，而義大利雖不願俯首聽命於皇帝，然亦始終不願與他國聯合以抗皇帝。

第四節　教會及其領土

亨利三世與教會　亨利三世所應付之最要問題，莫過於教會之大改革。教會之改革，本已著手進行，假使實行之後，則不但皇帝監督教宗之權力為之一掃而空，即皇帝對於主教及住持之權力，亦復剝奪殆盡。而德國皇帝每予主教及住持以封土，冀其援助帝室者。改革教會之舉，雖非直接反對皇帝，然歐洲君主中是受此種改革之影響者，實推德國皇帝為首也。

教會之富有　吾人欲明瞭教會改革之為何，及因改革而發生之皇帝與教宗之爭端，不能不先明瞭亨利三世時代教會之狀況。其時教會勢力之衰微，威信之墮落，及內部之瓦解，漸形顯著，正與查理曼帝國之瓦解為諸侯封土同。其所以致此之由，則大都因教士領土之廣大。君主、諸侯、地主等，向以捐施領地於主教教區及寺院為功德，故西部歐洲之土地，頗有入於教士之手者。

教會領土混入封建制度之中　當地主開始受封或分封其領土時，教會財產自然亦加入封建關係之內。為君主或地主者每分其領土以與教士或俗人。為主教者每為君主或其諸侯之附庸，與其他附庸無異。為住持者亦每納其寺院於鄰近之諸侯，以求其保護，再受其地為封土。

教會封土不世襲　然教會領土與普通封土，有大不同之點一。據教會法律之規定，凡主教及住持均終身不得有妻室，故不能有子孫以傳其領土。其結果則擁有領土之教士，一旦去世，不能不另選他人之繼之。教會中之習慣，凡主教皆由主教教區中之教士選舉之，唯須得人民之批准。「凡由教士選出之主教得人民之承認時，即為教會之正式主教。」至於住持，則據聖本篤清規之規定，由寺院中修道士選舉之。

主教住持之選舉權操於諸侯　當時雖有此種之規定，然至十世紀及十一世紀時，主教及住持均由君主及諸侯選派之。形式上主教及住持之選舉，一仍昔日方法之舊；然為諸侯者每表示其意中所有之人，如其不然，則每不願交其領土以予主教或住持。故選舉之權，實握諸侯之手。蓋為主教者，不但被選而已，而且必經諸侯之「銓敘」及領土之獲得也。

敘爵　因為假使為教士而無領土，則將無利益之可言。故封建諸侯實有控制教士之能力。當教士被選之後，諸侯乃行「敘爵」之舉。新選之主教與住持，先向諸侯行「臣服之禮」誓為彼之「人」，諸侯乃以封土及權利授與之。財產與宗教威權，似無甚區別。為諸侯者每授主教以指環及手杖為宗教權力之標幟。夫以魯莽之武人而決定主教之選舉，已屬可怪，再有授予宗教權力及標幟之權，更為可怪。而有時諸侯並自為主教，則尤為可怪者也。

教會與君主對於財產態度之不同　教會當然以宗教威權為重，而以財

産為輕。既唯有教士方有授與宗教威權之權利，則教士當然可以任意任命教士，而不必得俗人之同意。同時為君主者，則每以為凡為主教或住持者，不定皆能管理封建之國家，如十一世紀時代德國諸地之大主教教區及主教教區，即其著例。

主教地位之複雜　總而言之，當日主教之地位，實甚駁雜。一，就教會官吏之地位而論，則主教在教區之內，負有宗教上之義務。凡牧師之選擇與授職，訴訟之審判，及儀節之舉行等，均主教一人之責也。二，凡屬於主教教區之領土，無論其為封土與否，均由主教管理之。三，就封建中附庸之地位而論，則主教對於諸侯，每負有封建之徭役及租稅，供給軍隊之責，亦在其中。四，在德國自十一世紀初年以後，國王每予主教以伯爵之權利。因之為主教者，得徵收關稅，鑄造泉幣，及實行其他種種政務。故為主教者任職以後，即有種種權利與義務同時並起。

國王參與敘爵之必要　故一旦禁止國王參予「敘爵」之舉，不但有害其封建上之權利，而且剝奪其監督官吏之權力；蓋為主教及住持者，事實上每與官吏無異也。而且在德國、法國二國中，國王每利用教士以壓制諸侯之勢力。故國王對於教士之為何如人，亦有不能不過問之勢。

第五節　教會之流弊

教士之婚娶　此外又有足以危害教會之富源者一事。教會本有禁止教士娶妻之規定，然在十世紀及十一世紀時，則義大利、英國、德國、法國諸地之教士，類皆公然婚娶而無忌。其時正人君子每以此種習慣為教士墮落之明證，以為為教士者應專誠於上帝之侍奉，不應有家室之累也。不特

此也,假使教士可以婚娶,則必抱為子孫計之想,教會之財產不且分裂而盡耶?故除非永禁教士不得婚娶,則教會之封土亦將與諸侯之封土同為世襲之區矣。

教會官吏之買賣　除教會領土受封建制度之同化,及教士有婚娶之習慣兩種危險外,教會方面並有弱點一焉,即買賣教會官吏是也。假使教士之責任綦重,而收入之為數甚微,則行賄貪緣之事,斷不致有發生之傾向。然主教與住持之收入每甚豐鉅,而其義務則在正人眼中觀之,固甚重大,而不法之徒則每漠視而不理。收入既大,名位既高,而威權又鉅,故世家望族莫不爭先恐後,以獲得教會中之地位為榮。為君主及諸侯者既握有敘爵之權,亦樂得擇肥而噬之也。

買賣官吏之罪過　買賣教會官吏之罪過,當時以為最不德者。此種罪過,名曰西門之罪過。所謂西門之罪源於魔術家名西門(Simon)者,據《使徒行傳》中所載,謂彼曾予彼得以金錢,請使徒彼得予以授予神力之權。使徒痛責之,嗣後教會中對於以金錢購買神權者每深惡而痛疾之──「爾之銀與爾同亡,因爾思以金錢獲得上帝之賜也。」

買賣官吏並非偶然　實則當時之購買教會官吏者,為數並不甚多。而時人之所以必欲得而甘心者,則龐大之收入與地位之榮譽而已。而且君主或諸侯之受賄也,並不以此為賣官鬻爵之舉也,不過與教士同享權利而已。中古時代之往來事務,無一不以金錢為伴侶。教會之領土,管理本甚得法;收入本屬豐鉅。教士之被選為主教或住持者,其收入每較其所需者為多,故為國王者每望其源源接濟其空虛之國庫也。

下級教士之效尤　故教會中買賣官吏之跡,其來有由,而在當日則亦勢所難免者。然此種惡習,流弊極大,不但上級教士有賄賂公行之譏,即

第十二章　十世紀及十一世紀之德國與義大利

下級教士亦有相率效尤之跡。蓋主教既費龐大之金錢以得其地位，當然望下級牧師之有所供給。為牧師者，亦往往因實行宗教上之義務——如行浸禮、婚禮及葬禮等——過事誅求，以補其不足。

教宗威信之墮落　當十一世紀初年，教會因廣擁領土之故，頗有展入封建制度紛糾狀況中之危險。其時教會之官吏有同封建制度中之附庸，而不足以代表教宗領下之國際制度。十世紀中之教宗不但不能伸其勢力於阿爾卑斯山之外，即彼之本身亦受中部義大利貴族之束拘。彼之重要，遠不若蘭姆斯或美茵茲之大主教。在十世紀中以教會之柔弱與墮落，而欲使之為歐洲之領袖，誠歷史上之非常革命矣。

第六節　皇帝與教宗爭雄之開端

三教宗之紛爭　其時羅馬城中之巨室，握有選擇教宗之權，並利用教宗之權以把持城中之政務。當西元一〇二四年康拉德二世加冕為帝時，竟有選舉俗人為教宗之舉。繼其後者，為一年僅十齡之童子本篤九世（Benedictus PP. IX）其人，不但年少無知，而且宅心不正。然其族人竟能維持其地位至十年之久，至彼欲娶妻時方止。羅馬人聞教宗有婚娶之意，乃大譁，逐而出之。某主教本擁有巨資，至是遂起而代之，不久又有第三者，篤信宗教而有學問，用鉅款購得本篤九世之權利，自稱聖額我略六世（Gregorius PP. VI）。

亨利三世之干涉　皇帝亨利三世，鑒於此種情形之不堪，乃有干涉之舉。於西元一〇四六年入義大利，在羅馬城之北蘇特時地方召集宗教大會，教宗三人中因之被廢者二人。教宗聖額我略六世不但辭職，並手撕其

袍而碎之，自承購買教宗地位之罪大惡極。亨利三世乃設法另選德國主教某為教宗，就任之後，即為亨利三世及其後行加冕之禮。

干涉結果之宏大 亨利三世於此時入義大利，並解決三教宗之爭持，其結果之宏大，在中古史上極其重要。亨利三世既使羅馬教宗脫離義大利政治之漩渦，遂於不知不覺之中建樹勁敵一人以與皇帝對壘，百餘年後，其勢力並駕諸皇帝之上而為西部歐洲最有權勢之人。

教宗雄霸西部歐洲之困難 二百年間為教宗者，對於歐洲之安寧，多不甚負責任。原來建設一種國際專制君主國以駐在羅馬城之教宗為元首，本非易易。多端困難，不易排除。大主教之於教宗，與封建諸侯之於君主同，每不欲教宗權勢之增大，教宗而欲握宗教之大權，非先壓服大主教不可。民族趨向，有害於教會之統一，亦非制止之不可。國王諸侯，每享有選擇教會官吏之權，亦非剝奪之不可。買賣教會官吏之陋習，急宜革除。教士婚娶之傾向，急宜阻止。全體教士之道德墮落，尤宜挽救。

教宗良九世 終亨利三世之世，選擇教宗之權，雖操諸皇帝，然皇帝頗有意於教會之改良，並選德國之賢能教士以充任教宗之職。就中最重要者，當推教宗良九世（Leo PP. IX）（西元一○四九年至一○五四年）其人。觀於彼之一生，可見教宗不但可為教會之元首，而且可為國王及皇帝之領袖。良九世不願自承為皇帝所派之教宗。彼以為皇帝固可以援助或保護教宗，然斷不能創造教宗。故彼之入羅馬也，以信徒自待，遵照教會之陳規由羅馬人選舉之。

教使 良九世曾親身遊歷法蘭西、德意志及匈牙利諸地，志在召集宗教大會以廢止買賣教會官吏及教士婚娶之惡習。然為教宗者，類皆年老力衰，出遊之舉既困而且險。故良九世以後之教宗，每遣教使分布於西部歐

第十二章　十世紀及十一世紀之德國與義大利

洲諸國之中，正與昔日查理曼時代之巡按使同。相傳良九世之政策，大抵受副助祭希爾德布蘭德（Ildebrando）之影響。希爾德布蘭德即他日之有名教宗聖額我略七世（Sanctus Gregorius PP. VII），中古教會之建設，彼實與有功焉。

第七節　改革教會之動機

教宗尼閣二世改革選舉教宗之方法　教會脫離俗人拘束之第一步，實始於尼閣二世（Nicolaus PP. II）。彼於西元一〇五九年下令將選舉教宗之權奪諸皇帝及羅馬人民之手，以予教宗內閣員。此令之意，顯然在於排除一切世俗之干涉。至今選舉教宗之權，尚在內閣員之手中。

改革事業之被阻　主張改革者既使教宗脫離俗人之拘束，遂著手於解放全部教會之舉。第一，凡娶有妻室之教士禁其執行宗教上之任務，並禁教徒毋得參預若輩之教務。第二，剝奪君主及諸侯選擇教士之權，以為此種權力之存在，實教會墮落之最大原因。此種政策所遇之阻力，當然較改革選舉教宗方法所遇者為巨。米蘭城人民因教宗有驅逐已婚教士之舉曾起而作亂，教宗所遣之教使幾罹喪身之禍。至於禁止教士不得收受俗人封土之令，則教士與諸侯多不遵命。此種改革事業之艱鉅，至西元一〇七三年希爾德布蘭德就教宗之職自稱聖額我略七世時益形顯著。

第三卷　皇帝與教宗之爭雄

第十三章
聖額我略七世與亨利四世之衝突

▍第一節　教宗之主張

聖額我略七世所著之《箴言》及其主張　聖額我略七世著作之中，有文名《箴言》者，將教宗之權力，臚列無遺。其主要者如下：教宗享有獨一無二之稱號；教宗為唯一之主教，可以廢立或遷調其他之主教。凡未得教宗之許可者，無論何種宗教大會均不能代表基督教諸國。羅馬教會從未錯誤，亦永無錯誤。凡與羅馬教會不合者，不得為純正基督教徒。凡不得教宗讚許之書籍，均不可信。

不特此也，聖額我略七世並進而主張教宗有為公平起見限制政府之權。彼謂「唯教宗之足，受所有君主之接吻」；教宗可以廢止皇帝，而且可以「解除人民對於不公君主之忠順」。凡上訴於教宗者，無人能定其罪。無人能撤銷教宗之命令，而教宗得宣布世俗君主之命令為無效。教宗之行為，無論何人，不得加以判斷。

中古時代政府組織之不完備　上述之主張，並非傲慢之要求，實係一種政治原理之表示。主張者亦正不僅聖額我略七世其人。吾人於批評聖額我略七世主張之先，不能不注意者有二事：第一，中古時代所謂「國家」並無如吾人今日所有之政府組織。所謂國家，以封建諸侯為代表，本以擾亂秩序為事者也。聖額我略七世有一次曾謂政權係惡人受魔鬼之主使而發

121

明，此言實鑒於當日君主之行動，有感而發者也。第二，吾人須知聖額我略七世所要求者，並非由教會管理政府，不過教宗為教徒安寧起見，應有限制惡劣君主及否認不公法律之權。假使失敗，則教宗當然有解除人民忠順惡劣君主之權。

聖額我略七世實現其主張　聖額我略七世既被選為教宗，即欲實現其所抱之觀念。分遣教使前赴歐洲各國，自後教使一職遂成教宗統御西部歐洲之利器。彼勸法國、英國、德國之君主痛改前非，聽其忠告。彼向英國王威廉一世謂教宗與君主均係上帝所建設，為世界上最大之權力，正如日與月為天體中之最大者。唯教宗之權力顯然在君權之上，因教宗對於君主負有責任者也。一至末日聖額我略七世對於君主有同牧童之於羊群不能不負君主行為之責云。彼勸法國王毋再有售賣教會官吏之舉，否則將逐之於教會之外，並解除法國人民忠順之義務云。聖額我略七世之所以為此，似非抱有世俗之野心，蓋亦出諸公平正直之意者也。

第二節　聖額我略七世與亨利四世之爭執

亨利三世之去世　聖額我略七世之改革計畫，如果實行，其影響必及於歐洲各國。然就當日之狀況而論，則教宗與皇帝之爭衡，實所難免。茲述其起源如下。德國王亨利三世於西元一〇五六年去世，遺其后阿格尼絲（Agnès）與六歲之太子以維持其王室之威信，而其時又正當諸侯抗命之秋。

亨利四世之即位　西元一〇六五年亨利四世（Heinrich IV）年方十五歲，宣布成年親政。即位之初，即有撒克遜種人之叛亂，一生困難，於是

第十三章　聖額我略七世與亨利四世之衝突

乎始。撒克遜種人宣布亨利四世有建造城堡於其地之舉，並遣軍隊入其地以擾其民。聖額我略七世頗覺有干涉之義務。以為德國王年少無知，必聽信佞臣之言故有壓抑撒克遜種人之舉。吾人鑒於亨利四世之境遇困難，而彼竟能維持其君主之地位，殊為可異。當撒克遜種人之叛也，亨利四世致函教宗曰：「吾輩獲罪於天，而且在爾之前，已不足稱為爾之子矣。」然一旦叛亂平靖，彼即忘其服從教宗之言。彼每與教宗所不齒之官吏互相往來，並仍以若輩充任德國之主教，絕不顧教宗之禁令。

俗人敘爵之禁止　聖額我略七世以前之教宗，曾屢有禁止教士受俗人敘爵之舉。聖額我略七世於西元一○七五年重申前令，正與亨利四世開始衝突之時。所謂敘爵，即由君主或諸侯將封土及權利正式轉移於新選教士之謂。聖額我略七世禁止俗人敘爵之舉，無異革命。蓋主教與住持往往即係世俗政府之官吏。其在德國及義大利，則若輩之權力與伯無異。不但君主之政務有賴若輩而進行，即君主之壓制附庸，亦有賴若輩之援助。

亨利四世之憤怒　西元一○七五年之末季，聖額我略七世遣教使三人往見德國王，並函責亨利四世行動之非是。聖額我略七世明知一紙空文，必難生強大之影響，故令教使於必要時，可施以恫嚇之舉。教使向亨利四世述其罪惡之多而且巨，不但應屏諸教會之外，而且應永失其人民忠順之忱。

聖額我略七世之被廢　教使之出言過於激動，不但觸德國王之怒，而且主教中亦頗有因之反與德國王為友者。西元一○七六年亨利四世於沃姆斯地方召集宗教大會，德國主教之赴會者數達三分二以上。宣言聖額我略七世被選之不當，並有種種不德之行，故議決廢之。所有主教宣言不再忠順教宗聖額我略七世，並公言其已廢。德國主教之援助國王，驟聞之似屬不倫。實則教士之得為教會之官吏，德國王之力而非教宗之力，故有力助

国王之举云。

亨利四世致教宗之函　亨利四世曾致函于圣额我略七世,力言彼尽心竭力以维护教宗,不意教宗误认其谦恭为恐惧。函末谓:「尔竟敢反抗上帝授予吾辈之主权,尔竟敢剥夺吾辈之主权,抑若吾人得王国于尔之手中。抑若王国与帝国均在尔之手中而不在上帝之手中……我,亨利为奉天承运之王,暨所有主教,敢正告曰:下来,自尔之御座下来,并世世受人之唾骂。」

亨利四世之被废　圣额我略七世答书曰:「呜呼,第一门徒彼得,其听余言。上帝授余以权力为尔之代表。余根据此端,并为尔教会之名誉及光荣起见,用上帝名义,撤回皇帝亨利之子德国王亨利统治德国及义大利之权,盖彼有侮辱教会之举也。余并解除所有教徒誓忠于彼之义务;且禁止无论何人,不得以国王待之。」又因亨利四世常与教宗所不齿之教士往还之故,再宣布驱逐亨利四世于教会以外。

德国诸侯之态度　亨利四世既被教宗所废,诸事益形棘手。甚至国内教士亦复取旁观之态度。撒克逊种人及德国之诸侯,不但不反对教宗之干涉,而且群思乘机窃发以驱逐亨利四世而易新主。然德国之诸侯卒决议予国王以自新之机会。嗣后亨利四世非与教宗言和,不得行使政治上之职务。如一年之内,不照行者,则以被废论。同时并请教宗赴奥古斯堡与诸侯商议废立亨利四世之事。其时抑若教宗行将实行其监督政府之举焉。

亨利四世之屈服　亨利四世惧,乃急思有以尼教宗之行。于西元一○七七年隆冬南下越阿尔卑斯山,中途遇教宗于卡诺莎城堡中,德国王赤足蔽衣立于教宗居室门外凡三日之久,后经近臣之劝告,圣额我略七世方允开门以纳之。中古教会势力之宏大,即此可见一斑。

第十三章　聖額我略七世與亨利四世之衝突

第三節　亨利四世之末年

新王之選舉　亨利四世既被赦，德國諸侯殊不滿意；蓋若輩昔日要求國王與教宗言和之目的，本在於增加國王之困難而已。若輩於是另選新王以代之。嗣後三、四年間，國內新舊王黨人互相殘殺。教宗聖額我略七世始終嚴守中立，至西元一○八○年再逐亨利四世於教會之外。宣言剝奪其王權及榮譽，並禁止基督教徒不得服從德國王。

亨利四世之勝利　然此次亨利四世之被逐，與第一次被逐之結果適相反。此次亨利四世被教宗驅逐以後，親黨反因之增加。德國教士再群起以援助國王而廢教宗。其時亨利四世之勁敵已陣亡，乃另選教宗攜之入義大利，其目的在於擁立新選教宗而自稱皇帝。聖額我略七世用力抵拒之者凡二年，然羅馬城終陷落於亨利四世之手。聖額我略七世乃退走，不久卒。卒之日，曾言曰：「吾愛公平而恨不正，故吾被逐而死。」後世之讀史者莫不以其言為確當云。

亨利四世之困難　亨利四世之困難，並不因聖額我略七世之去世而解除。自後二十年間，亨利四世盡力於維持一己在德國及義大利二地之權利。彼之勁敵之在德國者為撒克遜種人及跋扈之諸侯。其在義大利，則教宗正盡力於國家之建設有同世俗之君主。同時教宗慫恿倫巴底諸城起而反抗皇帝。

義大利及國內之叛亂　德國之內亂尚未盡平，亨利四世於西元一○九○年又因義大利有蠢動之象，率兵南下。不久為義大利人所敗，倫巴底諸城遂乘機組織同盟以抗之。西元一○九三年，米蘭、克雷莫納、洛迪及皮亞琴察諸城組織攻守同盟以自衛。亨利四世往來於義大利者前後凡

七年,無功而歸。不意回國之後,其子因被諸侯擁戴之故,竟違抗其父。內亂益甚,亨利四世不得已而退位。西元一一〇六年卒。

亨利五世之即位 亨利四世卒,其子亨利五世(Heinrich V)即位(西元一一〇六至一一二五年),在位之事業,仍以敘爵問題為最大。教宗巴斯加二世(Paschalis PP. II)雖願承認德國王所選之主教,唯提議聖額我略七世反對世俗敘爵之命令仍須實行,自後教士不得再向封建諸侯行臣服之禮。一方面亨利五世宣言如教士而不誓忠於君主,則不以領地、市鎮、城堡、關稅及種種主教特權予之。

俗人敘爵問題之解決(西元一一二二年) 雙方爭持既久,卒於西元一一二二年有《沃姆斯之宗教條約》,在德國方面之敘爵之爭,遂為之解決。皇帝嗣後允教會得自由選擇主教及住持,並允不再授主教與住持以指環及手杖。唯選舉之事,須在君主之前舉行,而君主得另行授予封土及世俗特權之禮,以王節觸其首而已。主教所享之宗教權力,顯然由教會中人授予之;君主雖然不予新選教士以世俗之特權,而直接選派之權利則因此剝奪以盡矣。至於皇帝對於教宗,則自亨利四世以來,教宗之就任者多不經皇帝之承認,亦無人視皇帝之承認為必要云。

第十四章
霍亨斯陶芬族諸帝與羅馬教宗

第一節　皇帝腓特烈一世

腓特烈一世　腓特烈一世（Friedrich I），世稱巴巴羅薩（Barbarossa），即「紅鬚」之意，於西元一一五二年即位為德國王，為德國皇帝中之最有興趣者；吾人試讀其在位之記載，藉可知十二世紀中之歐洲狀況。自彼即位後，所謂中古之黑暗時代漸告終止。自六世紀至十二世紀之歐洲史，吾人所有之資料，大都根據於修道士所著之紀年史。著作者類皆無知無識毫不經心之輩，而且往往生於後代，見聞不確。至十二世紀末年，史料漸形豐富而複雜。城市生活亦漸有可考之記載，吾人不須再依賴修道士之著作。當時歷史家之最具哲學眼光者當推弗萊辛之奧托（Otto of Freising）。著有《腓特烈皇帝言行錄》（*Gesta Friderici imperatoris*）及《雙城編年史》（*Chronica de duabus civitatibus*），為吾人研究當時歷史之最重要資料。

腓特烈一世之志向，在於恢復舊日羅馬帝國之光榮及其勢力。彼自命為凱撒、查士丁尼一世、查理曼及鄂圖大帝之後繼者。彼以為帝位之神聖不亞於教宗。當彼被選為皇帝時，曾向教宗宣言帝國「係上帝所授予」，而且並不要求教宗之承認。然彼一生因欲維持其皇帝權利之故，故困難極多。一方面國內諸侯時有跋扈之虞，一方面羅馬教宗常有爭權之舉。如以倫巴底諸城負固不服，無法統御，卒致為諸城所敗而一蹶不振。

第二節　倫巴底諸城之政情

　　城市之得勢　腓特烈一世以前與腓特烈一世以後時代之不同，其最著者，當推城市生活之發達。前此之歷史，吾人所聞者皇帝也，教宗也，主教也，及封建諸侯也；自此以後，則城市興起，足為君主之敵矣。

　　倫巴底諸城改為民主政體　查理曼去世以後，倫巴底諸城之政權漸入於主教之手，有同諸伯。城中景況，漸形隆盛，勢力亦漸伸張於附郭一帶之地。工商諸業，既漸發達，富民貧民均漸抱參預政治之心。克雷莫納曾驅逐其主教，毀其城堡，不再納其租稅。他日亨利四世亦激起盧卡城反抗其主教，並允自後主教、公、伯等不再干涉其自由。其他諸城亦相繼脫去主教之羈絆，城中政權由公民所舉之官吏主持之。

　　諸城之紛爭及其文化之發達　城中之工匠界中人絕無參政之機會，故常有叛亂之舉。加以城中貴族，時有黨爭，紛擾特甚。同時各城之間，互爭雄長，戰事尤頻。然義大利諸城雖日處於紛擾狀況之中，卒成為工業、學問及藝術之中心，在歷史上除古代希臘諸城外，殆難比擬。而且諸城類能維持其獨立至數百年之久。倫巴底諸城既有援助教宗之舉，腓特烈一世在義大利之困難，因之增加不少。蓋教宗與義大利諸城均願德國王為德國徒擁虛名之君主也。

第十四章　霍亨斯陶芬族諸帝與羅馬教宗

第三節　腓特烈一世與倫巴底諸城

腓特烈一世第一次南征義大利　倫巴底諸城中以米蘭之勢力為最盛，每欲伸其勢力於四鄰，故極為四鄰所不喜。洛迪城中難民二人向新選皇帝申訴米蘭之暴虐。腓特烈一世之代表既至其地，竟受侮辱；皇帝之璽，亦被踐踏。米蘭對於皇帝之態度，與其他諸城同，若皇帝不來干涉其內政，則未始不承認其為天子。腓特烈一世既欲得皇帝之冕，又欲察米蘭之用意為何，故於西元一一五四年有率師南下之舉。計腓特烈一世遠征義大利者凡六次，此實為其第一遭。

腓特烈一世駐兵於隆卡利亞之平原，接見倫巴底諸城之代表。代表中多陳述其疾苦，對於米蘭之傲慢，尤多微詞。熱那亞城饋腓特烈一世以鴕鳥、獅及鸚鵡諸物，足見當日海上商業之一斑。腓特烈一世聽帕維亞之訴苦，即移師圍攻托爾托納並毀其城。乃向羅馬城而進，米蘭遂乘機攻近鄰之城市二、三處，以懲其援助皇帝之罪；同時並援助托爾托納城之公民重建其城。

腓特烈一世與教宗亞得里安四世　當腓特烈一世與教宗亞得里安四世（Hadrinaus PP. IV）第一次晤面時，腓特烈一世對於手握教宗馬鐙一事，頗示猶豫之意，教宗大不悅。腓特烈一世嗣知此係習慣上應為之事，遂不復堅持。時羅馬城中適有革命之舉，故教宗頗有賴於腓特烈一世之援助。羅馬城中之領袖名亞諾爾特者，叛而另組政府。腓特烈一世之援助教宗，雖不甚力，然亂事不久即平。腓特烈一世既加冕稱帝之後，即回德國。教宗因困難未盡除而皇帝即捨之不顧，頗為失望。日後又有種種誤會，教宗與皇帝之感情益惡。

隆卡利亞大會及其議決案　至西元一一五八年腓特烈一世再回義大利，開大會於隆卡利亞。自波倫亞地方召集研究《羅馬法》者數人及諸城之代表，決定皇帝之權利為何。會議結果宣言皇帝之威權如下：皇帝為公伯之天子；有任命官吏，徵收關稅及非常軍費，鑄造錢幣之權；並享有漁稅、鹽稅及銀礦稅。凡個人或城市能證明其已得皇帝之承認而享有此種權利者，則允其繼續享受；否則由皇帝享有之。諸城之權利，類皆繼自主教者，故每無從證明皇帝之承認；故此種議決，無異消滅諸城之自由。皇帝之收入當時固大有增加；然此種政策之過度及徵稅官吏之苛刻，其結果必將激起諸城之反抗。蓋驅逐帝國官吏之事，固諸城之生死關頭矣。

格雷馬與米蘭兩城被毀　腓特烈一世曾下令格雷馬城，命自毀其牆，格雷馬不奉命，皇帝遂攻而陷之。令城中人只得子身走，走既盡，乃縱兵士大肆劫掠而毀之。不久米蘭城亦有驅逐皇帝官吏於城外之舉。皇帝率兵攻陷之，於西元一一六二年下令毀其城。許其人民移居於舊城附近之地。不久米蘭人民有重建城市之舉，足徵皇帝之毀壞並不過甚云。

第四節　腓特烈一世之失敗

倫巴底同盟之組織　倫巴底諸城之唯一希望在於聯盟，而聯盟之舉，又復為皇帝明令所禁止者。米蘭城被毀之後，諸城即有陰謀連繫之跡。克雷莫納、布雷西亞、曼圖亞及貝加莫四城，聯合以抗皇帝。米蘭城既得教宗及同盟之援助，重建新城。其時腓特烈一世正圖攻羅馬城以擁戴其所選之教宗，深恐諸城之攻其後，乃於西元一一六七年北返德國。不久倫巴底同盟并包有維洛納、皮亞琴察、帕爾馬及其他諸城。同盟諸城並合力另建

第十四章　霍亨斯陶芬族諸帝與羅馬教宗

新城一處，以備屯駐軍隊為反抗皇帝之用。以教宗亞歷山大三世（Alexander PP. III）之名名其城曰亞歷山德里亞、蓋亞歷山大三世為反對德國王最力之一人也。

萊尼亞諾之戰（西元一一七六年）　腓特烈一世居德國數年，稍理內政，再南下入義大利。於西元一一七六年在萊尼亞諾地方為倫巴底同盟軍所敗，蓋腓特烈一世之援軍不至，而米蘭城又為同盟之領袖頗能盡力於軍事故也。皇帝之軍隊一敗之後不能再振。

《康斯坦茨和約》承認諸城之獨立　嗣經羅馬教宗亞歷山大三世之調停，兩方開大會於威尼斯訂停戰之約，至西元一一八三年乃變為永久之《康斯坦茨和約》。倫巴底諸城恢復其權利，諸城雖承認皇帝為天子，然皇帝不得再有干涉諸城內政之舉。並規定腓特烈一世須承認教宗。

圭爾夫黨勢力之來源　自此以後，在義大利方面之反對皇帝黨，漸有圭爾夫之稱。圭爾夫一字，自德國韋爾夫族而來。德國昔日有名韋爾夫（Welf）者，於西元一〇七〇年被德國王亨利四世封為巴伐利亞公。其子娶北部德國之女公，領土益廣。其孫亨利（Heinrich X）（綽號「傲慢者」）尤傲慢，並入贅薩克森公而為其承繼者。因此韋爾夫族遂為霍亨斯陶芬族皇帝諸侯中之最強而且跋扈者。

德國諸大公國之分裂　腓特烈一世既敗績歸國，因圭爾夫族領袖「雄獅者」亨利（Heinrich der Löwe）（為「傲慢者」亨利之子）不發援軍，遂與之戰。逐亨利而出之，並分裂薩克森公國。蓋彼鑒於諸侯廣擁領土之危險，故以分裂舊日之公國為其政策也。

第五節　亨利六世

霍亨斯陶芬族之勢力伸入南部義大利　腓特烈一世於離國從軍於十字軍之先，封其子亨利六世（Heinrich VI）為義大利王。而且為伸其勢力於義大利南部起見，令其子亨利娶那不勒斯及西西里王國之女嗣為后。德國及義大利因之仍復合而為一，為德國王之患。那不勒斯及西西里王國本承認教宗為天子者，德國王與教宗衝突之機，因之復啟。其結果則霍亨斯陶芬族卒自取滅亡之禍。

亨利六世之內憂外患　亨利六世（西元一一九○年至一一九七年）在位之日甚短，而困難甚多。圭爾夫黨之領袖「雄獅者」亨利當腓特烈時代曾誓離德國不再為患，至是有返國組織叛亂之舉。內亂方靖，亨利六世又不得不南下以救西西里王國。蓋是時有諾曼種人，正有樹幟以叛德國王之舉也。教宗本視西西里為其封土，至是亦解除該地人民忠順德國王之義務。同時英國之「獅心王」理查率兵赴聖地，中途亦與坦克雷迪（Tancredi）同盟。

亨利六世之遠征義大利，大為失敗。其後為坦克雷迪之軍隊所俘，其軍隊則沿途多染病而死。而「雄獅者」亨利之子，本為質於亨利六世者，至是亦復遁走。亨利六世於西元一一九二年方返德國，而國內又叛。幸而英國王理查自聖地返國，偷經德國境，為德國王所獲。德國王視英國王為圭爾夫黨之同盟，要其輸鉅款以自贖。亨利六世之軍餉因之有著，為平定德國及義大利叛亂之用。不久坦克雷迪死，南部義大利之王國，復入德國王之手。然德國王始終不能使德國之諸侯承認德國與義大利之聯合，及帝位山霍亨斯陶芬族世襲二事也。

第十四章　霍亨斯陶芬族諸帝與羅馬教宗

教宗依諾增爵三世　亨利六世正擬建設世界大帝國，其志未竟成而卒，年僅三十二歲，遺其國於其沖齡之子，即他日著名之腓特烈二世（Friedrich II）也。當亨利六世臨終之日，正歷史上最著名之教宗即位之秋。當時教宗之政權，幾駕查理曼或拿破崙而上之。教宗依諾增爵三世（Innocentius III）在位時之教會，當於另一章中詳述之。茲先述腓特烈二世時代教宗與皇帝之爭執。

第六節　教宗依諾增爵三世之得勢

腓力與鄂圖爭奪德國王位　亨利六世卒後，德國即「變為四面受風鞭策之海」。國內如此之紛擾，如此之破裂，抑若無再恢復和平及秩序之望。亨利六世之弟菲利普（Philipp von Schwaben）最初以攝政王自居，然不久被選為羅馬人之王後，遂以皇帝自待。不料科隆之大主教召集大會另選「雄獅者」亨利之子不倫瑞克之鄂圖（Otto IV von Braunschweig）為德國王。

教宗贊助鄂圖　昔日圭爾夫族與霍亨斯陶芬族之爭端，因之重啟。二王均求助於教宗依諾增爵三世，教宗亦公然以仲裁人自命。鄂圖對於教宗極願讓步；同時教宗亦考慮霍亨斯陶芬族勢力之復盛，乃於西元一二〇一年承認鄂圖為德國王。鄂圖致函教宗曰：「吾之王位如無爾手之援助者，早已化為塵土矣。」

教宗與鄂圖之不和　德國內亂繼起，勢難收拾，鄂圖亦漸失國人之望。不意其勁敵菲利普於西元一二〇八年被人所刺而死。教宗乃下令德國之主教及諸侯之援助鄂圖者，則逐之於教會之外。次年鄂圖赴羅馬城行加

第三卷　皇帝與教宗之爭雄

冕禮，然因其儼然以義大利之皇帝自居，極為教宗所不喜，蓋彼竟有入侵西西里王國之舉也。其時西西里王為亨利六世之子腓特烈其人。

依諾增爵三世為西部歐洲之霸王　依諾增爵三世至是忽不承認鄂圖為皇帝，宣言彼實受鄂圖之欺。教宗決意以腓特烈為皇帝，唯預防其為危險之敵人。當腓特烈於西元一二一二年被選為王時，凡教宗所要求者，無不滿口應允。

英王約翰為教宗之附庸　教宗一面指導帝國之政務，一面並表示其權力於其他各國，而在英國尤著。先是西元一二〇五年坎特伯雷之修道士不與英國王約翰商議，擅舉其住持為大主教。新選之主教急赴羅馬城求教宗之承認。同時英國王強迫修道士另選其財政大臣充之。教宗依諾增爵三世竟均不承認，並召坎特伯雷修道士之代表令其另選斯德望·朗頓（Stephen Langton）為大主教。英國王約翰怒甚，盡逐坎特伯雷之修道士於國外，依諾增爵三世乃下令英國教士一律閉其教堂之門，停止教堂職務，驅逐英國王於教會之外。並謂英國王如不俯首聽命者，將奪其王位以予法國之腓力二世·奧古斯都。法國王腓力乃急召募軍隊為征服英國之備，英國王懼，於西元一二一三年屈服於教宗。甚至將英國交予教宗，再受之為教宗之封土，英國王至是遂為教宗之諸侯。同時英國王並允每年入貢於教宗。

第四次宗教大會　依諾增爵三世至是可謂已達其目的。皇帝腓特烈本為教宗所擁戴者，而以其西西里王之地位而論，則為教宗之諸侯，英國王亦然。教宗不但主張而且維持其干涉歐洲諸國內政之權利。西元一二一五年在羅馬城拉特朗宮中開第四次國際大會。主教、住持及君主諸侯與城市代表之赴會者以百計。議決之案類皆關於改革教會排除異端者。並承認腓特烈二世之被選為皇帝，再驅逐鄂圖於教會之外。

第十四章　霍亨斯陶芬族諸帝與羅馬教宗

第七節　皇帝腓特烈二世與教宗

依諾增爵三世之去世腓特烈二世之即位　西元一二一六年教宗依諾增爵三世卒，遺其困難於其後起者，所謂困難即皇帝腓特烈二世（西元一二一二年至一二五〇年）其人也。皇帝本生長於西西里，頗受阿拉伯文化之影響。彼嘗反對當時人所抱之觀念。故其敵嘗誣皇帝為非基督教徒，謂彼嘗言摩西（Moses）、耶穌及穆罕默德（Muhammad）均係欺騙他人之人。腓特烈二世兩目近視、禿首、身材短小；然其組織西西里王國，具徵其能力之巨，編訂法典為統治南部義大利王國之用。西西里王國組織之完善，君權之伸張，實為歐洲史上第一近世國家也。

皇帝與教宗之衝突　腓特烈二世與教宗之爭執，茲不能詳贅。教宗不久即知腓特烈二世專心建設一強而有力之國家於義大利南部，同時並伸其勢力於倫巴底諸城，足為教宗腹心之患。為教宗者以為實逼處此，斷不能堪。故皇帝之一舉一動，每召教宗之猜疑及反對，且盡其力以破壞皇帝及其族系。

腓特烈二世兼為聖城之王　腓特烈二世於依諾增爵三世未卒以前，曾有遠征聖地之允許，故與教宗爭勝之機會，因之大受影響。彼因政務殷繁，故教宗雖屢次督促，而十字軍之遠征屢次延期而不舉。教宗不能再忍，乃逐之於教會之外。腓特烈二世不得已乃起程東征，武功甚盛，再克復聖城耶路撒冷而自為其王。

霍亨斯陶芬族勢力之消滅　然腓特烈二世之行動仍屢觸教宗之怒。教宗開宗教大會以痛責之。最後教宗並廢腓特烈二世而另立德國王。西元一二五〇年腓特烈二世卒，其子維持西西里王國者數年；不久教宗以西西

里王國予法國王聖路易之弟安茹的查理（Charles d'Anjou）率兵南下入西西里王國，霍亨斯陶芬族之勢力，至是乃掃地無餘。

腓特烈二世之去世與中古帝國之告終 腓特烈二世既卒，中古歐洲之帝國亦於是告終。雖西元一二七三年哈布斯堡王朝之魯道夫（Rudolf I）被選為德國王，德國王亦自稱為皇帝；然皇帝之南下赴羅馬城行加冕之禮者，數人而已。且嗣後為皇帝者亦不再抱征服義大利領土之意。德國內部，四分五裂，所謂君主，徒擁虛名。皇帝無都城，亦無組織完善之政府。

德國與義大利之瓦解 至十三世紀之中葉，吾人漸知德國與義大利均不能如英國、法國之能成為強而有力之統一國家。其在德國，則公國也，伯國也，大主教教區也，主教教區也，住持領土也，自由城也，無不形同獨立之邦焉。

至於北部義大利諸城，本已獨立，互相往還，有同獨立之國家。至十四、十五兩世紀時，義大利之城市為近世文化發祥之地。威尼斯與佛羅倫斯壤地雖褊小，竟為歐洲當日之重要國家。半島之中部，雖係教宗之領土，然教宗每不能令其領土中之城市俯首聽命。至於義大利南部，則那不勒斯王國為法國人所有，而西西里一島，則入於西班牙人之手。

第四卷
中古時代之一般狀況

第四卷　中古時代之一般狀況

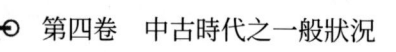

第十五章
中古時代之教會

第一節 中古教會之特點

中古教會之重要 在前數章中，吾人曾屢提及教會及教士。中古史而無教會，則將空無一物矣。蓋教會為中古最重要之機關，而教會官吏實為各種大事業之動力。羅馬教宗之興起，及修道士之事業，吾人上已略述之。茲再略述十二、十三兩世紀中極盛時代之中古教會。

中古教會與近世教會之異點 中古教會與近世教會——無論新教或舊教——絕不相同。言其著者，可得四端：

第一，中古時代無論何人均屬於教會，正如今日無論何人均屬於國家同。當時人雖非生而即為教會中人，然一己之主張尚未定時，即受浸禮而為教徒。所有西部歐洲無異一宗教上之大組織，無論何人，不得叛離，否則以大逆不道論。不忠於教會者，不信教義者，即叛上帝，可以死刑處之。

第二，中古教會與今日教會之端賴教徒自由輸款以資維持者不同。中古教會除廣擁領土及其他種種金錢外，並享有教稅曰什一稅者。凡教徒均有納稅之義，正與今日吾人捐輸國稅同。

第三，中古教會不若今日教會之僅為宗教機關而已。教會雖維持教堂，執行職務，提倡宗教生活；然尤有進焉。蓋教會實無異國家，既有法

律，又有法庭，並有監獄，有定人終身監禁之罪之權。

第四，中古教會不但執行國家之職務而且有國家之組織。當時教士及教堂與近世新教不同，無一不屬於羅馬教宗。為教宗者有立法及管理各國教士之權。西部歐洲教會以拉丁文為統一之文字，凡各地教會之文書往來，莫不以此為準。

第二節　教宗

教會之組織有同專制君主之政府　故中古教會之組織，可以稱之為專制君主之政府。為教宗者大權獨攬，無異專制之君主。彼為最高之立法者。無論大小之宗教大會，均不能立法以違反其意。大會之議決案，不得教宗之許可者，則效力不生。

法外施恩　而且教會法律不合於《聖經》時，即使由來甚古，教宗亦得廢止之。教宗如視為正當時，得不受人為法律之束約：如允許嫡堂兄弟姊妹之婚娶，解除修道士之志願等。此種例外，謂之「法外施恩」。

教宗為最高司法者　教宗不但為最高立法者，亦且為最高司法者。某名法學者曾言曰，西部歐洲，均屬於最高法院法權之下，即羅馬之教宗法院是也。無論教士與俗人隨時可以上訴教宗以求其下最後之判決。此種制度之缺點，顯然甚多。訴訟之事每有因道途遙遠，事實未明，而羅馬法院驟下判決者，不平之獄，在所不免。而且因道遠費鉅，故富人上訴之機會獨多。

教宗有監督教士之權　至於教宗之監督教士，其法不一。凡新選之大主教必誓忠於教宗，受教宗所賜之領帶後方得行使其職權。所謂領帶係羅

馬城中聖阿格尼絲庵中女尼用羊毛織成，為大主教職權之標幟。凡主教及住持之選舉，亦必須經教宗之批准而後可。教宗亦有解決教會官吏選舉爭執之權利。有時並可廢其被選之教士，另選他人充之，如依諾增爵三世強迫坎特伯雷修道士選舉斯德望·朗頓為大主教，即其著例。

教使 自聖額我略七世以來，教宗即享有任意廢止及遷調主教之權。教宗統御教會之權因有教使而益巨。教使之權，每甚強大。氣焰淩人，不可逼視。如教使潘多夫（Pandulf）曾當英國王約翰之面解除英國人忠順英國王之義務，即其一例。

教宗之朝廷 教宗既統治西部歐洲一帶之教會，政務殷繁，可以想見，則設官分職之事尚矣。凡教宗內閣閣員及其他官吏合而為「教宗之朝廷」。

教宗之財源 教宗既有王宮及官吏，則費用必鉅，教宗之財源，不一而足。凡上訴教宗法院者，則徵以重費，凡大主教收受領帶時，必有所輸納；主教住持之批准就任亦然。至十三世紀時教宗漸有任命西部歐洲各地教會官吏之舉。凡被任者必以其第一年收入之半納諸教宗。當宗教改革以前數百年間，西部歐洲之教士及俗人，均怨教宗所徵收之費及稅之太重云。

第三節　大主教、主教及牧師

大主教 教宗之下為大主教。大主教之職本與主教無異，不過其權力溢位主教教區之外，並有監督一省中其他主教之權。大主教之最大威權為

召集本省各主教開一省宗教大會之權利。其法院能受自主教法院上訴之案。然就事實而論，則為大主教者，除享有名譽，居於巨城之中及其政治勢力三者之外，其宗教權力與主教無甚差別也。

主教之重要 中古史中之階級，吾人必須明白其地位者，莫過於主教。蓋主教本以基督門徒之後起者自居，其權力亦以為上帝所賦予者。若輩在各教區中，代表統一之教會，群隸於其「長兄」，即羅馬城之主教是也；而羅馬城之主教則為基督第一門徒之承繼者。主教之徽章為法冠及手杖。凡主教必有禮拜堂一，曰「大禮拜堂」，往往較其他教堂為宏大而美麗。

主教之責任 唯主教能委任新教士及免舊教士之職。唯主教能祓淨教堂，及為君主行傅油之禮。唯主教能行堅信之禮。除宗教上之義務外，為主教者並有監督區內所有教士及修道士之權。主教可以開庭審理教區內之訟事。並可巡行區內以視察鄉區教堂及寺院。

主教之政治責任 此外為主教者，並有管理主教教區中一切領土及財產之權。而且為主教者每有政治上之職務，如在德國，每為君主之重臣。最後，為主教者每同時並為封建之諸侯而負有封建之義務。彼可有附庸及再封之附庸，而同時又為君主或諸侯之附庸。吾人使讀當日主教之公文書，幾不辨主教之究為教士或為諸侯也。總之，當時主教義務之繁重，正與教會本身無異。

主教之選舉 教宗聖額我略七世改革之結果，則主教之選舉，付諸「主教教區教士團」之手。唯因選舉主教之時，必先得君主之允許，故為君主者每有提出候補主教之舉。如其不然，則君主每不願給予領土及政治威權於新選之主教也。

牧師及其責任 教會最低之區域為牧師。教區之面積雖大小不一，教徒之人數雖多寡不等，然皆有一定之界限。凡教徒之懺悔、浸禮、婚禮、葬禮等儀節，均由牧師執行之。牧師之收入有賴領土及教稅。然此種收入每操諸俗人或附近寺院之手，故牧師之收入每有為數甚微，不足以資其生活者。

牧師之禮拜堂，為村落生活之中心，而牧師每為村民之指導者。例如嚴防惡人──異端、巫覡、癩病者──之混入村中，即係牧師應有之職務。於此可見中古時代之牧師，不但有監督教徒德育之責，並有防禦傳染病傳入之義也。

第四節　教會之儀節

教會得勢之他種原因 中古教會權力之宏大，不僅緣於組織之完備而已。吾人而欲明瞭教會勢力之所以根深蒂固。不能不知當日教士地位之高貴及基督教會之教義二者。

教士地位之高貴 教士與俗人相異之點，不一而足。凡高級教士──主教、牧師、助祭、副助祭等──終身不得婚娶，故無家室之累。而且教會中人以為高級教士既經授職之後，即受有一種玄妙之性質，終身不能磨滅。尤要者，即唯有教士得執行各種儀節是也。而教徒靈魂之得救，實唯儀節是賴云。

倫巴德所著之四部語錄 教會中人雖深信各種儀節為基督所創設，然至十二世紀中葉，其儀節方明白規定。彼得·倫巴德（Peter Lombard）（西

元一一六四年卒）為巴黎之神學教師，曾根據教會信條及神父著作著有《四部語錄》（Sentences）一書，風行一世，蓋此書發見之日，正神學興味中興之時也。

七種儀節 教會中之七種儀節，實由彼得·倫巴德所規定。彼之主張雖根據於《聖經》與神父之意見。然彼之解釋及定義，實建中古神學之新基。當彼得·倫巴德以前，所謂儀節者，本玄妙之意；如浸禮也，十字架也，四旬齋也，聖水也，等皆是。然倫巴彼得以為教會之儀節有七：即浸禮、堅信禮、傅油禮、婚禮、懺悔禮、授職禮及聖餐禮，是也。凡經過此種儀節者，則無德者有德，有德者增加，失德者復得。如思被救，非經過此種儀節不可。

教會因執行儀節之故，故與教徒有終身之關係。經過浸禮之人，則所有人類之罪過，因之洗淨；唯有浸禮，可予人以入聖之門。行堅信禮時，主教以聖油及香膏為香德之代表，塗諸青年男女之額，以堅其信仰基督之心。假使教徒一旦染有危疾，牧師以油傅病者之身以解除其罪過而清潔將死者之精神。至於婚姻必經牧師之手方為確定，不能解除。教徒雖經浸禮而罪過或有未淨除者，則可行懺悔禮以再與上帝復合而免墮入地獄之危。凡牧師曾經授職之禮者，則可得赦人罪過之特權。同時並享有執行聖餐禮之特權。

第五節　懺悔禮與聖餐禮

懺悔禮 懺悔禮與聖餐禮二者，在歷史上尤為重要。當主教授職以予牧師也，必告之曰：「爾其受聖靈：凡爾赦人之罪過，則罪過即被赦；凡

爾留人之罪過，則罪過即被留。」牧師因此遂得有天國之鑰。凡俗人之有罪過者，除請牧師解除外，別無解救之法。凡藐視牧師之教務者，雖有極誠之懺悔，在教會中人視之，其罪過仍不能赦。牧師於未行免罪之先，有罪過者必先自供其罪過，並須表示其痛恨罪過之心及不再行惡之意。蓋牧師必先知所犯罪過之性質如何，而後方有解除之可言也。有罪過者亦必先表示其悔過之忱，而後可望罪過之解除也。故自承與懺悔，實為解除罪過之初步。

煉罪所 解除罪過之舉，並不能除淨所有罪過之結果。故解除罪過，僅能解除靈魂之死罪，使之不受永遠之刑罰而已。至於暫時之責罰，則仍不能免者也。此種暫時之責罰，或生時由教士執行之。或死後入「煉罪所」以火燒淨其罪惡。

悔罪之苦行 牧師所規定之責罰，曰「悔罪之苦行」。苦行之形式不一：或齋戒，或禱告，或朝謁聖地，或禁止娛樂等。而朝謁聖地之舉視為可以代替懺悔之失部。然教會中往往允悔罪者納款以代其苦行，以其款為辦理宗教事業之用，如造教堂，救濟貧病之人等事。

變質之理 為牧師者不但可以解除罪過，而且有執行聖餐禮之特權。基督教徒久已有慶祝聖餐之禮（領主彌撒禮或聖餐禮）；對於聖餐之性質，本早抱有種種不同之觀念。日久之後，漸以為祭神所用之麵包與果酒，一經供奉，即變為基督之肉體與血液。此種變化，名曰「變質」。教會中人以為行此禮時，基督再獻其身為上帝之犧牲。此種犧牲之禮，無論對於生者或死者，與祭者或不與祭者，均有實效。而且以為基督以麵包之形式受人崇拜，最為誠敬。此種形式凡遇荒災或大疫時，必迎之遊行於通衢之上以求天祐。

145

犧牲觀念之結果 以聖餐為基督犧牲之觀念，其結果甚為重要。聖餐之禮，遂為牧師最高尚之職務，而為教會職務之中堅。除為人民行公共聖餐禮外，私人聖餐禮亦時時舉行，尤以為死者超度為多。時人每有捐助基金專備牧師為死者或死者之家族執行聖餐禮之用者。亦有以財物布施教堂或寺院，求其每年為施主行聖餐禮者。

第六節　教士之勢力

教士勢力之來源 教會之威權既巨，組織又復完備無倫，加以擁有巨資，均足以使教士為中古時代最有勢力之階級。天國之鑰，若輩實司之，不得若輩之援助者，則無上登天國之望。教會有驅逐教徒於教會以外之權，其被逐者，不但被屏於教門，亦且不齒於社會。教會又有下令教士停止執行教務之權，使全城或全國之人民無有以宗教自慰之地。

教育之專利 而且當時唯有教士為曾受教育之人，故勢力尤大。自西部羅馬帝國瓦解以來，六、七百年間，教士以外，存有研究學問之心者甚寡。即在十三世紀時，凡罪人欲自承為教士者，只須誦書一行以證明之；蓋其時之法官，以為無論何人與教會無關者必不能讀書者也。

教士為知識界之領袖 因之中古時代所有之書籍，類皆出諸教士及修道士之手，而教士遂為知識、美術及文學之領袖。加以各國政府之公文及布告，端賴教士之手筆。教士與修道士無異君主之祕書。故教士中每有列席於政務會議，儼同國務大臣者；事實上，行政之責任，亦多由教士負之。

第十五章　中古時代之教會

教會官職之公開　教會中之官職，無論何人均有充任之希望。教宗中頗有出身微賤者。故教會中之官吏有推陳出新之象，無世襲罔替之習。教會勢力，歷久不衰，良非偶然。

中古教會勢力之雄厚　凡服務於教會之人，「即無家室之累，教會即其國與家。教會之利害，即彼之利害。凡道德上、知識上及物質上之力量，在俗人之中，多為愛國心、自利心、顧全妻子心所分裂，而在教會之中則合之以求達其唯一公共之目的。此目的之成功，人人可望受其利，同時人人確有生活之資而無籌劃將來之慮」。故教會之為物，無異「駐紮於基督教國土中之軍隊。處處有哨兵，受極其嚴肅之訓練，抱一種公共之目的，各個軍士均有不可侵犯之甲冑，手執強大之武器以殺靈魂」。

第四卷　中古時代之一般狀況

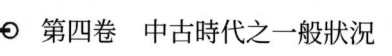

第十六章
異端及托缽僧

第一節　教會之利弊

中古教士之性質問題　據前章所述，則當時教會勢力之宏大，實無倫匹。試問為教士者其能永遠與惡人奮鬥耶？教士之權力既大，財產又富，其能始終不為外物所誘耶？若輩果能利用其地位以宣傳耶穌之教義耶？抑或若輩存自私自利之心，假耶穌之教義以濟其私，徒失人民之信仰耶？

教會之功　欲回答此種問題，實非數言可盡。吾人既深知中古教會勢力之雄厚，及其影響之宏大，實不願量其利弊之輕重。教會之有功於西部歐洲可謂毫無疑義。除以宗教提倡道德之一事不計外，吾人亦曾提及教會中人之如何感化蠻族，使之日進於文明；如何以《上帝休戰條約》減削當時之爭鬥；如何維持教士之教育，使一線文明，不致掃地以盡；此皆顯而易見者也。他如保護貧苦之人，安慰傷心之輩，其功尤偉。

教士之不德　然吾人試讀當日之教會史，則教士之不德而濫用職權者，亦正不一其人。主教及牧師中每有蕩矩踰閒與近世夤緣奔走之政客無異者。

世人對於教會之流弊每有言過其實之病　唯歷代以來之記載，其痛罵教會者，每有吹毛求疵之習，而抹殺教會之功，此不可不知者也。研究宗教制度，尤其如此，蓋既屬宗教本不應有流弊也。吾人對於無數牧師之道

德，每不注意，而對於一主教之惡劣，則每為之驚心。然吾人試平心靜氣披覽十二、十三兩世紀之記載，則主教、牧師、修道士中，亦正有惡劣不堪者，而教會中之弊竇，亦正不一而足焉。

教士墮落之原因　聖額我略七世以為教士中而有惡人，實因君主及諸侯強任其嬖倖之臣為教士之故。然吾人須知教會之所以墮落，實源於教會財力與權力之雄厚。權力既巨，除非聖人，難免不濫用；財力既巨，亦除非聖人，難免不為私慾所誘。教會中之官職，與政府中之位置同，便於中飽。吾人試讀十二、十三兩世紀之記載，則知當時所謂教士者，實與今日之政客無以異。

第二節　教士之腐敗

教會腐敗之處　吾人而欲明白異端之所由起，不能略述當時教會之腐敗情形。異端之興起，始於十二世紀，卒釀成十六世紀新教革命之舉。至於托缽僧之興起，亦可謂淵源於教士之腐敗。並可徵當日教會改革之必要。

賣官鬻爵及高級教士生活之腐敗　第一，當時教會中有賣官鬻爵之弊，根深蒂固，牢不可破，故依諾增爵三世有不可救藥之言，此層前已述及之。凡得有力戚友之援引者，則雖無知之少年，亦有被選為主教及住持者。封建諸侯每視主教教區及寺院為其幼子維持生活之機關，至於長子則本有諸侯之封土可傳也。主教與住持之生活，實與世俗之諸侯無異。如教士而好武也，則盡可召募軍隊以凌辱四鄰，與當時好勇鬥狠之諸侯，絕無區別。

第十六章　異端及托缽僧

教會法院之腐敗　除賣官鬻爵及生活腐敗以外，教會中尚有種種不德之處足以使教會之名譽，日形墮落。當十二、十三兩世紀時，為教宗者類多善人而具有政治才力者，一心以提高教會之聲譽為事。然教宗法院之法官，則享有腐敗之盛名。當時人均以為教宗法院視賄賂之多寡為斷定曲直之標準。故富人無不勝之訴，而貧民則每有敗訴之虞。主教法院之壓抑教徒，亦復如此，蓋主教之收入，罰金居其大部分也。故每有一人同時被法院數處所傳者，勢難遍到，則法院必因其不能到庭而處以罰金之罪。

牧師之腐敗　至於牧師之不德，亦正不亞於主教。據宗教大會之議決案觀之，則知牧師每有將其住室改為商鋪以售酒者。而且為教徒行各種應行儀節時——如浸禮、懺悔禮、婚禮、葬禮等——每徵收用費以增加其收入。

修道士之腐敗　十二世紀之修道士，除少數人外亦皆不能補世俗教士之缺點。不但不能以身作則，教訓人民；其道德之墮落與聲名之狼藉，正與主教及牧師無異。唯當十二世紀時已有新設之修道士團體以實行改革為目的。

教會中人之自承　教士之自私及其墮落，當時之記載多道及之——如教宗之信札，聖人如聖伯爾納德（St. Bernadette）輩之勸告，宗教大會之議決案，及詩人之吟詠等。對於教士之不公正、貪婪及不顧職務諸惡行，無不一致痛罵之。聖伯爾納德曾言曰：「在教士之中，爾能告余有誰能不以勒索教徒之金錢而以減除若輩之罪惡為務者乎？」

第三節　異端之興起

俗人之批評教會　教士之腐敗，教會中人既公然自認，則俗人之注意及批評，勢所難免。然教士中之優良者雖有改革之主張，始終無反對基督教義及儀節之心。而在俗人之中，則頗有宣言教會為魔鬼之「猶太人會堂」者。以為無論何人，不應依賴教會之援救；所有儀節較無用尤惡；所謂聖餐禮、聖水、遺物等，無非惡劣教士欺人斂錢之方法，斷不能使吾人上升天國，此種論調之附和者，當然不一其人。蓋當時已有懷疑惡劣教士所執行之儀節不足以援助有罪過之人，而教徒之痛恨教稅過重者，亦正大有人在也。

異端　當時教會中人對於懷疑教會之主張及叛離教會者，均以異端視之，罪在不赦。正宗教士以為反對基督所創之羅馬教會者，即與反對上帝無異，罪莫大焉。而且懷疑教會，不僅一種罪過而已，實一種對於當時社會中最有力之制度之反抗。蓋當時教士雖有不德之人，而西部歐洲一般人民之對於教會，則始終尊敬也。十二、十三兩世紀中之異端，及教會摧殘異端之事蹟，實中古史上一段奇離而且慘酷之記載。

異端分二派　異端凡有二派。其一，不過誓絕於羅馬教會之一部分習慣及其教義，同時仍為基督教徒，竭力模仿耶穌及其門徒之簡樸生活。其二，則主張基督教為假者偽者。若輩以為宇宙間有二大原理：曰善曰惡，二者永久爭雄。又以為《舊約全書》中之耶和華實為惡力，故基督教會所崇奉者，實惡力也。

阿爾比派　第二派之異端，其來甚古，即昔日之聖奧古斯丁當年幼時亦曾為其所惑。至十一世紀時，此派復盛於義大利，附和者頗眾。至十二

第十六章　異端及托缽僧

世紀時，乃盛行於法國之南部。此派人自稱曰清淨派，即純潔之意，而歷史家則多以阿爾比派名之，此名因南部法國阿爾比城得名，此城之異端，為數甚多故也。

瓦勒度派　至於屬第一派者，則以瓦勒度一派為最著。此派之創始者為里昂城之彼得・瓦勒度（Peter Waldo）其人。其同志多棄其財產，從事於門徒貧苦之生活。四出宣傳《福音》及《聖經》，每以各地方言譯之，信者甚眾。至十二世紀末年此派中人已散布於西部歐洲一帶。

教會反對異端之原因　教會對於模仿耶穌及其門徒之簡樸生活者，本不反對。然此類俗人自以為有傳道及代人懺悔之權利，而且以為在臥室中或馬廄中所行之禱告，其效力與在教堂中行者無異。此種主張，顯然與教會為唯一救濟人類機關之信仰，互相牴觸，教會之勢力不大且受其影響？

撲滅異端之開始　至十二世紀末年，世俗君主漸有注意異端者。西元一一六六年，英國王亨利二世下令在英國無論何人不得隱匿異端，凡容留異端之居室，以火焚之。西元一一九四年亞拉岡王下令凡聽瓦勒度派之說法者，或予以食物者，均以叛逆論，籍沒其財產。此種命令實開十三世紀諸國君主虐待異端之端。蓋教會與政府，均以異端為有害於其安寧，當視為窮凶極惡，以火焚之。

當日視異端為叛逆之徒　吾人處信教自由時代，對於十二、十三兩世紀以迄於十八世紀時人何以獨懼異端實難索解。其時一般人以為教會之為物，不但為救濟人類之機關，而且為維持秩序及文明之利器。當時批評教士之腐敗者，本甚普通，然此非異端也。無論何人固可信教宗或主教為惡人，然不定即懷疑教會之存在及教義之真確，異端教徒實中古時代之無政府黨。若輩不但痛罵教會之腐敗，並謂教會較無用尤惡。使人民叛離教

會，不再服從其法律及命令。故教會與政府均以異端為社會及秩序之敵。加以異端之傳播，迅速異常，故當時君主無不盡力以驅逐之。

第四節　撲滅異端之方法

教會內部之改良　摧殘異端之方法，不一而足。第一，教士性質之改良及教會流弊之改革，定可以減除不滿教會之心。西元一二一五年依諾增爵三世曾有召集宗教大會於羅馬城以謀改革教會之舉，然終歸失敗。嗣後教會內容益形腐敗。

武力剷除　其二，則組織十字軍以殲滅之。此種政策，僅可行於異端較多之地。其在法國之南部，阿爾比派及瓦勒度派二派人甚多，在土魯斯地方尤夥。當十三世紀之初，此地異端竟有公然蔑視教會之舉，甚至上流社會中人亦有贊成異端之主張者。西元一二〇八年教宗依諾增爵三世曾有興軍入征法國南部之主張。蒙福自北部法國入征其地，殺盡異端。法國最開明地方之文化因之被阻，而此地之元氣亦復為之大傷。

異端裁判所　第三種最永久之方法，莫過於教宗所建設之法院，專以審判異端為目的。此種法院曰神聖之異端裁判所。此種機關創始於遠征阿爾比派之後。二百年後，此種法院在西班牙方面尤為盛行。其審判之不公及其刑罰之殘忍 —— 如長期監禁，及刑訊以逼罪人之自供等 —— 使異端裁判所之名，遺臭於後世云。唯吾人須知異端裁判所中之法官，類皆公平正直之輩。審判方法較當時世俗法院之方法並不較虐也。

凡犯信奉異端之嫌疑者，雖矢口不認，亦無益焉。蓋以為罪人，必不

第十六章　異端及托缽僧

自承其有罪也。故一人之信仰,端賴其外表之行動以斷定之。因之與異端交談者,失敬教會之禮節者,或被鄰人誣控者,每為異端裁判所中人所逮,此實異端裁判所最可怖之方面。每輕信他人之告發,入人於罪,處以殘酷之刑。

異端所受之刑　凡異端自承其罪並誓絕於異端者,則赦其罪而允其重為基督教徒;其有罪者則處以終身監禁之刑,俾自省其罪過。如不自悔,則「交諸俗人之手」。蓋因教會法律禁止流血,故交諸世俗政府以火焚而殺之,不必再經審判矣。

第五節　聖方濟各

托缽僧之興起　茲再述較和平而且較有力之反對異端方法,此種方法,實始於亞西西之聖方濟各(San Francesco d'Assisi)。彼之主張及其生活之模範,極能維持當時人民忠順於教會之心,其力量之大,遠駕異端裁判所之上。

吾人前曾述及如何瓦勒度派中人思以簡樸之生活及《福音》之傳布以改良世界。嗣因教會中人之反對,故此輩人之傳道事業,未能公然進行。然當時人之有天良者,均以為世界之墮落,實源於教士之懶惰及無行。聖方濟各及聖道明(Saint Dominic)思另創一種新教士曰「托缽僧」者,以應付當日之需求。為僧者應行主教及牧師應行之事,如犧牲一己之神聖生活,保護正宗信仰以反抗異端,提倡人民之精神生活等。托缽僧制度之建設,實中古事實之最有興味者。

第四卷　中古時代之一般狀況

聖方濟各之家世　歷史上最可愛之人物，莫過於聖方濟各。彼約在西元一一八二年生於中部義大利之亞西西地方。其父業商而多資，故聖方濟各年少時頗浪費以行樂。彼嘗讀當時法國之傳奇，極慕勇敢騎士之為人。所交之友雖多粗野之輩，而彼獨溫文而任俠。他日彼雖自願為乞丐，仍不失其詩人與俠士之風格。

聖方濟各之出家　聖方濟各鑒於一己之快樂及窮人之困苦，早生悲憫之心。當彼年約二十時忽染大病，快樂生活因之中輟，並得自省之機會。乃忽惡昔日之快樂，漸與苦人為伍，尤憫有癩病者。方濟各本世家子，對於貧困之人，本所厭惡，然彼強以吻接若輩之手，洗其瘡口，以朋友視之。因之彼竟戰勝一己，嘗謂昔日吾視為苦者，至是每變為甘也。其父頗不喜乞丐之流，故父子間之感情日趨疏遠。最後其父竟以不與遺產恫嚇之。方濟各遂願放棄其承受遺產之權利。去其華服以交其父，披園工之破衣，出家為僧，專心修理亞西西附近之教堂。

聖方濟各之頓悟　西元一二〇九年二月某日，方濟各躬與聖餐之禮，牧師偶向渠而讀《聖經》曰：「爾去講道謂天國已近，……在爾袋中不得有金、銀或銅，旅行之時，毋攜行囊，無二衣，無鞋，亦無杖；因工作者必有食物也。」方濟各聞之，恍然有所悟，意謂此乃顯然耶穌予以指導也。彼遂棄其杖、行囊及鞋，決意實行門徒之生活。

講道　彼乃開始講道，不久富商某盡售其所有以濟窮人而追隨方濟各之後。日後同志日增，自稱為「上帝之飄泊詩人」飄然一身，盡脫家室之累，赤足空手，往來於義大利之中部以講演《福音》。有願諦聽者，有嘲笑者，或有問：「爾輩何自來乎？屬於何種團體乎？」若輩每答之曰：「吾輩乃悔罪者，亞西西城人。」

第十六章　異端及托缽僧

教宗之承認　至西元一二一〇年方濟各有同志十餘人,求教宗承認其傳道之方法。教宗依諾增爵三世猶豫不決。彼不信無論何人可以絕對清貧而可謀生活者;而且此種衣服破爛之乞丐,與安富尊榮之教士既不相同,難免有反對教會之舉動。然假使不承認此種托缽僧,則將有反對耶穌指導其門徒之嫌。最後彼決意口允之,許其繼續其使命,得剃髮如僧,歸羅馬教會管轄。

第六節　方濟各派之托缽僧

傳道事業　七年之後,同志大增,傳道事業因之大盛。德國、匈牙利、法國、西班牙甚至敘利亞,均有若輩之蹤跡。不久英國編年史家亦述及此種赤足僧之入英國,穿破衣,腰圍繩索,不念明日,以為若輩所需者上帝深知之。

聖方濟各無組織團體之意　此種僧侶長途跋涉,每受他人之虐待,故請教宗致函於各地教徒,加以優待。此為托缽僧享有各種特權之權輿。然聖方濟各極不願見其同志之變為巨而有力之團體。彼預知若輩必將不再以清貧自守,必變為野心家,或且擁有巨資。彼嘗謂:「吾,小弟方濟各,極願仿耶穌之生活及貧困,堅持到底;吾請爾並勸爾始終堅持最神聖之貧困生活,斷不可聽他人之勸告及主張而放棄此種生活。」

方濟各清規　方濟各不得已再編訂新規以代舊日所用之《福音》,為指導僧侶之用。嗣經多次之修正以迎合教宗及教宗內閣閣員之意旨,方濟各清規遂於西元一二二八年由教宗和諾理三世(Honorius PP. III)批准實行。照其規定:「凡同志不得有財產,不得有居室,不得有馬,不得有其

第四卷　中古時代之一般狀況

他物件；若輩應以世界上之信徒及生人自居，清貧謙和以侍奉上帝，以求他人之布施。若輩亦不必引以為恥，因救主曾為吾人之故，特為貧苦之人也。」唯為僧者如能工作，及義所當為者，則當實行工作。凡工作者，可得報酬，唯不得收受錢幣耳。如不能赤足而行者，亦可穿鞋。可用麻布或其他破布以補其衣服。須絕對服從其尊長，不得娶妻，亦不得離其團體。

聖方濟各死後之同志　西元一二二六年聖方濟各去世，此派僧侶已不下數千人，頗多清貧自守者。然其新領袖及一部分之同志，頗以為人民既願以財產相贈，亦正不妨利用其財力以行善事。以為團體不妨有美麗之教堂及宏大之寺院，而個人仍可不名一錢，清貧自守。故不久若輩即建築一宏麗之教堂於亞西西為安葬聖方濟各遺體之地，並設錢櫃一座以受他人之布施。

第七節　道明派之托缽僧

聖道明之家世　聖道明為另一派托缽僧之創始者，約生於西元一一七〇年。彼本教士，曾在西班牙某大學中習神學十年。於西元一二〇八年當遠征阿爾比派異端之際，彼偕其主教入法國之南部，目睹異端之盛行，頗為驚駭。當彼在土魯斯時，其居停主人適為信阿爾比派之異端，聖道明盡一夕之力以感化之。自此彼遂一意於異端之撲滅。就吾人所知者，彼實具有決心與自信心者，維持基督教極具熱忱，而同時又和氣盎然令人生愛慕之念。

道明派之創設　至西元一二一四年，西部歐洲一帶之同志，多聞風興起以與道明合，求教宗依諾增爵三世承認其團體。教宗猶豫未決，相傳彼

忽夢見羅馬教堂搖動將傾，幸道明以肩承之，得以不倒。教宗遂念及道明輩將來或能援助教宗，乃批准其團體。道明急遣其同志十六人四出傳道。至西元一二二一年此派僧侶組織完成，西部歐洲一帶已有寺院六十處。「赤足遊行於歐洲各處，無間寒暑，不受金錢，只求粗食，忍受飢寒，不念明日，始終專心於救濟人民之靈魂，使若輩脫去日常生活之累，救其疾病，以一線天光照若輩黑暗靈魂之上」——此當時人民所以愛敬方濟各及道明兩派之托缽僧也。

第八節　托缽僧之事業

托缽僧與修道士之異點　凡托缽僧與本篤派之修道士不同，不但受寺院住持之管束，而且受全團「將軍」之監督。凡為僧者與兵士同，隨時可以調遣。若輩亦以基督之兵士自命。若輩與修道士不同，每不從事於精神之修養，專與各級人民互相往還。必須勇敢受苦為救己救人之事。

道明派與方濟各派之異點　世稱道明派之僧為「布道僧」故多研究神學為答辯異端之備。教宗每令若輩執事於異端裁判所中。若輩並早伸其勢力於大學之內，十三世紀時之二大神學家大阿爾伯特（Albertus Magnus）及阿奎那（Aquinas），即係此派中人。至於方濟各派中人每懷疑學問，且每較道明派中人為能以清貧自守。然就大體而論，兩派僧侶，類皆收受他人所布施之財產，並以學者貢獻於當時之大學。

托缽僧之重要及其勢力之宏大　教宗不久即知此種新團體之重要。故陸續予若輩以特權，使之不受主教之約束，最後並宣言若輩僅受本派規則之限制。特權中之尤為重要者，則凡為牧師者教宗並予以隨地可行聖餐禮

之權,並得執行普通牧師之職務。僧侶多散居各地以代各區之牧師。當時俗人每以僧侶較教士為純潔而神聖,以為若輩所行之儀節,亦必較教士所行者為有力。故當時幾乎無城無灰衣僧(方濟各派)或黑衣僧(道明派)之寺院,凡君主至少幾皆有僧侶一人為其行懺悔禮之人。

世俗教士之反對 僧侶之勢力既巨,世俗教士頗猜忌之。若輩屢請教宗廢止其團體,或至少阻止若輩不得奪牧師之權利。然教宗多置之不顧,曾向內閣閣員、主教及下級教士之代表,宣言若輩之所以痛恨僧侶,實因若輩生活之浮誇及欲心之濃厚;至於僧侶,則每能利用其財產以供奉上帝,不浪費於快樂之中云。

托缽僧之墮落 托缽僧中頗有能人及學者——學者如阿奎那,改革家如薩佛納羅拉(Savonarola),美術家如安傑利科(Angelico)及巴托羅繆(Bartholomew),科學家如羅傑・培根(Roger Bacon)。當十三世紀時,救世最力者,莫過於托缽僧。然若輩飄然一身,不受教會之監督,又復擁有財產,道德墮落之事,遂所難免。當波納文圖拉(Bonaventura)於西元一二五七年為方濟各派領袖時,曾謂當時人因僧侶之貪婪、懶惰及不德,頗為不喜,而且行乞頻繁,其可厭較盜賊尤甚云。唯當時人對於僧侶始終視教士為優;而城鄉各地宗教生活之維持與提倡,亦復僧侶之功居多也。

第十七章
鄉民及市民

第一節　中古時代鄉農之狀況

中古人民生活不甚可考　自經濟學發達以來，研究歷史者漸多注意中古時代農民商人及工人之狀況與習慣。不幸自蠻族南下以後五、六百年間之人民生活狀況，已不甚可考。中古時代之編年史家每不記載普通之狀況，如農民生活及耕種方法等。若輩所注意者，偉人與大事而已。唯關於中古時代之封邑及城市，吾人所有資料，頗能窺見當日狀況之一斑，而為研究通史者之重要事實。

中古初半期之人民生活不甚重要　當十二世紀以前，西部歐洲一帶幾無所謂城市之生活。羅馬時代之城市，在日耳曼民族未入侵以前，人口日形減少。蠻族入侵以後，城市益為之衰落，大部分且因之消滅。其留存者及新興者，則據當日之記載，在中古初年，實不甚重要。故吾人可以斷定自狄奧多里克時代至腓特烈・巴巴羅薩時代，英國、德國及法國北部中部之人民，類多散處四鄉居在封建諸侯、住持及主教領土之內。

封土　中古時代之封土曰村邑或曰農莊，與羅馬時代之領地正同。封土之一部分，由地主保留而自用之；其餘則畫成長方形分諸農夫，為農夫者類皆佃奴，所耕之地，雖非己產，然佃奴而為地主作工並納租稅者，則每得永種其地，無再被奪之虞。佃奴終身附屬於所耕之地，隨其地以易主

人。為佃奴者有代種地主之地及代其收穫之義務。不得地主之允許者，不能婚娶。其妻子於必要時有扶助地主之義。如紡織、縫紉、烘麵包及釀酒諸事，類皆由佃奴之女為之，故村中之日用必需品，每無事外求也。

佃奴之義務 吾人試讀舊日之記載，即可知當日佃奴之地位如何。例如彼得伯勒之住持，有封土一區，由佃奴十八人分種之。各人每年每週須代地主作工三日，唯耶穌聖誕、復活節聖靈降臨節，得各休息一週，各佃奴每年納小麥半斛、雀麥十八束、母雞三翼、公雞一翼於地主，遇耶穌復活節，須各納雞子五枚。凡佃奴售馬得十先令以上者，須予地主四便士。此外尚有佃奴五人，其所耕之地僅得前十八人所得之半，故應納諸物，亦只半數而已。

封土中之自由民 有時在封土中之自由民每居少數。封土與牧師教區之界限，每相符合。故必有牧師一人有領土數畝，其地位當然在其地人民之上。此外有設磨坊者，年納租稅於地主，以代人磨麥為務，故其景況亦較其鄰舍為佳，鐵匠亦然。

封土之獨立 當時封土最顯著特點之一，即離世界而獨立是也。封土之中，應有盡有，可與外界不相往來而不虞生活之無資。農民每以工作及農產代其租稅，故無使用錢幣之必要。農民間有無相通，故無交易。

鄉農生活之困苦 鄉間佃奴大都無改良一己狀況及生活之機會，故世世生生，依然故我。農民生活，不但興味索然，而且異常困苦，食品粗劣，種類簡單，蓋當時農民每不願從事於園蔬之種植也。居室類僅有房一間，只有小窗一，無煙突，故光線不足，空氣惡濁。

封土中之法院 封土內之居民因互相扶助之故，故具有相愛互助之精神。蓋若輩不但與外界隔絕，而且當工作於田畝之時，互通聲氣，所赴之禮拜堂同在一處，所服從者同是一人。封土之中有所謂「法院」，為佃奴

第十七章　鄉民及市民

者必均赴焉。凡排難解紛、罰金、重畫經界等事，均在法院中舉行之。

佃奴工作之拙劣　為佃奴者類皆不善於種地及工作之人，耕種土地，純用舊法，收穫不豐，故佃奴制度之存在，純賴地廣而人稀。然當十二、十三兩世紀時，西部歐洲一帶人口頗有增加，食糧因之不足，佃奴制度，自然衰歇。

錢幣交易代昔日以貨易貨之習　至十二、十三兩世紀時，工商各業，漸漸中興，錢幣之為用亦廣，均足以破壞封土之制度。昔日以貨易貨之習慣至是漸不通行。他日地主與佃奴均漸不滿於舊日之習慣，為佃奴者每售其農產於鄰近之市場以得錢幣。不久遂以金錢納諸地主以代工作，俾得專心從事於一己之事業。至於地主，則亦樂受其佃戶之金錢以代徭役。蓋既有錢幣，可用之以僱工人而購奢侈之品也。為地主者漸放棄其監督佃奴之權，佃奴乃漸與自由民無甚區別。有時佃奴並可遁走城中以復其自由之身。如過一年一日後，不再被地主追回者，即為自由民。

佃奴制度之廢止　西部歐洲佃奴制度之消滅，實始於十二世紀。當西元一七八九年法國革命時，法國雖尚有少數之佃奴，然釋放之舉，實始於十三世紀之末造。英國較遲，德國尤慢。路德改革宗教時代，德國佃奴尚有叛亂之舉，直至十九世紀初葉，普魯士方有釋放佃奴之舉也。

第二節　中古時代城市中之狀況

城市生活之重要　西部歐洲一帶城市生活之復現，為吾人研究歷史者最有興趣之問題。古代希臘、羅馬之文明，均以城市為中心，今世生活、

第四卷　中古時代之一般狀況

文化及商業亦以城市為焦點。假使城市不興，則鄉間生活，亦必大受其影響，吾人之狀況，必且一返昔日查理曼時代之舊。

中古城市之起源　據西元後一〇〇〇年時之記載，則知中古城市大部分起源於諸侯之封土中或寺院與城堡之鄰近一帶地。法文稱城曰維爾即從封建時代封土之名而來。至於城之所以有牆，殆所以資保護鄰近鄉民之避難於城中者。觀於中古城市之建設方法，尤可信此言之不謬。城中人民較羅馬城中為擁擠，居室亦然；除市場外，極少空曠之地，無戲院，無浴場，街道狹窄，兩旁房屋之上層多突出街中，幾乎相觸。城牆高而且厚，故不若近世城市發展之易而且速。

市民本係佃奴　當十一、十二世紀時，除義大利諸城之外，其他城市，規模狹小，而且與外界之交通甚少。城中所產，足以自給，所需者農產而已。假使城市之權，操諸其地封建諸侯或寺院之手，則城市發展之希望絕微。市民雖居於城中從事工業，然其地位與狀況，與佃奴無甚區別。若輩仍須納稅於地主，抑若尚為封土中之佃奴者然。欲謀城市生活之自由發達，非市民自由，另建自治政府不可。

商業發達之影響　商業發達之後，市民之希望自由，遂具熱忱。蓋自東南諸地新美商品輸入西北部歐洲以後，城市中之製造業，漸受激動，以備交換遠地物產之用。然一旦市民從事於工業及與外界通商，即曉然於一己地位有類佃奴，租稅既繁，限制又密，欲謀進步，幾不可能。故當十二世紀時，市民之叛其地主者不一而足，類皆要地主給予憲章以規定地主與市民之權利。

城市自治團體　其在法國，城中市民多組織城市自治團體以獲得獨立為目的。當時地主視此種團體為一群佃奴合力以反抗主人之舉動。為地主

第十七章　鄉民及市民

者每以武力平定之。然亦有深知市民如脫去苛稅而自治者，則城市狀況，必有日臻隆盛之象。至於英國城市之特權則多用金錢向地主購得之。

城市之憲章　城市之憲章，無異地主與自治團體或商人同業公所之契約。一面為城市發生之證明，一面為市民權利之保障。憲章中由地主或君主允許承認同業公所之存在，限制地主傳市民赴其法院及罰金之權利，並列舉地主可以徵收各稅之種類。舊日之租稅及徭役，則廢止之，或以金錢代之。

市民之權利　英國王亨利二世曾允沃靈福德城之居民以權利如下：「無論何處，若輩以商人資格往來於吾之領土中如英格蘭、諾曼第、亞奎丹及安茹，由水道、由海濱、由森林、由陸道，若輩均無須納通過稅及關稅等；如有留難者，則處以罰金十磅之刑。」彼又允南安普敦城以權利如下：「在本城之吾民，均得組織同業公所及享各種自由及習慣，無論在水或在陸，其善、和、公、自由、平靜、可敬，均與吾祖父亨利時代若輩所享有者同；無論何人不得傷害之或侮辱之。」

城市之習慣　據憲章中所表示者，則知當日之習慣，甚自簡陋。西元一一六八年法國聖奧梅爾城憲章中有條文如下：凡犯殺人之罪者不得藏匿於城中。如畏罪遠颺者測毀其居室籍沒其財產；罪人而欲返居城中者，須與死者家屬講和，並須納金十磅，以其半予地主之代表，其一半則繳諸城中自治政府為建築城市炮臺之用。凡在城中毆人者則罰銅幣──百枚；凡拔他人之髮者罰銅幣四十枚。

城市之建築　自由城市中每有鐘樓，晝夜均有瞭望者一人，遇有危險之事，則鳴鐘以示警。城中並有會議廳一，為開會之地，又有監獄一。至十四世紀時，各城多建市政廳，其宏麗幾可與大禮拜堂相埒，至今尚有存者。

第四卷　中古時代之一般狀況

同業公所　中古時代城市中人每以工而兼商；往往在商鋪製造商品，即陳列於鋪中而售之。城中除原來自治團體外，並有各種同業公所。同業公所之規章，當推西元一○六一年巴黎城中燭匠所定者為最古。行業之種類及多寡，各城不同，然其目的則一 —— 即禁止未入某種同業公所之人，不得從事於某種職業是也。

公所制度　凡少年欲習一業者，必須經數年之學習。住於店主家中，唯無薪資。既出師，乃得為工匠，得領薪資。凡較簡之職業，習三年即可竣事，至於金匠則動需十年之久。店主收受學徒之數每有極嚴之限制，以防工匠人數之太多。各業學習之方法均有一定之規則，每天工作之時間亦然。同業公所之制度每足以阻止工商業之進步，然到處均能維持其一致之功能。假使當日無此種機關，則為工人者將永無獲得自由及獨立之日矣。

第三節　中古時代之商業

中古初半期商業之衰微　中古城市之發達及其隆盛，實源於西部歐洲一帶商業之興起。當昔日蠻族南下時，道路不修，秩序大亂，商業遂隨之衰落。中古時代，絕無念及修復羅馬時代之道路者。昔日羅馬帝國時代之道路，東自波斯，西至英國，無不四通八達，至是國土分裂，交通遂塞。北部歐洲一帶之人民，無復有奢侈品之需求，商業遂衰。其時錢幣甚少，人民亦無奢侈之習慣，蓋當時貴族，類皆蟄居於粗陋城堡之中者也。

義大利諸城與東方之通商　然在義大利方面，商業並不中絕。威尼斯、熱那亞、阿馬斐及其他諸城，當十字軍興以前，已發展其商業於地中海一帶之地。其商民當十字軍東征時，曾供給軍需於十字軍之兵士以攻破耶路

第十七章　鄉民及市民

撒冷城。義大利商民每因具有宗教熱忱之故，運載基督教徒東征聖地，再載東方之出產品以歸。諸城商民多設商場於東方，與東方之駝商直接貿易。法國南部諸城及巴塞羅納亦與北部非洲之回教徒往來貿易。

商業發達激起工業　南部歐洲之商業，既有進步，北部歐洲一帶，亦漸如昏迷之初醒。因有新商業，遂產出工業上之革命。假使封土之制度猶存，人民之需求甚少，則外界往來，通商交易之事，斷難發生。一旦遠地商民以奢侈之品，陳諸市場，投時人之所好，則人民必多產物品，逾其所需，以其所餘，易其不足，此理甚明。商民在工匠漸盡其力以產生自己所需者及他人所無者，除自給外，並以有易無。

東方奢侈品之輸入　據十二世紀時傳奇之所載，可知當日西部歐洲人民極喜東方之奢侈品——紡織品也、地氈也、寶石也、香品也、藥物也、中國之絲及茶也、印度之香料也、埃及之棉花也等。威尼斯自東方傳入絲織之業，及製造玻璃之業。西部歐洲人漸知製造絲絨之方法及棉麻之紡織品。東方之顏料，輸入西部歐洲，巴黎城不久亦有仿造掛壁毛氈之舉。法蘭德斯諸城多以毛織品，義大利諸城則多以酒類，輸入東方為交易之用。然西方錢幣之流入東方者，源源不絕，蓋其時西部歐洲一帶所產之物品，尚不足以抵其輸入之數也。

商業中心　北部歐洲之商民，大都與威尼斯交易最繁，攜其商品越布里納嶺沿萊茵河而下，或由海運至法蘭德斯而分配之。至十三世紀時，漸有商業之中心，至今猶有存者。漢堡、呂北克與布萊梅諸城多從事於波羅的海及英國之商業。德國南部之奧古斯堡及紐倫堡因位置介於北部歐洲及義大利之間，故為重鎮。布魯日及根特兩城之工業亦盛。至於英國之商業，在當時尚不如地中海一帶之盛也。

第四節　中古時代商業之障礙一

剪截錢幣之陋習　中古時代商業上之障礙甚多，茲再略述其大概。第一中古時代，錢幣甚少，而錢幣實為交易之媒。西部歐洲之金銀礦甚少，故君主與諸侯每不能多鑄錢幣以資民用。而且當時之錢幣，粗陋不整，故商民每剪所用之錢幣以為利，此種「剪截」行為，為法律所禁，而人民仍違法以行之達數百年之久。當時絕無商業上之自由，無批發之商人。凡積貨以求善價者曰壟斷之人。當時人均信凡物必有「公平」之價格，所謂公平之價格，即其數足以抵其原料之成本及所需之薪資是也。凡售貨超過公平之價格者，視為暴亂之行，不問需求之急切與否也。凡製造家均須自設商舖以便零售其貨物。凡居於城市附近者，得售其貨物於城中之市場，唯以直接售諸消費者為限。凡貨物不得銷售於一人，蓋恐為一人所有，將有居奇之虞也。

貸款取利之禁止　除反對壟買外，時人並有反對利息之成見。以為錢泉之為物，死而無生，無論何人不能因貸錢而得利。且因利息乃係富人乘他人窘迫時勒索而得者，實係惡劣之物。貸錢取利者，為當時教會法所嚴禁。宗教大會曾議決凡貸錢取利不自悔過者，不得以教會之葬禮葬之，其遺囑亦屬無效。故中古貸錢取利者，唯猶太人優為之，蓋若輩本非基督教徒也。

猶太人專營貸款之業　猶太人最有功於歐洲經濟之發達。然歐洲基督教徒以若輩為殺死耶穌之人，故虐待若輩極烈。然西部歐洲人虐殺猶太人之舉，至十三世紀以後，方漸普通，蓋至是凡猶太人均須戴一種特異之便冠或徽章以別於常人，凌辱之事，遂因之數見不鮮也。他日諸城中有指定一區專備猶太人居住者，謂之猶太區。猶太人既不得加入各種同業公所中，故遂專行貸錢取利之業。蓋凡基督教徒均不得從事於此種職業也。時

人之所以痛恨猶太人，貸錢一業，亦為其一大原因。當時君主每許猶太人貸錢以取高利；腓力二世‧奧古斯都曾允若輩得取利息百分之四十六，不過國庫空虛時，君主有向猶太人索款之權耳。其在英國，則利息之率為每週每磅一便士。

銀行及匯票　當十三世紀時，義大利人始創銀行之業，匯票之應用大增。銀行貸款，多不取利，唯屆期不還者，則向假款者索損害賠償。資本家亦每願投資以從事於興業，只求盈餘不求利息。因此昔日反對利息之成見，漸形減少。而商業公司亦漸成立於義大利一帶云。

第五節　中古時代商業之障礙二

稅制之繁雜　此外尚有足以為中古時代商業之障礙者，當推商民沿途所納之無數通過稅。不但行道有稅，過橋有稅，過渡有稅。即沿河一帶，亦復城堡林立，商船經過，非稅不行。所徵之數，雖不甚巨，然沿途留難，商民所受之損失及騷擾，定必不堪。例如介於海濱及巴黎間，有某寺焉，凡漁民運鮮魚入市中者必泊其船於寺旁，任寺中之修道士選擇價值三便士之魚以去，其餘鮮魚任其凌亂不顧也。又如運酒之船溯塞納河以入巴黎者，普瓦西地方諸侯之代表得以錐穿三桶之酒以嘗之，擇其味美者以去。貨物既抵市場之上，又須納各種租稅，如假用地主之秤及尺，均須納費也。此外當時流通之錢幣，種類複雜，交易上之不便可想而知。

海上之危險　至於海上商民，亦有其特異之困難，不僅限於狂風巨浪，暗礁沙洲而已。北海一帶，海盜出沒其間。若輩有時頗有組織，每由高階貴族統率之，不以盜劫之事為恥。此外又有所謂擱淺律，凡貨船被難

第四卷　中古時代之一般狀況

或擱淺者，即變為該地主人之物。燈塔及礁標甚少，故航海甚險。加以沿海海盜每假設航標，誤引商船，以便實行其劫掠之舉。

漢薩同盟　其時從事商業之城市，多組織同盟以自衛。同盟中之最著者，允推德國諸城所組織之漢薩同盟。呂北克城始終為同盟之領袖。然七十處同盟城市中如科隆、不倫瑞克、但澤等城，均甚重要。同盟出資購地於倫敦威斯比、卑爾根及俄羅斯內地之諾夫哥羅德等處。波羅的海及北海一帶之商業，均為該同盟所獨占。

同盟之勢力　同盟諸城曾與海盜戰，海盜之勢為之稍殺。海上商船，每結隊而行，另以戰船一艘護之。該同盟曾因丹麥國王有干涉之舉，與之宣戰。又曾與英國宣戰而屈服。美洲未發見以前二百年間，西部歐洲之商業，大都握諸該同盟之手；然在東西印度航路未開以前，該同盟已現衰零之象矣。

當日之商業為城市間之商業非個人或國家間之商業　吾人須知十三、十四及十五世紀之商業，乃諸城間之商業，而非諸國間之商業。為商民者亦非獨立而自由者，乃係同業公所中之會員；故每受城市或城市所訂條約之保護。凡某城商民負債不還者，債主得逮與負債者同城之人。其時各城之人，雖同在一國之中，亦視同異族。日久之後，城市方漸與國家混合。

商民之得勢　商民既擁有巨資，在社會中之地位漸形重要。所受教育，不亞教士，尊榮安富，不讓貴族。若輩漸注意於讀書。十四世紀初年，出版之書籍，頗有專備商民誦習之用者。各國君主亦召集城市之代表，商議國政及要求其輸款以裕國庫。中流市民階級之發生，遂為十三世紀中最大變化之一。

第十八章
中古時代之文化

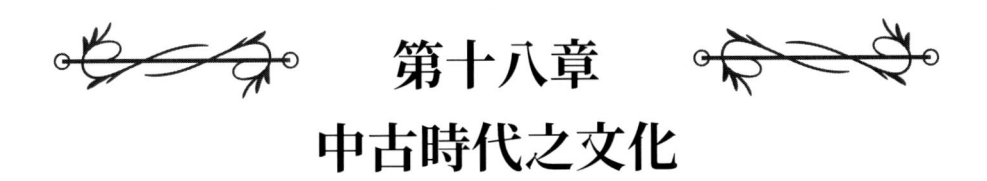

第一節　近世各國語言文字之起源

研究文化之必要　中古時代之興味，並不僅限於君主及皇帝之政才及其成敗，教宗及主教之政策，及封建制度之興衰等而已。凡此種種，雖甚重要，然假使吾人不研究當日之知識生活及美術，當時人所著之書，所設之大學，及所造之禮拜堂，則吾人對於中古時代之觀念，必不完備。

拉丁文之通行　中古時代之語言文字，與今日不同，普通多用拉丁文。當十三世紀時代及以後時代，凡研究學問之書籍，皆用拉丁文；大學教員之講授，朋友信札之往來及國家之公文書，莫不用拉丁文。當時各種民族，多行各地之方言，唯拉丁文可以通行無阻，故學者多習之。教宗之能與西部歐洲教士時相往來，學生托缽僧及商民之往來無阻，殆皆源於拉丁文之應用。歐洲近世各國語言文字之興起，實中古時代之一大革命也。

歐洲現代語言文字之由來　吾人欲知當日拉丁文與各地方言何以通行於西部歐洲一帶，不能不先知歐洲近世語言之由來。近世語言可分為二系：即日耳曼系與羅馬系是也。

日耳曼系與羅馬系　中古日耳曼民族之居於羅馬帝國國境之外者，或並不深入羅馬帝國國境之內者，每沿用其祖先之方言而不改。近世之德國文、英國文、荷蘭文、瑞典文、挪威文、丹麥文及冰島文，皆自日耳曼民

族方言而來者也。

　　第二系之語言文字，發達於羅馬帝國國境中，凡近世之法國文、義大利文、西班牙文及葡萄牙文皆屬之。近世研究文字學者，已證明此派之語言文字均源於拉丁語。拉丁語本與複雜富麗之拉丁文不同。拉丁語之文法較拉丁文為簡單，而且各地不同─如高盧人之音，與義大利人異。而且語言中所用之字，與書籍中所用之字，每不一致。例如拉丁語中之「馬」為 Caballus，而拉丁文中之「馬」則為 equus。西班牙、義大利及法國文字中之「馬」字 Caballo，Cavallo，Cheval 均從 Caballus 一字而來。

　　拉丁文與拉丁語之分離　日久之後，語言與文字，愈趨愈遠。拉丁文變化複雜，文法謹嚴，故研究不易。羅馬各省之人民及入侵之蠻族，多不注意於文法。然自蠻族入侵以後數百年，方有將語言變為文字者。假使當時不學之人而能了解拉丁文，則當時語言本無變為文字之必要。然當查理曼時代，語言與文字已甚為不同，故查理曼下令嗣後凡講道者均須用各地之方言，可見當時已無人能識拉丁文者。《史特拉斯堡誓言》(*Sacramenta Argentariae*) 殆為近世法國文最古之例。

第二節　德文、英文之起源

　　最古之日耳曼文字　至於日耳曼語，則羅馬帝國未瓦解以前，至少已有成文者一種，當哥德種人尚居於多瑙河以北，阿德里安堡戰役以前，曾有羅馬東部之主教名烏爾菲拉 (Ulfilas) 者（西元三八一年卒）傳基督教於蠻族之中。為實行其事業起見，彼曾以希臘字母代表哥德音，將《聖經》大部分翻成哥德文。除此以外，則查理曼時代以前，再無日耳曼種之文

字。不過日耳曼民族中本有不成文之文學，口授相傳者凡數百年。查理曼曾下令蒐集詠日耳曼蠻族南下時英雄事業之古詩多篇。相傳「虔誠者」路易因此種詩篇，多帶異教之色彩，故下令毀之。至於著名之日耳曼敘事詩曰《尼伯龍根之歌》(*Nibelungenlied*) 者，至十二世紀末年，方由語言變為文字。

古代英文　英國文字之最古者曰盎格魯——撒克遜與今日之英國文字大異。吾人所知者，則查理曼以前一百年，英國已有詩人卡德夢其人，與比德同時。盎格魯——撒克遜文所著之最古文稿，至今尚存者，為一篇敘事詩曰《貝奧武夫》(*Beowulf*)，約著於八世紀之末年。英國王阿佛烈之注意英國文，吾人曾述及之。盎格魯——撒克遜文字通行至諾曼第人入侵以後；《盎格魯——撒克遜編年史》純用盎格魯——撒克遜古文，即編至西元一一五四年為止者也。自此以後，漸有變遷，漸與今日之英國文相近。雖亨利三世時代之公文書，尚不易明瞭，然至其子在位時之詩章，吾人披覽之餘，即可成誦也。

英國文學，他日頗能激起歐洲大陸人民之讚美，而在歐洲大陸諸國文學上並生甚大之影響。然在中古時代，西部歐洲方言中以法國文為最重要。法國當十二、十三兩世紀時代，國語文學，層出不窮，影響於義大利文、西班牙文、德國文及英國文所著之書籍上者甚大也。

第三節　法國之傳奇

法國語言分二種　法國語言自脫離拉丁語後，凡有二種：在法國北部者曰法國語，在南部者曰普羅旺斯語。其界線西自大西洋岸之拉羅歇爾，

東向渡隆河以至阿爾卑斯山。

中古法國之傳奇　西元一一〇〇年以前法國文著作之留存者，至今甚少。西法蘭克種人當然早有吟詠其英雄，如克洛維、達戈貝爾特及查理‧馬特之事業者。然此輩日後均為查理曼所掩沒。中古時代之詩人及傳奇家多以查理曼為其吟詠之材料。當時人以為彼實享壽一百二十五歲，著有奇功。例如當時人以為彼曾有率十字軍東征之舉。凡此種種，皆係稗史而非事實，著成樂府為法蘭克民族文字之最古者。此種詩文及冒險小說，合以養成法國民族之愛國精神，視法國為天之驕子。

《羅蘭之歌》　故法國人類視此種樂府之最佳者為民族史。所謂最佳者即《羅蘭之歌》(*La Chanson de Roland*)，約編於第一次十字軍之前。歌中所述者係查理曼自西班牙退歸時，其軍官羅蘭在庇里牛斯山谷中陣亡之事。

亞瑟及「圓桌騎士」諸傳奇　至十二世紀後半期，英國王亞瑟及其「圓桌騎士」諸傳奇出世。西部歐洲一帶，傳誦一時，至今未已。亞瑟為何許人，歷史上已不可考，相傳為撒克遜種人入侵後之英國王。當時樂府中亦有以亞歷山大、凱撒，及其他古代名人為其中心人物者。著作家每不顧歷史上之事實，且每以中古騎士之性質視特類及羅馬之英雄，可見中古時代之人，實不知今古相異之理。此種傳奇，大抵皆形容冒險精神及騎士之忠勇與若輩之殘忍及輕生。

短篇小說及寓言　除長篇敘事詩及以韻文與散文所著之傳奇外，尚有以韻文所著之短篇小說，類皆敘述日常生活之近於詼諧者。又有寓言一類之文學，以《列那狐的故事》(*Roman de Renart*) 之故事為最著，係諷刺當日習慣之著作，對於牧師及修道士之惡習，攻擊尤力。

第十八章　中古時代之文化

第四節　法國南部詩人與騎士制度

法國南部詩人　至於南部法國之文學，則有南部法國飄泊詩人所著之詩歌，頗能表示封建諸侯宮中嫻雅之習俗。當日君主對於詩人，不但加以保護，而且加以提倡；甚至希望一己亦得置身於詩人之列。凡唱此種詩歌者，類和以樂器，而琵琶之用尤廣。凡僅能口唱而不能自著者曰「伶人」。詩人伶人往來於各宮廷之間，其足跡不僅限於法國而已，並將法國之詩歌及習慣，向北攜入德國，向南攜入義大利。西元一一〇〇年以前，吾人已有南部法國文所著之詩歌。然自西元一一〇〇年以後，詩歌之著作，不可勝數，詩人中亦多負盛名於諸國間。征伐阿爾比派異端之十字軍興以後，南部法國詩人之群聚於土魯斯伯旁者，多被凌虐。然南部法國詩文之衰落，則並不始於此時也。

騎士制度　歷史家對於法國北部之敘事詩及法國南部之詩歌，頗饒興趣，蓋因此種著作頗足以表示封建時代之生活及志趣故也。此種生活及志趣為何，即騎士制度是已。騎士制度之性質，吾人僅能就此種詩歌中研究得之。中古時代傳奇中之人物，騎士實為其中堅；而當時法國南部之詩人，又多屬騎士階級中者，故多以騎士之行為為其吟詠之資料。

騎士制度之起源　騎士制度並非一種正式之制度，亦無一定時期之可言。其起源與封建制度同，自然發見於西部歐洲一帶，以應付當日之需求與慾望。塔西佗曾謂其時之日耳曼種人視青年武士初受武器之舉為一生大事。「此為少年成人之標幟；此為彼之第一榮名。」騎士制度之觀念，或源於此種感情之留存，亦未可知。凡貴人子弟既熟練馳馬、使刀、放鷹諸術，乃由年長騎士為彼行升為騎士之禮，並有教士參與其間。

第四卷　中古時代之一般狀況

騎士制度之性質　所謂騎士，乃一種信基督教之兵士，自成一種階級而具有行動上之高尚目的者。然騎士團中，既無官吏，又無憲法。此種團體乃一種理想上之社會。為君主及公者類皆以得為騎士為榮。人有生而為公與伯者，而不必生而為騎士，欲為騎士非身經上述之禮不可。人可生而為貴族，而不必屬於騎士團，而出身微賤者，則因著有功績之故，每可升為騎士。

騎士之品性　凡為騎士者必係基督教徒，而且必須服從教會，並保護之。凡遇孤弱無助者，必哀矜而憐恤之。對於不信基督教者，必始終與之戰，雖敗不降。所有封建義務，必須實行，忠於其主，無謊言，重然諾。凡遇貧苦之人，必救濟之不稍吝。對於主婦，必始終敬愛，盡力保護其身體及榮譽。凡遇不平或壓制之事，須代為排解。總之，騎士制度為純粹基督教中游俠之團體也。

理想上之騎士　在英國王亞瑟（Arthur）及其「圓桌騎士」諸傳奇中，曾有一段文字將理想上之騎士，描摹盡致。當蘭斯洛特（Lancelot）死後，其友曾讚之曰：「爾乃持盾騎士中之最嫻雅者，爾乃乘馬人中之最忠於情人者，爾乃世人中之真能愛女人者，爾乃持刀人中之最和藹者，爾乃騎士中之最良善者，爾乃與貴婦同宴人中之最優柔而溫文者，爾乃戰場上騎士中之最嚴酷者。」

德國之愛情詩人　德國人對於當日之文學亦有貢獻。十三世紀時之德國詩人世稱之為愛情詩人。若輩與法國南部詩人同類，皆吟詠男女相悅之跡。就中最著名者為華爾特（約卒於西元一二二八年），其詩歌淫靡可誦，而愛國之忱溢於言表。瓦爾特・馮・德・福格爾魏德（Walther von der Vogelweide）（約卒於西元一二二五年）著有長歌曰《巴勒斯坦之歌》（*Palästinalied*），係敘述一騎士因欲訪求「聖杯」——儲基督之血者——

第十八章　中古時代之文化

曾經多年之跋涉並受種種之苦痛。蓋唯有思想，語言與事業，均甚純潔之人，方可望目睹此杯也。《巴勒斯坦之歌》因對於某苦人，未曾以同情之言慰藉之，遂受長期之苦痛。最後彼方悟唯有悲天憫人篤信上帝者，方有覓得聖杯之望。

騎士觀念之變遷　《羅蘭之歌》及法國北部之詩歌，類皆描寫反對異端及忠順於封建諸侯之騎士。至於亞瑟傳奇及南部法國之詩人，則以描摹溫文勇敢之騎士忠於情人為主。十三世紀以後之傳奇，大都與後者之主旨相近。蓋是時十字軍已告終止，已無人再作宗教戰爭之想矣。

第五節　中古時代之科學

中古時人歷史知識之幼稚　假使所有書籍，均賴手錄以傳，則其數必不能甚多。上述之文學，類由專家朗誦之。當時人均以耳聽而不用口讀。歌人往來於諸地，或談故事，或唱詩歌，聞者必眾。時人之諳拉丁文者，每昧於歷史。當時又無希臘、羅馬名人著作之譯本。若輩之歷史知識，類由當日傳奇中得來，而傳奇中之英雄事業，又類皆先後倒置者。至於當時之歷史，亦往往將法國古代史與其餘歐洲諸國史混而為一，不可究詰。著作之士每以法蘭克王克洛維及丕平輩之事蹟，誤為查理曼之功業。用法國文所編之歷史，當首推維爾阿杜安的傑弗里（Geoffroi de Villehardouin）所著之十字軍人攻陷君士坦丁堡之記載，彼蓋目擊此事之人也。

中古時代之科學　當時絕無吾人所謂科學上之著作。當時雖有一種以韻文編輯類似百科全書之著作，然荒謬之處，不一而足。當時人均信世間果有異獸，如犀牛、龍、鳳之類，並信真正動物之奇習。試觀下舉之例，

即可見十三世紀時所謂動物學者為何。

火蛇 「有小動物，似蜥蜴，墮入火中，可以滅火。其體甚寒，故著火不燒，此物所在，亦無大害。」此物無異篤信上帝之聖人，「不致為火所傷，即地獄亦不燒其人……此物別有名，其名曰火蛇，往往棲於蘋果樹上，毒其果，如墮入井中，則其水有毒。」

鷹 「鷹之溫度極高，其卵中混有極冷之石，故孵化時，其卵不至為熱氣所傷。吾人之出言亦然。當吾人出言太形激烈之時，應加考慮以調和之，以便他日可與受吾言唐突之人言歸於好。」

從動物習慣中得來之教訓 當時以為動物之習慣，均有玄妙之意義，而為人類之教訓。吾人並須知此種觀念，自古相傳，已非一朝一夕。莫須有之事，往往世代相傳，竟無人起而究詰者。當時有名學者，亦往往深信星占之學及草木寶石之奇質。例如十三世紀時之著名科學家大阿爾伯特亦以為青玉可以癒瘡腫，置鑽石於牡鹿血中，則其質變柔，如以酒與芫荽飼牡鹿，則其血化鑽石之力尤巨。

人種及似人動物之觀念 中古時代之著作家，自羅馬及古初教會神父之著作中，得種種人種及似人動物之觀念。十三世紀時代之辭典中，有下述一段之文字：「半人半羊之神，頗似人，其鼻曲，額前有角，其足似山羊。聖安多尼曾於曠野中見之……此種異獸，種類甚多；有一種名犬頭，因其首似獵犬，故其形近獸而不近人；有一種名獨目，因僅有一眼，且在額中，故名；亦有無首無鼻而眼在肩上者；有面平無鼻孔，其唇甚長，可以上伸掩其面以避太陽之熱者。其在塞西亞地方，則有兩耳甚巨，足以蓋其全身者……」

「此外在衣索比亞亦有此種怪物，有一足甚巨，當太陽甚熱時，則臥於地上以其一足掩其全身；而且行走甚速，有同獵犬，故希臘人名之為大

足。亦有足跴在腿後者，足有蹄八，多居於來比亞沙漠中。」

星占學 自十三世紀以來，歐洲舊學之復盛者有二種：即星占學與煉丹術是也。星占學之根據，在於深信星宿與吾人之一生及命運極有關係。昔日希臘哲學家——亞里斯多德（Aristotle）主張尤力——以為萬物均不外土、氣、火、水四質所合而成。星占家乃竊其學說，以為各人為四種原質之特別混合物。當吾人出世時，星宿之地位，足以斷定四質混合程度之比例。

吾人若知各人四質之混合為何，即可斷定其一生之成敗，以趨吉而避凶。例如人受金星之影響而生者，應免去激烈之愛情，而習與成衣或裝飾有關之職業。如受火星之影響而生者，應習製造軍器或馬鞍之職業，並可入伍當兵。當日大學之中，多授星占之學，蓋以為習醫者，若檢吉星高照之日以治病，則無往不利也。

煉丹術 所謂煉丹術，乃一種化學，其目的在於變賤金屬，如鉛與銅，為貴金屬，如金與銀。煉成金丹，食之可以不老。煉丹家雖不能達其目的，然無意中發見多種物質之變化，為近世化學之開端。煉丹術由來甚古，十三世紀之歐洲人，傳自回教徒，而回教徒又傳自希臘者。

第六節　中古時代之美術

畫飾 吾人不但可在中古文學中，窺見中古人民思想及生活之一斑，即在美術上亦可得其梗概。中古時代之繪畫與今日絕不相同，大都皆書籍中之插畫，謂之畫飾。當時書籍，既係手抄，故書中圖畫，亦皆以毛筆繪

成，五光十色，美麗奪目，而金色尤為時人所喜。抄書之事，類皆由修道士為之，故當時之繪畫者，亦係修道士。有畫飾之書籍，類以教會中所用之書為多，如《聖教日課》、《聖詩篇》、《時刻書》之類。所有圖畫，當然屬於宗教者居多，如聖人圖像及《聖經》中之事蹟等。此外並繪天堂地獄之苦樂以提倡時人之道德。至於普通之書籍，間亦有插圖者。有時繪農夫之耕田，屠人之割肉，玻璃匠之製玻璃等；然亦有繪奇形怪狀之人獸及建築者。

中古美術家之拘守成規　中古時人之愛符號與作事之循規蹈矩，觀於畫飾尤信而有徵。各種彩色，各有特別之意義。描摹各種性質及感情，均有一定之態度及不變之陳規，世世相傳，莫能更改，故個人無盡情寫實之機會。同時此種小畫，用筆每甚工整，亦頗有合於實物者。

彩色字母　除上述之圖畫外，中古時人並有以美麗彩色之字母冠諸篇首之習。此種繪畫，每能舒展自如，不落舊套。往往參以栩栩若生之花鳥等。

雕刻附屬於建築　中古時代之雕刻，遠較繪畫為優美而風行。唯當時之雕刻，不若今日之以表現人形為主，大都係「裝飾之雕刻」為建築術之附屬品。

建築為中古之主要美術　中古美術上最名貴而且最永久之事業，當以英國、法國、西班牙、荷蘭、比利時及德國諸地之大禮拜堂及禮拜堂為第一。近世之美術家，雖竭盡畢生之力，亦難與之比倫。當時無論何人均隸屬於教會，而教會同時亦隸屬於個人。故禮拜堂之建築，人盡關心，不但可以滿足其宗教之熱忱；亦且足以慰藉其地域之爭勝心與美術之渴望。所有美術及工藝，莫不以教堂之建築及裝飾為依歸，而教堂同時亦無異吾人今日所有之美術館也。

第十八章　中古時代之文化

　　羅馬式之建築　十三世紀初年以前，西部歐洲教堂之建築，類皆仍羅馬式之舊。此種建築，取十字形，中通廊路一，兩旁廊路二，較中路狹而低。各廊之間，介以巨大之圓柱，上支圓穹，聯以橋環，橋環之窗，類皆甚小，故室內不甚明亮，望之宏大而簡樸。然此式建築，在後半期頗有加以雕刻為裝飾者，大都幾何畫諸多。

　　哥德式之建築　當十一及十二兩世紀時代，門窗上尖頂之橋環，偶爾用之而已。至十三世紀初年，其用漸廣，未幾遂代昔日之橋環而為新建築式曰哥德式者之特點。此種尖形之建築其結果甚大。建築家每能造高下相同而廣狹不一，或高下不一而廣狹相同之橋環。圓形之橋環，其高度僅能及其廣度之半，至於尖頂者則高低廣狹，可以計劃自如。日後有飛壁之發明。哥德式之建築，益為促進。因有此種支撐之柱，厚牆所受之重量，為之減少，故得開巨窗，室內遂不若舊日之黑暗矣。

　　彩色玻璃　窗戶既大，光線太多，故當時人每以極美麗之彩色玻璃為飾窗之用。中古時代大禮拜堂中之彩色玻璃，以法國所製者為最精美，實中古美術之光榮。此種美術品，大都銷毀，至今留存者，世人多視若奇珍，盡力以保存之，蓋中古時代美術家之絕技也。近世最佳之彩色玻璃所造之窗飾，尚不若以中古之殘缺玻璃所補綴者之光耀美麗。

　　建築物上之雕刻　哥德式之建築，既甚發達，建築家之藝日精，其膽亦日壯，所建教堂，美麗無倫，而仍不失其雄壯之氣象。雕刻家每以極美之創作品點綴之。凡嵌線、柱頭、講臺、神壇、歌詩所之屏、教士及歌詩者之座，無不雕有葉、花、鳥獸、怪物、聖蹟及日常生活等。在英國威爾斯大禮拜堂中，有一柱頭，上雕葡萄，中有童子一，作拔足上之刺狀，面帶苦楚之容。又有柱頭上雕農夫一，面現怒容，手持草叉追逐竊葡萄之賊。中古思想並有嗜好奇異之物之特點。如半鷹半獅之動物也，形似蝙蝠

之動物也，或藏於屏上草木之間，或橫目於牆柱之上，或蹲踞於屋頂凹槽之中。

哥德式之雕刻 哥德式中之特點，在於大門之上，刻有多數之門徒、聖人及君主之石像，在正門上尤多。此種石像之材料，與造屋之材料同，故視之有若建築物之一部分。此種雕刻與後日之雕刻相較，雖近於板滯無生氣，然與建築物之全部，極其相稱，其佳者亦極美麗而宏大。

世俗之建築物 吾人以上所述者，僅限於教堂之建築，蓋中古時代最重要之美術也。至十四世紀時代，世俗之建築物，亦漸有以哥德式造之者。就中最重要者，當推各業公所及市政廳。然哥德式之建築，實最適於教堂。高廊廣廈，橋環高聳，似引人眼以向天。四邊窗牖，五光十色，極足以代表所謂極樂園。凡此種種，皆足以培養中古時代教徒信教之熱忱者也。

堡壘 至於諸侯城堡之建築，前已述及之。然此種城堡，與其稱之為居室，不如稱之為要寨，以堅固不易攻破為主。厚牆、窗小、石鋪之地、陰森之廳，與今日居室之安適，實有天淵之別。同時此種建築，亦足以表示當日習尚之簡樸及起居之艱苦，是又非今日歐洲人所可能者矣。

第七節　中古時代之大學

十一世紀以前之學校 西部歐洲一帶，自羅馬皇帝查士丁尼一世下令停閉國立學校以後，至德國皇帝腓特烈‧巴巴羅薩時止，數百年間，除義大利及西班牙兩地以外，絕無如吾人今日所有之大學及專門學校。當日之

第十八章　中古時代之文化

主教與住持，雖能遵皇帝查理曼之命令，建設學校，維持永久；然就吾人之所知者而論，則所有科目之講授，實甚簡陋。

皮埃爾·阿伯拉爾　當西元一一〇〇年時，有熱心求學之少年名皮埃爾·阿伯拉爾者，離其故鄉布列塔尼遠遊各地，以冀研究論理學及哲學。據彼所言，當日法國各城中，頗有教師，在巴黎尤多。類皆能吸收多數學生來聽論理學、修辭學及神學之演講。不久皮埃爾·阿伯拉爾竟屢屢辯勝其師。遂自設講席以授徒，聽講者以千計也。

《是與否》　彼著有極有名之教科書一曰《是與否》(Sic et Non) 將教會神父意見之有似矛盾者，包括其中。令學生以一己之理想調和之。蓋皮埃爾·阿伯拉爾以為求知之唯一方法，莫過於發問之一途也。彼對於師說，盡情研究，故為當時人所不喜，聖伯納德 (St. Bernard) 尤與彼為難。然不久學者多有自由討論《聖經》原理之習，並根據亞里斯多德論理學之規則而成神學上之理論。彼得·倫巴德所著《四部語錄》一書之出世，蓋在皮埃爾·阿伯拉爾死後未久云。

巴黎大學之起源　昔日曾有人以為皮埃爾·阿伯拉爾實始創巴黎大學之人，其實非是；不過神學問題之討論，其端彼實開之，而彼之教授有方，又足以增加學者之人數耳。吾人試閱皮埃爾·阿伯拉爾一生苦境之記載，頗可窺見當日研究學問興味之一斑，而巴黎大學之起源，亦可略知其梗概也。

大學名稱之由來　當十二世紀末年，巴黎之教師人數甚多，乃有為增進利益起見組織公會之舉。此種公會為西部歐洲大學名稱所由來也。各國君主及羅馬教宗，類皆力助大學，每以教士之特權給予教師及學生，蓋數百年來之教育界，多限於教會中人，故時人以教士視當日之教師及學生也。

第四卷　中古時代之一般狀況

波隆納大學之研究法律　當巴黎教授組織公會之日，正波隆納大學漸形發展之秋。巴黎大學專講神學，而波隆納大學則偏重羅馬法律與教會法律之研究。當十二世紀初年，在義大利方面，已見羅馬法律中興之端倪，蓋羅馬法律之在義大利，本未盡忘也。約在西元一一四二年時，有修道士名格拉提安（Graziano）者，著有《教會法》（*Corpus Juris Canonici*）一書，其目的在於將宗教大會及羅馬教宗所定法律之牴觸者融會而貫通之，並備常人研究教會法律之用。西部歐洲學子之赴波隆納研究法律者，接踵而至。因人地生疏之故，故組織團體以謀自衛，聲勢宏大，竟能力迫教師服從其規則。

其他各大學之創設　英國之牛津大學，創於英國王亨利二世在位時代，殆係英國教師及學生不滿於巴黎大學之故，返國組織者。英國之劍橋大學，與法國、西班牙、義大利諸國之大學，均蔚起於十三世紀；至於德國之大學，至今名滿世界，建設較遲，大抵皆始於十四世紀之後半期及十五世紀。北部歐洲大學，多仿巴黎，而南部歐洲大學，則多以波隆納大學為模範。

大學學位　凡大學學生，經過數年之修業，乃受教授之考驗，如成績優美，則得加入教師團而為教師。今日歐洲美洲大學之「學位」，在中古時代實不過一種得充教師之資格。自十三世紀以後，雖無意充當教師之人，亦頗以獲得「碩士」或「博士」之學位為榮，而「碩士」、「博士」等名稱，實均拉丁文中教師之意。

教授法之簡單　中古時代大學中之學生，年齡不一，其幼者十三歲，其長者四十歲，間或有四十歲以上者。當時大學無校舍，其在巴黎，則教師講授多在藁街之拉丁區，蓋當日租用之教室每以藁鋪地，備學生踞坐聽講之用，故名其街為藁街云。當時無實驗，故無實驗室。學生所需者，格

拉提安之《教會法》，及《四部語錄》各一部，亞里斯多德之著作一種，及醫書一冊而已。為教師者，僅就教科書逐句講解，學生圍而聽之，有時亦作筆記。教師及學生既無一定之校舍及校具，故往來自由，絕無拘束。如不滿於某城之待遇，則群遷居於他城。英國之牛津大學及德國之萊比錫大學，皆此種遷徙之結果也。

大學之科目 中古文科課程，在巴黎凡修業六年而畢業，可得碩士學位。研究之科目為論理學，各種科學——如物理、天文等亞里斯多德之著作，哲學及倫理學。無歷史，亦無希臘文。拉丁文固屬必修者，然不甚注意羅馬時代之名著。至於各地之方言，則以為無學習之價值，且是時以近世各國文字所著之名著，皆尚未出世也。

第八節　中古時代之哲學

亞里斯多德著作之西傳 中古時代哲學中講授學問之特點，莫過於尊崇亞里斯多德之一事。教師所講授者大都在於解釋亞里斯多德各種著作之一部分——物理學也、形上學也、論理學也、倫理學也及其關於靈魂天地等著作也。皮埃爾·阿伯拉爾當時所知者，僅亞里斯多德之論理學而已。至十三世紀初年亞里斯多德之科學著作，或自君士坦丁堡或自西班牙之阿拉伯人傳入西部歐洲。拉丁文之翻譯本，每殘缺而不明，為教師者加以解釋，再旁及阿拉伯哲學家之意見，最後乃將其學說與基督教義調和之。畢生之力，蓋盡於此。

中古時人崇拜亞里斯多德 亞里斯多德當然非基督教徒。彼對於死後靈魂存在之說，本不深信；彼本不知有所謂《聖經》，亦不知有基督救人之

說。在當時基督教徒眼中觀之，寧有不加排斥之理？然十三世紀時代之學者，極喜研究其論理學，而崇拜其學問之淵博。當日之神學大家，如大阿爾伯特（西元一二八〇年卒）及阿奎那（西元一二七四年卒）輩，竟評注其著作而不疑。當時人均稱亞里斯多德為「唯一之哲學家」，群以彼之學問之淵博，殆出諸上帝之意，俾世人有所折衷。故亞里斯多德之地位，在當時與《聖經》、教會神父、教會法律及羅馬法律等，合為人類動作及各種科學之指導。

學校哲學 中古教師之哲學、神學及討論方法，在歷史上稱之曰學校哲學，此種哲學，既不研究希臘、羅馬之文學，在今日視之，無異一種磽瘠無益之求學方法。然吾人試披誦阿奎那之著作，即知學校哲學家亦每具有精深之眼光及淵博之學問，自承識見之短絀，而具表示思想之能力。當時人所受論理學之訓練，雖不能增加人類之知識，然學者每能辨別一切，條理井然，則皆研究論理學之效也。

羅傑·培根之抨擊學校哲學 當十三世紀時代，已有人批評端類亞里斯多德以求知識之非是。此種批評家之最著者，當推英國方濟各派之修道士名羅傑·培根者（約西元一二九〇年卒）其人。彼謂即使亞里斯多德為最智之人，然彼僅種知識之樹而已，而此樹「尚未生枝，亦未產果」。「假使吾人之生命無涯，吾人斷難達到知識完全之域。至今尚無人能完全了解天然，以描寫一蠅之特點。蠅之色何以如此？蠅之足何以限於此數？尚無人能道其理由。」培根以為求真方法，與其苦心研究亞里斯多德之不良翻譯本，遠不若用實物試驗之為愈。嘗謂：「假使如吾之願，吾必盡焚亞里斯多德之著作，蓋研究此種著作，不但徒費光陰，而且產生謬誤及增加愚昧也。」吾人即此可知雖在大學中學校哲學盛行時代，亦已有人隱開近世實驗方法之端矣。

第十八章　中古時代之文化

第九節　中古史初半期之回顧

變化之重大　吾人以上所述者，乃中古初半期八百年之歷史，自五世紀起至十三世紀止，中間變化之重大，與近世史中所見者初無少異。

黑暗時代　就表面觀之，日耳曼民族之南下，除擾亂秩序外，絕無貢獻。以查理曼之英明，亦僅能暫時約束擾亂之分子而已；一旦去世，則其子孫有分裂國土之事，而北蠻、匈牙利人、斯拉夫種人及回教徒有侵入之舉，西部歐洲之狀況，遂一返七八世紀之舊。

查理曼卒後二百餘年，西部歐洲方面，方有進步之象。十一世紀之狀況，吾人所知者甚鮮。當日之著名學者雖多淹沒而不彰，然十一世紀之時代實為十二世紀開明時代之先聲。故皮埃爾‧阿伯拉爾及聖伯納德，律師、詩人、建築家及哲學家，莫不驟然出世也。

十二、十三兩世紀之進步　故中古史可以顯分為二期。聖額我略七世及威廉一世以前之時代，四方雲擾，人民蒙昧，西部歐洲雖有重大之變化，然稱為「黑暗時代」，實非過當；至於中古時代之後半期，則人類事業，皆有進步之觀。至十三世紀末年，種種進步，已肇其基。近世歐洲狀況與羅馬帝國時代之不同，實始於是時。言其著者，則有下列之各端：

民族國家之興起　第一，民族國家，蔚然興起，以代昔日之羅馬帝國。封建諸侯之勢漸衰，而中央政府之力日大，西部歐洲統一之局，至是絕望。

中央政府之得勢　第二，教會以教宗為首領而握有政權，隱然為羅馬帝國之繼起者。組織完備，儼同專制之王國，實可謂為中古時代最有勢力之國家。當十三世紀初年教宗依諾增爵三世在位時，實為教會極盛之時

代。至十三世紀末年，民族國家之政府漸恢復其應有之政權，而教會及教士漸以宗教之職務為限。

平民之出現　第三，社會上除教士及貴族外，另有新階級發生，漸形得勢。因佃奴解放，城市建設，商業興盛之故，工商界中人，廣擁巨資，遂占勢力，近世之社會，乃造端焉。

各國語言文字及教育之發達　第四，近世之語言文字，漸形發達。自日耳曼民族入侵以後，五、六百年之間，凡學者皆用拉丁文。自十一世紀以後，各國文字乃起而代之。至是雖不諳拉丁文者，亦能讀法國文、南部法國文、德國文、英國文、西班牙文及義大利文所著之傳奇及詩歌矣。當日教育之權，雖尚握諸教士之手，然俗人之著書求學者，漸形增多，學問遂不為教會中人所獨有。

各種學問之研究及大學之建築　第五，西元一一〇〇年時，即有人研究羅馬法律及教會法律、論理學、哲學及神學等。亞里斯多德之著作，備受當時學者之研究，引起學問之熱忱。大學制度，亦日形發達，為近世文明之特點。

實驗科學之發端　第六，學者對於亞里斯多德之著作，漸生不滿之意，有獨立研究之趨向。羅傑・培根輩諸科學家，實肇近世天然科學之首基。

美術之進步　第七，審美觀念，漸形發達，發洩於十二、十三兩世紀教堂建築之上。此種建築，實當時美術家所創造，非古代建築之依樣葫蘆也。

第五卷
文藝復興

第五卷　文藝復興

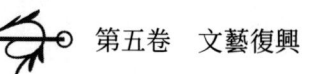

第十九章
百年戰爭

第一節　百年戰爭前之英國

十四、十五兩世紀之歐洲史　十四、十五兩世紀之歐洲史，吾人依下列之次序而敘述之。第一，英國王有要求法國王位之舉，且有百年間之戰爭，二國之紛亂及其改革，頗有互相關聯之處，故英國、法國兩國史，用合敘之法。第二，再述教會及其改良之計劃。第三，繼述文明之進步，尤重義大利諸城，蓋諸城固當日文明之領袖也。並旁及印字機之發明，及十五世紀後半期地理上之非常發見。第四，再繼述十六世紀初年西部歐洲一帶之狀況，使讀者瞭然於宗教改革之由來。

愛德華一世以前之英國領土　茲先敘述英國之情形。愛德華一世（西元一二七二年至一三〇七年）以前之英國君主僅領有大不列顛島之一部分。在英國之西者，有威爾斯，為土著不列顛種人所居之地，其地多山，日耳曼種人不能征服也。在英國之北者有蘇格蘭王國，獨立以與英國對峙，其王偶然有承認英國為上國者。愛德華一世即位以後，竟能永遠征服威爾斯，暫時征服蘇格蘭。

威爾斯及其詩人　數百年來，英國人與威爾斯人每有邊疆之戰事，威廉一世不得已在威爾斯邊境之上設伯爵封土數處為防禦之用，威爾斯人屢有騷擾英國邊境之事，故英國王有屢次用兵之舉。然欲永久征服之，實不

第五卷　文藝復興

可能。蓋威爾斯人往往敗退入山，英國兵士一無所得，每廢然而返故也。威爾斯人之力能抵抗英國人之侵入者，雖地勢有險可守使然，然其地詩人提倡愛國熱忱之功，亦正不少。若輩每以為其同胞將來必有恢復英格蘭之一日。

　　愛德華一世征服威爾斯　英國王愛德華一世既即位，令威爾斯親王盧埃林（Llywelyn）來行臣服之禮。盧埃林本桀驁不馴者，不奉命，英國王乃率兵征之，凡二次而敗之。盧埃林於西元一二八二年陣亡，威爾斯遂入附於英國。愛德華一世分其地為區，傳入英國之法律及習慣，其調和政策，頗著成效，故百年之間，僅叛一次。愛德華一世不久封其子為威爾斯親王，此種稱號至今尚為英國王太子所沿用。

　　愛德華一世以前之蘇格蘭　蘇格蘭之征服較威爾斯尤難，蘇格蘭之古代史，極其複雜。當盎格魯及撒克遜種人入侵英格蘭時，福斯灣以北之山國，有凱爾特種人曰皮克特者居之。當時在蘇格蘭西岸者有小王國為愛爾蘭之凱爾特種人所建，其族名曰蘇格蘭。十世紀初年，皮克特種人承認蘇格蘭種人之王為其主，編年史家漸以蘇格蘭種人之地名其王國，故有蘇格蘭之稱。他日英國王每以邊疆之地予蘇格蘭王，其地介於特威德河及福斯灣之間，即今日之「低區」也。此區之人種及語言皆與英國同，至於「高區」則仍屬凱爾特種，而用蓋爾語言。

　　低區居民之性質　蘇格蘭王居於低區而以愛丁堡為其首都，在蘇格蘭史上極為重要。威廉一世入侵英國以後，英國人及諾曼第貴族之不滿於英國王者，多遁入蘇格蘭之低區，而成他日之望族，如巴里奧（Balliol）及布魯斯（Brus）等，均能力爭蘇格蘭之自由。當十二、十三兩世紀時代，蘇格蘭因受盎格魯種人及諾曼第人文明之影響，頗為發達，在南部尤甚，城市亦日形發達。

第十九章　百年戰爭

愛德華一世之干涉蘇格蘭　至愛德華一世在位時代，英格蘭及蘇格蘭之戰爭方始。當西元一二九〇年蘇格蘭之王統中斷，其時要求王位者不一其人。若輩為免除內亂起見，故折衷於英國王。英國王允之，唯要求新王須承認英國王為其天子。蘇格蘭人無異議，英國王乃決令約翰・巴里奧（John de Balliol）為蘇格蘭王。然愛德華一世忽有逾分之要求，蘇格蘭人怒，其王並宣言不再稱英國王之附庸。而且蘇格蘭人並與英國王之敵法國王腓力同盟。嗣後英國法國間每有爭端，蘇格蘭人必援助英國之敵。

愛德華一世合併蘇格蘭之計畫　西元一二九六年愛德華一世有親征蘇格蘭之舉，以平其地之叛亂。宣言巴里奧既有叛逆之跡，故沒收其封土以直隸於英國王，並迫其地貴族之臣服。英國王為鞏固其權利起見，故將蘇格蘭王行加冕禮時所用之石座攜之歸國。蘇格蘭屢叛，愛德華一世思有以合併之。遂開此後三百年間英格蘭與蘇格蘭間之戰禍，至西元一六〇三年蘇格蘭王詹姆士六世（James VI）入英國為王，稱英格蘭詹姆士一世（James I）時方止。

蘇格蘭之獨立　蘇格蘭之能維持其獨立者，羅伯特・布魯斯（Robert the Bruce）之功居多，彼能合貴族與人民而為一，自為其首領。當西元一三〇七年時愛德華一世率兵北上，以平布魯斯之叛，卒因年老力衰，中道去世。其子愛德華二世柔弱無能，承繼王位。蘇格蘭人乃承認布魯斯為王，敗愛德華二世於班諾克本地方，時西元一三一四年也。然英國人至西元一三二八年方被迫而承認蘇格蘭之獨立。

蘇格蘭之民族與英國不同　當英國與蘇格蘭戰爭時，低區之蘇格蘭人漸與北部高區之人民聯合。又因蘇格蘭獨立之故，故英國與蘇格蘭兩國之民族，遂有互異之點。吾人試讀蘇格蘭詩人如伯恩斯（Burns），小說家如華特・史考特（Walter Scott）及史蒂文森（Stevenson）輩之著作，即可想見蘇格蘭人特性之如何。

第二節　百年戰爭之開始

百年戰爭之原因　所謂百年戰爭者，為英國法國君主間之戰事，為期雖久，而屢次中輟。其起源約如下述：英國自其王約翰有不德之行，失去歐洲大陸之諾曼第及其他金雀花王朝領土之一部分。然英國王仍保有亞奎丹公國，而承認法國王為天子。此種狀況，當然非產生困難不可。蓋法國王正在壓制國內諸侯以伸張其王室權力故也。為英國王者當然不願法國王有直轄英國領土亞奎丹之舉，而法國王腓力以後諸君，則正常有此種要求，兩國衝突之舉，遂不能免。

西元一三二八年法國之王位承繼問題　英國與法國之戰爭本不可免，至愛德華三世要求法國王位後，其勢益迫。蓋愛德華三世之母伊莎貝拉（Isabella of France）為法國王腓力（Philippe IV）之女。西元一三一四年腓力死後，其三子相繼即位，然均無嗣，故卡佩王朝之直系，至西元一三二八年而中絕。法國人宣言據法國成法，女子不得入即王位，並不得傳其位於其子，故愛德華三世之要求實不正當。法國人乃以腓力之姪腓力六世（Philippe VI）為王，是為法國瓦盧瓦王朝之始。

英王愛德華三世之要求法國王位　其時英國王愛德華三世年尚幼稚，故對於法國王位之解決，並無異議，並為領有亞奎丹之故，願為法國王之附庸。然不久英國王知腓力六世不但有伸其勢力於亞奎丹之舉，並有遣兵援助蘇格蘭人之事，乃提出入繼法國王位之要求。

法蘭德斯諸城與法國英國之關係　英國王既宣布其要求，法蘭德斯諸城，頗表示援助之意。蓋法國王腓力六世曾力助法蘭德斯伯平定諸城之叛亂，以阻止其獨立之建設也。至是諸城聞英國有要求法國王位之舉，莫不

第十九章　百年戰爭

思叛法國以助英國王。當是時也，法蘭德斯工商業之發達，實為西部歐洲之冠。根特城之工業，布魯日城之商業，莫不獨步一時。然諸城之興盛，大都有賴於英國羊毛之輸入，紡之織之以銷售於各國。西元一三三六年法蘭德斯伯，或係受腓力六世之指使，下令監禁英國人之在法蘭德斯者。英國王亦下令禁止羊毛之輸出與紡織品之輸入以抵制之。同時並保護法蘭德斯工匠之來英國者，使之居於諾福克一帶地，從事紡織之業。於此可見法蘭德斯人之希望愛德華三世入王法國，原在於維持其與英國通商之關係。若輩曾勸英國王入侵法國，至西元一三四〇年英國王並以法國王徽百合花加諸英國王獅徽之上。

英王愛德華三世入侵法國（西元一三四六年）及克雷西之戰　愛德華三世雖無驟然興兵之舉，然英國之海軍屢敗法國之艦隊於海上。至西元一三四六年，英國王率兵在諾曼第地方登陸，既蹂躪其地，乃沿塞納河而上幾達巴黎，中途為法國軍隊所阻，不得已北退而駐於克雷西地方，與法國軍隊大戰於此。英國軍隊大勝；世人乃曉然於曾經訓練之步兵，如裝置完全行動一致者，必能戰勝封建時代之騎士。法國之騎士，雖能勇往直前，然不能進退自如，故英國兵士箭飛如雨，法國軍隊不能支，死者無算。是役也，英國王太子功獨大，因身穿黑色之甲胄，故世稱之為「黑太子」。

英國人陷攻加萊城及普瓦捷之戰　英國王既敗法國軍隊，遂圍加萊城，不久陷之，逐其地之居民而以英國人實之。此城嗣後附屬於英國者凡二百年之久。十年之後，戰事重啟，黑太子再大敗法國軍隊於普瓦捷；法國王約翰被虜，英國王攜之入倫敦，時西元一三五六年也。

第三節　百年戰爭中英法兩國之狀況

法國全級會議監督政府之計畫及其失敗　法國軍隊既屢敗於克雷西及普瓦捷，國民均歸罪於君主及朝廷官吏之無能。故第二次戰敗之後，全級會議有實行監督政府之計畫，蓋是時法國王因增加軍費，不得不求國民之允許，故有召集國會之事也。全級會議中之有城市代表，始於腓力時代，至是人數較教士及貴族尤多，乃提出改革之案，就中最重要者為全級會議無論法國王召集與否，開會須有定期；國帑之徵收及支出，不應盡由法國王處置之，應受國民代表之監督。巴黎人民聞之喜，乃起而援助之，然因舉動過於激烈，反阻改革計畫之實行，而法國遂一返昔日君主獨裁之舊。

法國英國兩國國會之異點　此次法國政治改革之失敗，有可注意之端二：第一，此次改革黨之目的及巴黎暴民之舉動，與西元一七八九年之革命頗為相仿。第二，法國全級會議之歷史，與英國國會之歷史絕然不同。法國王遇需款時，每有召集全級會議之舉，然其目的在於徵求同意以便易於徵收而已。為法國王者始終主張君主有不徵民意而徵稅之權利。至於英國，則自愛德華一世以後，為英國王者每承認徵收新稅須得國會之同意。至愛德華二世時，則凡關係國家安寧之事，無不徵求人民代表之意見。故當法國全級會議漸形失勢之日，正英國國會漸形得勢之秋。每遇英國王有徵收新稅之舉，則國會必申改革秕政之請，英王之政策，因之遂受國會之拘束矣。

《布勒丁尼條約》（西元一三六〇年）　英國王愛德華三世深知「黑太子」雖著戰功，法國王雖為俘虜，然欲征服法國，實不可能。故於西元一三六〇年與法國訂《布勒丁尼條約》，規定英王不但不再要求法國之王

第十九章　百年戰爭

位,並不再要求諾曼第及羅亞爾河以北之舊日領地。同時法國王以普瓦圖、亞奎丹、加斯科涅諸地及加萊城予英國,許英國王不必再承認法國為上國。英國王領土之在法國者,至是占有法國領土三分之一。

愛德華三世未死以前英國領土之喪失　然此次和約,實難持久。黑太子奉其父命統治亞奎丹,橫徵暴斂,大失民望。當法國王查理五世(Charles V of France)(西元一三六四年至一三八〇年)入侵英國領土時,勢如破竹;蓋是時英國王愛德華三世年老力衰,而「黑太子」又復大病垂危也。故當西元一三七七年愛德華三世去世時,英王領土之在法國者,僅留加萊一城及波爾多以南一帶狹長之地而已。

法國狀況之困苦　愛德華三世死後三十年間,英國法國間之戰事,實已中止。法國所受之損失,較英國為巨。第一,所有戰爭,均在法國領土中行之;第二,自《布勒丁尼條約》以後,法國兵士多賦閒無事,流為盜賊,姦淫擄掠,人民苦之。佩脫拉克曾於此時遊歷法國,嘗謂不信此時之法國竟凋零至此。「吾所見者可怖之荒涼及極端之貧困,荒蕪之田地及頹廢之居室而已。即在巴黎附近一帶,亦多見火焚兵劫之跡。路上無人,通衢生草。」

鼠疫(西元一三四八年至一三四九年)　戰爭之後,加以西元一三四八年之鼠疫。是年四月,疫傳至佛羅倫斯;至八月而入法國與德國;再傳入英國自西南而北,在西元一三四九年英國全部均受其害。此種疫癘,與天花、霍亂諸病同,均自亞洲傳入。染病者二、三日即死。歐洲人之染疫而死者,其數不可知。相傳法國某地之人民,生存者僅得十分之一,又某地則十六分之一;巴黎某醫院中日死五百人云。至於英國則染疫死者約占全國人口二分之一。紐思漢角寺中本有修道士二十六人,僅存住持一人及修道士二人,死者既眾,故地價大落。

第五卷　文藝復興

第四節　英國佃奴制度之廢止

英國工人之狀況　當時英國之農民頗有不滿政府之意,蓋源於染疫而死者之為數太多,而英國政府又有重徵於民為繼續戰爭之舉也。是時為農民者大都隸屬於封土,負有封建之徭役及租稅。其時自由農民之得以自由工作者為數本不甚多。自經鼠疫以後,工人之數大減,薪資驟增,而自由工人遂漸形重要。故工人不但有要求加薪之舉,而且有隨時易主之行也。

西元一三五一年後之工人律　此種增薪之要求,在當時甚以為異,政府有下令禁止要求加薪之舉。凡工人不願領大疫以前所定之薪資而工作者,則處以監禁之刑。西元一三五一年頒發工人律,嗣後百年間同樣法律之頒發者不一而足,然遵守者蓋寡。佃奴與工作之要求增薪者,仍時有所聞。即此可見國會干涉供給與需求之定律,固難望其成功也。

采邑制度之漸廢　舊日之采邑制度,至是漸廢。舊日之佃奴,多往來各地,自謀生活。漸疾視昔日之徭役及租稅。西元一三七七年,地主中曾有向國會請願者,謂佃奴已不願納其習慣上之租稅及盡其佃奴之義務云。

農民不滿之原因　人民不滿之象,漸普及於全國。試讀〈農夫皮爾斯之幻想〉(*Piers Plowman*) 一詩,即可見當日農民狀況困苦之一斑。此不過一例而已。當日以韻文及散文所著之小冊著作不一而足,均以描摹人民苦況為主。工人律之實行益增地主與工人之惡感。加以徵收新稅,人民益恨,蓋西元一三七九年時,英國政府規定凡年在十六歲以上者,均須納丁口稅;次年又有徵稅以備與法國戰爭之舉也。

農民之叛(西元一三八一年)　西元一三八一年,肯特與埃錫克斯兩地之農民叛,決意向倫敦出發,沿途農民及工人之加入者,不一而足。不

第十九章　百年戰爭

久英國之東南部，群起叛亂。地主及教士之居室，頗有被焚者，凡丁口稅冊及封建租稅清冊，尤盡力銷毀之以為快。倫敦城中之表同情於叛黨者開門以迎，官吏有被執者，叛黨殺之，平民中有思擁少年英國王理查二世（Richard II）為其領袖者。英國王殊無援助之意；唯出與叛黨遇，允廢佃奴制度，叛黨遂四散。

佃奴制之消滅　英國王雖食言，然佃奴制度，驟形衰敗。為佃奴者類以金錢代工作，佃奴制度之特點，至是消滅。為地主者或傭人以耕其地，或租其地以與人。租地而種者，每不能迫令其地中之租戶納封建之租稅。故英國自農民之叛以後六、七十年，佃奴類皆變為自由民，佃奴制度，廢止殆盡。

▍第五節　百年戰爭之後半期

英王亨利四世之即位及英王亨利五世之要求法國王位（西元一四一四年）　英國王愛德華三世死後三十年間，英國法國間之戰爭，幾乎中輟。「黑太子」之幼子理查二世，繼其祖父之王位，國內貴族爭雄，迄無寧歲。英國王不得已於西元一三九九年被逼退位。蘭卡斯特王朝（House of Lancaster）之亨利四世（Henry IV）（西元一三九九年至一四一三年）入承大統。新王殆因得位不正，故不敢放縱；至其子亨利五世（Henry V）（西元一四一三年至一四二二年）時，方有與法國繼續戰爭之舉。其時法國內部紛擾，故英國王於西元一四一四年有要求法國王位之事。

法國之內亂　法國王查理五世（Charles V of France），英明有為，恢復國土於英國人之手，至西元一三八〇年卒。查理六世（Charles VI）即

第五卷　文藝復興

位，不久即染瘋疾，王族中人群起以爭王位。其時國內分二黨：其一以勃根地公為領袖，雄據德國法國間之地。其二以奧爾良公為首領。西元一四〇七年奧爾良公為勃根地公所慘殺，兩黨之間遂起內亂。而奧爾良公入侵英國之計畫，亦為之中輟。

英王亨利五世之地位　英國王亨利五世之要求法國王位，本無真正之根據。愛德華三世之與法國開戰，一因法國王有侵犯亞奎丹及援助蘇格蘭之舉，一因英國王得法蘭德斯諸城之援助也。至於亨利五世之與法國開戰，純欲立功國外以冀得國民之歡心而已。然其第一次戰役於西元一四一五年在阿金科特地方大敗法國軍隊，其光榮不亞克雷西或普瓦捷之二役。英國之步兵手攜弓箭，再敗法國之騎兵。英國軍隊乃征略諾曼第一帶地，再向巴黎而進。

《特魯瓦條約》（西元一四二〇年）　法國勃根地黨及奧爾良黨，鑒於英國人之得勢，正有攜手言和之意，不意勃根地公方跪而與王太子之手接吻時，為仇人所刺而死。其子菲利普 (Philippe le Bon)（綽號「好人」）襲其父爵，以為其父之被殺，太子實與謀，故與英國人合以反攻太子。法國王不得已於西元一四二〇年與英國王訂《特魯瓦條約》，規定法國王查理六世卒後，法國王位必傳諸英國王亨利五世。

英王亨利六世為法國北部之王　二年之後，英國王亨利五世及法國王查理六世均先後去世。亨利五世之子亨利六世 (Henry VI)，生僅九閱月，據條約彼當承繼英國與法國之王位。然其時法國人之承認亨利六世為王，僅北部之地。幸其叔貝德福德公統治有方，故不數年間，英國人竟征服法國羅亞爾河以北之地；至於南部之地，則仍屬查理六世之子查理七世 (Charles VII) 治下。

200

第十九章　百年戰爭

聖女貞德　法國王查理七世尚未加冕。故法國人仍以太子稱之。優柔而驕慢，既不能力阻英國人之侵略，亦不知激起人民愛國之熱忱。未幾法國東境某村中有女子曰聖女貞德（Jeanne d'Arc）者出。此女本天真爛熳，與常人無異者，然鑒於國家大難之方殷，忽發悲憫之想。彼常見幻象及音聲，令其出而勤王，攜太子赴漢斯行加冕之禮。

貞德解奧爾良之圍（西元一四二九年）　當彼以彼之使命告人時，莫或之信，彼欲見太子，亦莫或為之先容。然彼自信極篤，卒排除各種疑慮及障礙，得法國王之信任，率兵馳赴奧爾良以解其地之圍。此城本為南部法國之鎖鑰，英國人圍困之者已數閱月，城中人已力盡不能支。貞德乘馬披甲而往，勇往直前，士氣大壯，遂大敗英國人，奧爾良之圍乃解。彼乃挾太子至漢斯在大禮拜堂中行加冕之禮，時西元一四二九年七月十七日也。

貞德之被殺（西元一四三一年）　貞德至是以為大功告成，急欲引退。法國王不允，不得已再繼續從軍。然因戰功太著，忌者漸多，即其所率之兵士，亦頗以居女人下為恥。當西元一四三〇年五月中貞德防守貢皮厄內時，忽落於勃根地公之手，遂售諸英國人。英國人恨甚，思有以報復之，乃宣言貞德實女巫，與鬼為伍者。由教士審判之，判以信奉異端之罪，焚之於盧昂城，時西元一四三一年也。此女之勇敢及其沉毅，見者無不心折，即行刑者亦為之感動。英國兵士某曾大呼曰：「吾人失敗矣——吾人焚死一聖人。」英國人在法國之勢力，果自此失敗，蓋有貞德之精神及模範，法國軍隊中之士氣為之復壯也。

英國領土之喪失及百年戰爭之終了（西元一四五三年）　英國國會因英國軍隊屢次失敗，不願再予政府以軍費。貝德福德本治國有方者，至西元一四三五年去世；勃根地公菲利普遂脫離英國之同盟復與法國王查理七

第五卷　文藝復興

世合。菲利普新得荷蘭之地，領土大增，實力雄厚，既與法國王和好，英國人戰勝法國之舉，益無希望。自此以後，英國人在法國之勢日衰。西元一四五〇年失諾曼第。三年之後，南部法國之英國領土亦入於法國王之手。百年戰爭至是告終。英國人雖尚保有加萊城，然英國人之不能再伸其勢力於歐洲大陸之上，則已不成問題矣。

第六節　英國之玫瑰戰爭

玫瑰戰爭　英國自百年戰爭告終之後，即繼以玫瑰戰爭，蓋王族爭奪王位之戰也。英國王亨利六世所屬之族曰蘭卡斯特，以紅色玫瑰為徽，至於約克公之族人，思奪王位者，則以白色玫瑰為徽。兩族各有富而有力之貴族援助之。此期之英國史，無非貴族間爭勝、陰謀、叛離、暗殺等陳跡之記載。為貴族者每因遺產或婚姻種種關係，廣擁領土。國內公伯，每與王室有密切之關係，故遇王室紛爭之日，若輩即混入政潮中也。

扈從　當時王族之勢力，已不再依賴其附庸。若輩與君主同，每募兵以自衛。其時國內之遊民甚多，只求有室可居，有酒可飲，莫不趨之若鶩，而為貴族之「扈從」。其主人凡遇扈從有困難時，有援助之義務，而為扈從者則對於有害主人利益之人，有恫嚇或暗殺之責任。百年戰爭終止之後，社會中之不良分子，返國而為貴族之扈從，極為當時人民之患。威嚇司法之官吏，操縱國會議員之選舉，均若輩之職務也。

愛德華四世之即位　此次戰爭之陳跡，吾人不必細述之。戰端啟於西元一四五五年，至都鐸朝之亨利七世 (Henry VII) 即位時止，先後遷延凡三十年之久。數戰之後，約克族之領袖愛德華四世 (Edward IV) 於西元

一四六一年即英國之王位，國會承認之，並宣布亨利六世及其先人為僭主。愛德華四世精明強悍，故能維持其王位至西元一四八三年去世時。

愛德華五世至亨利七世之即位 愛德華四世卒，其子愛德華五世（Edward V）（西元一四八三年）沖齡即位。其叔格洛斯特公理查攝政。不三閱月而有篡位之舉，稱理查三世（Richard III）（西元一四八三年至一四八五年）。愛德華四世之二子，均被殺於倫敦塔中。此種暗殺之舉，大失人望。其時有覬覦王位者，又有陰謀篡奪之舉。理查三世於西元一四八五年在柏絲沃原野戰場之上戰敗陣亡。英國王位遂入都鐸朝亨利七世之手。亨利七世雖其母為愛德華三世之后，然對於英國王位，初無要求之權利。彼乃急求國會之承認，並娶愛德華四世之女為后，遂合蘭卡斯特與約克兩族而為一。

都鐸朝諸君之專制 玫瑰戰爭之結果，極其重要。國內極有勢力之貴族，均因參預戰爭之故，或陣亡，或被戮，死者大半。國王之權力，因之益大，竟能操縱國會，使為己用。此後百餘年間，都鐸朝之君主無不大權獨攬，唯其意之所欲為。昔日愛德華輩及蘭卡斯特朝諸君所建之自由政府，因之暫行停頓矣。

第七節　百年戰爭後之法國

法國始設常備軍（西元一四三九年） 法國自百年戰爭之後，君主有常備軍之組織，故權力大增。當時封建制度中之軍隊，早已廢止。即在百年戰爭以前，法國貴族之從軍者，已領有相當之軍費，不再負供給軍隊之義務。然當時之軍隊，雖由君主所命之官吏統率之，而其實則無異獨

立。蓋軍餉發放無定期，故為兵士者每有擄掠之舉。戰事將終，兵士之騷擾尤烈，其勒索方法，慘酷備至，故人民至以「剝皮之人」稱之。西元一四三九年，全級會議贊成法國王消滅此種惡風之計畫。規定此後凡不得君主許可者，不得召募軍隊，凡軍官由君主任命之，至於兵士之人數，及軍器之性質，亦由君主規定之。

法國之稅制為國會失策之最 全級會議承認法國王得徵收一種永久之稅曰平民稅者，為邊防軍費之用。此實國民代表失策之尤。蓋君主此後不但擁有常備軍，而且有徵收賦稅之權利也。故法國王與英國王異，不必時時向國民代表求其許可，而政府收入，自然源源而來也。

封建新制 法國王如欲組織強而有力之國家，非先消滅國內諸侯之勢力不可，蓋若輩廣擁封土，每與君主分庭抗禮也。舊日之封建諸侯，在十三世紀時，大部分為法國諸君所削奪，聖路易之功業尤盛。然聖路易及其子孫，每分封行省與其王子為「食邑」，以抵制異姓之諸侯。因此法國之舊封建制未盡廢止，而新封建制又復發生，巨室如奧爾良、安茹、波旁及勃根地諸族，莫不威震國中。吾人試觀當日之地圖，即可知當日法國君主伸張勢力之不易。貴族之權力，雖早就減削，如貴族不得鑄幣、擁常備兵及徵稅；中央司法之權力亦已伸入諸侯之領土中。然鞏固中央政權之事業，至查理七世之子路易十一（Louis XI）（西元一四六一年至一四八三年）在位時，方告厥成功也。

十五世紀時勃根地公之領土 法國王附庸中之最有勢力者，莫過於勃根地公菲利普（西元一四一九年至一四六七年）及其子查理（Charles le Téméraire）（綽號「大膽者」，西元一四六七年至一四七七年）法國王路易十一即位前百年，勃根地公絕嗣，一三六三年，法國王約翰二世（Jean II）以其地封其幼子菲利普二世（Philippe II l'Hardi）。嗣因婚姻關係及種

種意外之事，領土大增，至菲利普二世時代，勃根地之領土已包有法蘭琪——康堤、盧森堡、法蘭德斯、阿圖瓦、布拉班特及其他在荷蘭、比利時之城市等。

「大膽者」查理之野心　「大膽者」查理當其父未去世以前，曾與國中其他之附庸聯盟以反抗法國王路易十一、稱公之後，乃一意於二事之實行。第一，征服洛林，蓋此地介於法蘭琪——康堤與盧森堡之間，中分其領土為二部也。第二，擬建國於法國、德國之間，而自王其地。

查理為瑞士人所敗　此種雄心，當然為法國王及德國皇帝所不願聞。路易十一盡其力以破壞其計畫；而德國皇帝則當查理前赴特里爾加冕時，竟不願代為舉行。然「大膽者」查理所受之恥辱，尤有較甚者。彼因瑞士人有助敵之舉，思有以報之，不意為瑞士人所敗者再，時西元一四七六年也。

瑪麗與馬克西米利安之結婚　次年查理又有強占南錫城之舉，未成功而死。傳其領土於其女瑪麗（Marie de Bourgougne），不久即贅德國皇太子馬克西米連一世（Maximilian I）為婿。法國王路易十一本已占有勃根地公國，至是乃大為懊喪。此次聯姻之結果在於荷蘭地方入於奧地利，其重要至皇帝查理五世時代而益著。

路易十一之功業　路易十一之功業，尤有較摧殘封建諸侯與恢復勃根地領土為尤巨者，即伸張王權是也。彼設法以承繼法國中南兩部——如安茹、曼恩、普羅旺斯等——之領土，至西元一四八一年諸地均入於法國王之手。凡昔日與查理聯盟之諸侯，彼皆一一克服之。拘禁阿朗松公，殺內穆爾公。法國王之政治目的，固甚可佩；然其方法則殊卑鄙，有時彼似以奸雄之奸雄自豪也。

英國、法國中央政府之得勢　英國、法國，經百年戰爭之後，莫不較昔為強。兩國之君主，皆能掃蕩國內之巨族，封建制度之危險，因之排除殆盡。中央政府之權力，日形擴大。工商諸業，漸形興盛，中央之軍政各費，有所取資，故能維持全國之秩序，實行中央之法律。為君主者不必再有賴於諸侯。總而言之，英國與法國，至是漸成為民族之國家，人民皆具民族之感情，承認君主為其行政之元首。

教會所受之影響　君權鞏固，其影響遂及於中古教會之地位。蓋當時教會不僅一種宗教機關而已，而且具有政治職權之國際國家也。茲故再述十三世紀末年至十六世紀初年之教會史。

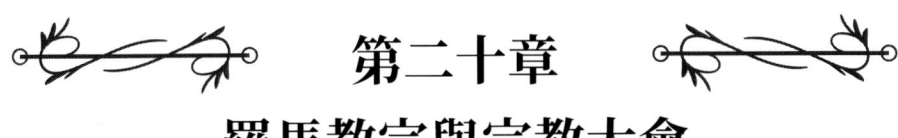

第二十章
羅馬教宗與宗教大會

第一節　法王腓力與教宗之爭權

政教關係問題　中古時代教會與教宗之勢力所以能遠駕當時政府之上者，一部分源於當日無強而有力之君主，能得人民之援助以與之對壘也。當封建制度風行時代，歐洲實無政府之可言，故維持秩序，施行法律，保護懦弱，提倡學問諸責，均由教會負之。然一旦近世國家有發達之象，種種困難，隨之而起。為教士者當然不願棄其久享之特權，而信此種權力為若輩所應有。至於國家方面，既有統治之能力，自能保護其國民，對於教士及教宗之干涉，漸不能忍。俗人之有學問者漸形增加，為君主者不必賴教士以進行其政務。故君主不願教士之獨享特權，亦不願教士之廣擁財產。此種狀況，卒引起教會與國家關係之問題，歐洲人之解決此問題，實始於十四世紀，至今尚未完全解決也。言其要者，有下列數端：

教士選舉問題　（一）選舉主教與住持之權，應屬於教宗乎？抑應屬於國王乎？教宗與國王，當然均願援引其戚友以厚一己之勢力，而且教宗對於教士，每可令其輸款；為國王者，當然存嫉忌之心。

徵稅於教產問題　（二）國王徵稅於教會財產，其限制如何？教會財產常有增加，對於國庫，可無貢獻乎？教會中人，以為財產雖富，然辦理教育、執行教務、維持教堂、救濟貧苦等，所費甚鉅。唯據教會法律之規

定，國用極窘時，教士得自由「樂助」耳。

司法許可權問題 （三）此外國家與教會，又有關於司法上之爭執。蓋當日教會有法院，而教士則獨隸於教會之法庭者也。尤為不堪者，則教徒可上訴於教宗，而教宗每一反國王之判決是也。

教宗干涉政治問題 （四）最後又有教宗干涉各國內政之問題。蓋當時人均知教宗之權力甚巨，然究竟有無限制，則雖教會中人，亦復不明。

英王愛德華一世與法王腓力徵稅於教士 教宗與皇帝之爭權，吾人上已略述之矣。至於教會維持權力之困難，以法國王腓力與教宗波尼法爵八世（Bonifacius PP. VIII）之爭權為最著之例。波尼法爵八世於西元一二九四年就任，抱有雄心，且具有能力者也。教會與君主之爭執，始於英國與法國君主之徵稅於教士。蓋其時君主既徵稅於猶太人及城市之民，而封建之租稅，又復蒐羅已盡，則其注意於擁有巨資之教士，亦勢所必至者。英國王愛德華一世因國用不支，於西元一二九六年有徵收教士不動產五分之一之舉。法國王腓力則始有徵收教士及俗人財產百分之一之舉，俟又改為徵收五十分之一。

波尼法爵八世之命令（西元一二九六年） 教宗波尼法爵八世對於此種教士俗人不加區別之徵稅方法，提出抗議，即西元一二九六年之有名教宗命令也。宣言俗人本常有仇視教士之舉，法國王此舉，實忘其無管理教士及其財產之權，而足以表示此種仇視之態度。故教宗下令凡教士，包括修道士在內，不得教宗允許者，無論有何理由，不得以教會之收入或財產之一部分納諸君主。同時禁止君主或諸侯不得徵稅於教士，否則逐之於教會之外。

教宗之讓步 當教宗下令禁止教士納稅於國王之日，正法國王腓力下

第二十章　羅馬教宗與宗教大會

令禁止金銀輸出國外之秋。教宗收入之大源為之中斷，蓋法國教會因之無從輸款於教宗也。教宗不得已乃放棄其逾分之主張。次年彼乃宣言彼實無意干涉教士之納其封建租稅於國君或貸款於政府。

西元一三〇〇之慶祝大典　是時教宗雖有與國王爭執之事，然教宗勢力之宏大，實莫逾於此時，觀於西元一三〇〇年教宗波尼法爵八世所舉行之百年慶典，即可見其梗概。相傳是年歐洲各地人民之赴羅馬城觀禮者有二百萬人，城中街道雖已加廣，而擁擠斃命者頗不乏人。人民之布施金錢於聖彼得墓前者不計其數，故教宗不得已傭二人手執草耙以拾之。

法王腓力與教宗之衝突　然不久波尼法爵八世即知基督教諸國雖仍視羅馬城為宗教之中心，而民族國家則已不承認教宗為政治之元首。當彼遣使赴法國命其王腓力釋放法蘭德斯伯時，法國王宣言教宗使者之出言不遜，罪同叛逆，竟遣法學家一人赴羅馬請教宗削其使者之職而懲戒之。

全級會議之召集（西元一三〇二年）　腓力多任法學者為廷臣，故法學者實統治法國。若輩研究羅馬法律有素，故極慕羅馬皇帝之專權。以為世界之上，唯政府為獨尊，教宗有傲慢之行為，理宜加以懲戒。腓力乃於西元一三〇二年召集全級會議以討論之，代表中不但有教士及貴族之代表，而且并包有城市之代表。全級會議既聞政府之報告，乃決議力助政府。

諾加雷之侮辱教宗　腓力之法學顧問中，有名諾加雷（Guillaume de Nogaret）者，願往見教宗。既抵義大利乃募兵向居於阿納尼之教宗波尼法爵八世而進。當教宗正擬驅逐法國王於教會之外時，諾加雷率兵侵入教宗之宮中，加教宗以侮辱。羅馬城中人迫諾加雷於次日退出城外，然教宗之氣已為其所奪，不久去世，時西元一三〇三年也。

第五卷　文藝復興

教宗克萊孟五世之屈服於法王　腓力思永除教宗之患。於西元一三○五年陰使人選波爾多大主教為教宗，唯教宗機關須移入法國。新教宗乃召教宗內閣員赴里昂城，加冕稱克萊孟五世（Clemens PP. V）（西元一三○五年至一三一四年）。克萊孟五世始終居於法國，往來於各寺院中。奉法國王命，不得已行審判已故教宗波尼法爵八世之舉，定其有罪，廢止其命令之大部分。凡昔日曾攻擊教宗者均赦免之。不久教宗克萊孟五世為取悅於法國王起見，又有審判神廟騎士團之事，廢其團，沒收其在法國之財產以予法國王。於此可見國中而有教宗，利益殊大。西元一三一四年教宗克萊孟五世卒。以後之教宗遂移居當時法國邊境外之亞維農城。建宏大之皇宮於其地，教宗居此者先後凡六十年。

第二節　移居亞維農之教宗與威克里夫

「巴比倫俘囚」　教宗之離羅馬城而久居於外，自西元一三○五年起至一三七七年止。世人因教宗遠居，教會受禍甚巨，故名之為「巴比倫俘囚」。此期中之教宗，類皆良善而誠懇者；然皆法國人為之，且因其居處與法國朝廷相去不遠之故，故人多疑教宗為法國王之傀儡。加以教宗宮中，頗染奢淫之習，教宗之信用，益形墮落。

教宗之籌款方法　教宗既移居亞維農，其義大利領土中之收入，當然較居羅馬城時為少。不敷之數，不得不取資於賦稅之增加，而教宗宮中之費用，為數尤鉅。教宗籌款之方法不當，尤為時人所不滿，如以教會中之要職予其近臣；凡要求教宗之「法外施恩」者，及主教授職時或大主教收受領帶時，莫不徵收巨費，凡上訴於教宗法院者亦然。

第二十章　羅馬教宗與宗教大會

教宗之任命教士權　教會中之位置如主教及住持等，每年收入，甚為可觀，故教宗為增加其收入起見，每盡力於收任命權為己有。又遇教會官吏出缺時，教宗每保留補充後任之權。彼有時欲施恩於某人，則先許以某地主教或住持之位置，俟現任者去世時則實授之。凡用此法被任之人曰「候補者」，極為時人所不喜。此輩每係外國人，故人民均疑若輩之目的在於龐大之進款而已，初無熱心教務之意也。

英國之候補者議案　反抗教宗之暴斂者以英國為最力，因當時英國、法國間正在戰爭之中，英國人皆以教宗為贊助法國者也。西元一三五二年，英國國會通過議案，規定凡夤緣教宗而得教會中之位置者均以不法之徒論，無論何人，均得自由加害之。受害者既為君主及國家之敵，不得要求賠償。英國雖有此種法律之規定，然終不能阻止教宗之任命教會官吏。英國教士之輸款於亞維農教宗者仍源源不絕也。西元一三七六年英國國會曾宣言教宗在英國所徵之稅，實五倍於英國王之收入。

約翰・威克里夫　是時批評教宗及教會政策之最著者，為牛津大學教員約翰・威克里夫（John Wycliffe）其人。彼約生於西元一三二〇年；至西元一三六六年教宗烏爾巴諾五世（Urbanus PP. V）因英國王約翰曾誓願為教宗之附庸，故有要求英國入貢之舉，吾人方知有威克里夫其人。英國國會宣言國王之舉動，並未經國民之同意，無束縛人民之權利。威克里夫乃始盡力以證明英國王約翰與教宗所訂之契約為無效。十年之後，彼主張如教會財產有濫用時，國家有處置之權，教宗除根據《福音》而行動外，別無他種權利，教宗聞之乃下令反對之。不久威克里夫竟進而攻擊教宗機關、贖罪券、朝拜聖地及崇拜聖人等；最後並反對變質原理之真確。

樸素牧師　然威克里夫之事業，並不以攻擊教士之主張及行動為限。彼創設「樸素牧師」團，往來行善，且以身作則以挽回一般教士之墮落。

威克里夫急欲傳播其思想於人民之中，並養成其高尚之精神生活，故有翻譯《聖經》為英國文之舉。彼並用英國文著法談多篇。彼為英國散文之始祖，曾有人謂「其文句短而健勁，其情感之綺靡，諷刺之尖刻而雅緻，與其熱忱之豪勇頗足以彌補英國文之不足，至今尚令讀者生一種美感也」。

威克里夫之影響 時人多以威克里夫及其「樸素牧師」有煽動人民之嫌，卒釀成農民之叛。此種論調無論其正確與否，而威克里夫之貴族同志則漸有離異之跡。然彼卒能於西元一三八四年善終。其同志雖受虐待，然其主張竟由揚·胡斯（Jan Hus）傳入波希米亞，為他日教會之患。歐洲學者之攻擊教宗及教會，當推威克里夫為首。彼死後百五十年，方有路德改革宗教之舉。

第三節　教會之分離與比薩宗教大會

教宗返駐羅馬城（西元一三七七年） 西元一三七七年教宗額我略十一世（Gregorius PP. XI）返駐羅馬城，教宗之遠居外國者，至是蓋已七十年，教宗之勢力及威信，大為減少。然教宗返駐羅馬城後所失之威信，較居於亞維農時所失尤有大者。

烏爾巴諾六世之被選為教宗 額我略十一世返羅馬城後一年而去世，內閣員乃有集會選舉教宗之舉，閣員中法國人居多。若輩一面目擊羅馬城中狀況之蕭條及秩序之紊亂，一面又念及亞維農之安樂，頗為惆悵。乃決意選一願居於亞維農者為教宗。當若輩在教宗宮中密室內討論之時，羅馬城中人之圍聚宮外者，大聲要求選舉羅馬城中人，或至少義大利人，為教

宗。閣員不得已選舉義大利之修道士烏爾巴諾六世 (Urbanus PP. VI) 為教宗，以為彼必能俘閣員之希望也。

克萊孟七世之被選為教宗　不意新教宗並無移居亞維農之意。對待閣員，甚為嚴厲，並提議改革若輩之惡習。諸閣員不能忍，乃退入羅馬附近之阿納尼城，宣言若輩因受羅馬城中人之威脅，故不得已而選出可厭之烏爾巴諾六世。諸閣員乃另選新教宗，稱克萊孟七世 (Clemens PP. VII)，仍移居亞維農。烏爾巴諾六世對於閣員之叛離，並不介意，竟另任二十八人為閣員。

大分離　此次兩教宗之選舉，實為「大分離」之始。此種狀況，延長至四十年之久，教宗之地位，益受世人之攻擊。昔日教宗二、三人並存之事，不只一次，然皆由皇帝擁戴之，誰為正統之教宗，極易辨別。至於此次之選舉，歐洲人對於閣員被迫而選烏爾巴諾六世之言，頗難斷定其真偽，故無人能斷定二人之中，誰係合法之教宗。同時所謂教宗內閣團者，又有二組。因之義大利人則贊成烏爾巴諾六世，而法國人則服從克萊孟七世，英國人則因恨法國人之故而承認烏爾巴諾六世，蘇格蘭人則因與英國為仇之故而援助克萊孟七世。

教會之分離及其結果　教宗二人，似均有同等之權利，各以基督之代表自命；各欲享教宗之特權，互相痛罵，互相廢立。教宗既現分離之象，主教住持亦遂有分裂之情，每有主教二人各得一教宗之承認者，彼此紛爭，莫衷一是。教會內容，益不堪問。種種弊竇，至是益著，益予攻擊教會者如威克里夫輩以口實。時人目擊此種情形，實難再忍，議論紛起，不但對於教會分離之補救方法，有所討論，即教宗機關之性質及應否存在，亦成問題。教會分離四十年間之討論，遂成十六世紀新教革命之先聲。

第五卷　文藝復興

宗教大會觀念之發生　二教宗與兩方內閣員之間屢有彼此協商之舉，然當時人鑒於二方之自私自利，結果毫無，遂漸生召集大會以資解決之想。以為宗教大會既代表西部歐洲基督教之國家，則其地位當然居於教宗之上也。此種大會，當羅馬帝國末造，在東部已屢次舉行，始於皇帝君士坦丁時代之尼西亞大會，規定教宗之原理及教徒教士應守之法規。

宗教大會與教宗之地位尊卑問題　當西元一三八一年時，巴黎大學已主張召集大會以解決二教宗之紛爭，使西部歐洲之教會仍合為一。因此遂生出宗教大會之地位是否居於教宗之上之問題。主張宗教大會之地位應在教宗之上者，以為教宗內閣員選舉教宗之權本由教會中人全體所付予；今閣員既有分裂教宗機關之舉，則教會全體，當然有干涉之權；且全體宗教大會係受聖靈之陶鑄，其權力當然在教宗之上。其時反對此種主張者，則謂教宗之權力直接受諸基督，故其地位在教會全體之上；而且教宗雖不常行使其最高之職權，曾予大會以自由，然教宗自始即有最高之權力。故宗教大會不得教宗之承認者，不得視為大會，蓋大會無教宗，斷不足以代表基督教徒全體也。更有進者，教宗本係最高之立法者；教宗得取消大會之議決案與前任教宗之命令；教宗可以判斷他人，而不受他人之判斷。

比薩大會（西元一四○九年）及第三教宗之發見　二教宗間之交涉及討論，為時甚久，卒無結果。二方之閣員不得已於西元一四○九年決定在比薩地方開宗教大會以解決之。其時教士之赴會者雖不一其人，各國之君主雖亦頗為關切，然大會之舉動，倉猝無方。大會議決召西元一四○六年所選之羅馬教宗額我略十二世（Gregorius PP. XII）及西元一三九四年所選之亞維農教宗本篤十三世（Antipope Benedict XIII）前赴比薩。不意二教宗均不應召而至，大會乃定以違命之罪議決廢之。再由大會另選新教宗一人，不期年而卒，乃以素著惡名之若望二十三世（Antipapa Ioannes XXIII）

為教宗。大會所以選彼為教宗者，以彼著有勇武之名故。以為教宗而欲保護其領土以抵抗那不勒斯國王，非教宗雄武不可，蓋當時那不勒斯國王曾宣言欲奪教宗之領土也。不意被廢之二教宗，均不遵大會之議決，自稱教宗如故。故比薩大會不但不能解決教會之分離，而且反使教宗增出一人，成鼎足三分之勢云。

第四節　康士坦斯宗教大會

康士坦斯大會（西元一四一四年）　比薩大會既失敗，乃不能不另開宗教大會。教宗若望二十三世聽皇帝西吉斯蒙德（Sigismund）之勸告，不得已允開宗教大會於德國皇城康士坦斯地方。康士坦斯大會於西元一四一四年秋間開會，為最有關係之一國際公會。開會凡三年，當日歐洲全部人民無不注目。與會者，除教宗與皇帝外，有教宗閣員二十三人，大主教及主教三十三人，住持一百五十人，公伯一百人，其他下級教士與貴族無算。

大會之三大目的　此次大會應解決之問題有三：（一）廢立三教宗另選一人以統一教會，挽救分離。（二）波希米亞一帶因受胡斯主張之影響，異端之勢頗盛，足為教會之患，應設法以撲滅之。（三）教會流弊，甚為顯著，應加以一般之改革。

教會分離之救濟　（一）此次大會之成功，當以挽救教會之分離為最重要。教宗若望二十三世在大會中極形局促。彼深恐大會中不但有廢立教宗之舉，或且有調查一己過去劣跡之事。乃於次年三月間，微服遁走，留其閣員於大會中。大會中人聞教宗遁走，大為驚恐，蓋恐教宗脫身走，必

215

有解散大會之舉也。大會乃於西元一四一五年四月六日頒布其最有名之議決案,宣言大會之地位應在教宗之上。以為宗教大會之權力,直接受自基督,無論何人凡不奉大會之命者,應受相當之懲罰。

三教宗之處置 大會中宣布教宗若望二十三世之罪狀並議決廢止之。若望二十三世因孤立無助,不得已而屈服。羅馬教宗額我略十二世,事理較明,故自願於七月中辭職。至於本篤十三世則較為剛愎,竟不允辭職。其時援助本篤十三世者僅有西班牙人,至是大會中人令西班牙人叛其教宗,並遣代表赴大會。西元一四一七年七月本篤十三世被廢。是年十一月,大會中之教宗閣員,選舉新教宗稱瑪爾定五世(Martinus PP. V)。教會分離之事至是乃告終止。

揚・胡斯 (二)康士坦斯大會開會第一年,即有撲滅異端之討論。先是英國王理查二世於威克里夫未死以前娶波希米亞之女公主為后,英國與波希米亞之交通因之頗為繁密,英國改革家之著作遂多流傳於波希米亞中,為其地之宗教改革家所注意。波希米亞地方之改革家以揚・胡斯(約生於西元一三六九年)為最著,彼對於波希米亞之利害及教會之改革,極具熱忱,故在布拉格大學中,勢力甚大。

胡斯之主張 胡斯主張基督教徒對於有罪過之教士,不能自登天堂者,不應服從之。此種主張,當然為教會中人所不容,以為有破壞秩序之險。反對胡斯者,則謂凡正式任命之教士,為教徒者均應服從之,蓋教士之統治教徒,以法律為根據,不能問其賢否也。總而言之,胡斯不但辯護威克里夫之主張,而且宣傳危及政府與教會之議論。

護照 胡斯自信必能使大會中人信其主張之正當,故自願前赴康士坦斯。彼於赴會以前,曾領有皇帝西吉斯蒙德所予之護照,說明無論何人,

不得加害於胡斯之身,並許胡斯得隨時離開康士坦斯。不意西元一四一四年十二月,彼竟被大會所拘禁。即此可見中古時代對於異端態度之一斑。皇帝西吉斯蒙德提出抗議,大會乃答以凡異端均不在君主法權之內,故法律不能承認給予異端之護照。大會並宣言對於有害教會之信誓,均不應遵守之。蓋當時人以為異端之罪,甚於殺人,袒護異端,實為大惡,故雖以皇帝之尊,亦不能庇一胡斯也。

胡斯之審判　大會對待胡斯之方法,在吾人視之,雖甚嚴酷,然在大會中人視之,則已甚寬大。大會特允公開審判,頗望胡斯取消其主張,而胡斯終不允。大會乃依當日之習慣,要求胡斯自承其主張之謬誤,取消其主張,而且宣傳與其主張相反之原理。大會中對於彼之主張之是非,並未加以深究,僅決定其主張是否與教會見解相同而已。

胡斯之定罪及其被焚(西元一四一五年七月)　最後大會定胡斯以異端之罪。西元一四一五年七月六日置胡斯於城門之下,再予以悔過自新之機會。彼仍不顧,乃褫其牧師之職,交諸政府。政府中人不再加審訊,以火焚而殺之。投其屍灰於萊茵河河中,以免為其同志所崇拜。

胡斯被焚之影響　胡斯之被焚,反促進波希米亞地方異端之傳布。自西元一四一九年至一四三一年間,德國人有屢次興兵進攻波希米亞之舉。兩種民族間之惡感,因之大增,至今尚未消解。波希米亞之異端,類皆勇武善戰,不但敗退德國人而且侵入德國境內。

大會改革教會之機會　(三)康士坦斯大會之第三件大事,為教會內部之改革。大會自教宗若望二十三世遁走後,曾有改革教會之議決。當時欲改革教會,雖不可驟冀,而教會流弊之減少,則機會甚好。蓋大會本一甚大之代表機關,而當時人又極望大會之能實行改革教會之舉也。其時抨

擊教士陋習之小冊書籍，不一而足。所舉惡行，類皆多年之積習，前數章中已述及之，茲不再贅。

教會改革計畫之失敗　然當時雖人人承認教會之流弊，而大會迄無救濟之方法。討論研究者，凡三易寒暑，大會中人漸生厭倦之心，知改革之無望。最後於西元一四一七年十月九日，通過議案，宣言昔日因不能常常召集宗教大會之故，以致教會之中，弊端百出，故嗣後每十年應開宗教大會一次。以為如此則教宗之大權有所限制，與英國王之權力為國會所限制相同也。

大會所舉之流弊　此外並條舉教會中流弊之應改革者，提交新教宗與大會中一部分會員研究而實行之。就中如教宗閣員之數目、性質及國籍，教宗有權任命之教士，教宗法院得以審判之案件，廢立教宗之理由及方法，撲滅異端之方法以及「法外施恩」之贖罪券等。

大會之結果　總而言之，康士坦斯大會，除恢復教會之統一以外，無甚結果。胡斯雖被焚，而異端並不因之而消滅。改革教會之事，雖討論三年，卒無實行之能力。日後教宗雖有下令改革之舉，而教會之腐敗亦並不因之稍減也。

第五節　巴塞爾及費拉拉宗教大會

巴塞爾大會（西元一四三一年至一四四九年）　波希米亞之異端有竭力抵抗武力征服之舉，遂激起西部歐洲一帶之注意及同情。西元一四三一年最後之十字軍為波希米亞之異端所敗。教宗瑪爾定五世不得已召集宗教

第二十章　羅馬教宗與宗教大會

大會籌議撲滅之方法，即史上之巴塞爾大會是也。此次大會之會期，延長至十八年之久。最初大會之勢力甚巨，實駕教宗之上，至西元一四三四年大會並有與波希米亞異端中之溫和者媾和之舉，其勢力可謂已達極點。然大會始終與教宗安日納四世（Eugenius PP. IV）為難，教宗乃於西元一四三七年下令解散之，並另召集大會於費拉拉。巴塞爾大會遂議決廢教宗另選一人以繼之。此種舉動，頗失時人對於大會之信用。大會之威信漸漸喪失，至西元一四四九年仍復承認舊日之教宗為正統。

費拉拉大會（西元一四三八年至一四三九年）　同時費拉拉大會於西元一四三八年開會，專心討論東西兩教會合一之問題。其時東部羅馬帝國因有鄂圖曼土耳其人之入逼，危在旦夕。政府中人力勸東部皇帝急與西部羅馬教會言和，以為如此，則羅馬教宗必能設法供給軍械與軍隊以資防禦。當東方教會代表赴費拉拉大會時，兩方對於教義上之不同，無甚出入，然教會領袖當屬何人，則爭持難決。最後東方教會竟承認羅馬教宗為首領，唯東方主教之權利及特權，應屬例外。

大會之結果　羅馬教宗安日納四世有復合東西兩教會之功，極受西部歐洲人民之讚頌，而希臘教士東歸後，則備受東部人士之唾罵，以為此種讓步，罪同忤逆。此次大會之結果，言其重要者如下：（一）羅馬教宗雖經巴塞爾大會之反對，乃恢復其宗教上領袖之地位。（二）希臘學者中頗有留居西部歐洲者，西部歐洲人研究希臘文學之熱忱，益為之激起。

此後之教宗　此後終十五世紀之世，再無宗教大會之召集，為教宗者亦類皆專心於教宗領土之整理。自教宗尼閣五世（Nicolaus PP. V）（西元一四四七年至一四五五年）以後，多能以提倡文化為己任。自西元一四五〇年至宗教改革時前後凡十七年，實教宗最專心於政治上之利害及羅馬城之裝飾之時代也。

第五卷　文藝復興

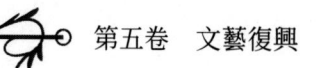

第二十一章
義大利諸城及文藝復興

第一節　威尼斯城

　　十四、十五兩世紀義大利為文化之中心　當英國、法國間有百年戰爭之日，與德國內部小邦紛擾之秋，義大利實為歐洲文化之樞紐。義大利諸城如佛羅倫斯、威尼斯、米蘭及其餘諸城，莫不景況隆盛，文物燦然，為西部歐洲諸國夢想所不到。諸城中文學美術之進步，有異尋常，故歐洲史中名此期為文藝復興。當時義大利諸城，與古代希臘諸城同，實係小邦之性質，各城各有特異之生活與制度。吾人於研究文藝復興以前，不能不略述當日諸城之狀況何似。

　　十四世紀時之義大利　十四世紀初年之義大利與霍亨斯陶芬諸帝在位之日同。可分為三部：南部有那不勒斯王國，中部有教宗之領土，在教宗領土之西北者則為城邦林立之地，即文藝復興之中心也。

　　威尼斯與東方之關係　義大利諸城中之最著名者，莫過於威尼斯，其重要在歐洲史上與巴黎、倫敦相等。此城位置於亞德里亞海上離大陸約二英里許一群小島之上。島外有狹長之砂洲，足障風浪。此種位置，本不宜於巨城之建設；然當五世紀中葉，義大利居民因其地荒僻而孤立，故多避匈奴人之難於此。日久之後，漸知此地實宜於商業，故當十字軍未興以前，威尼斯已有與他國通商之跡。其勢力漸向東發展，在東方一帶獲有領

第五卷　文藝復興

土。吾人試觀有名之聖馬可禮拜堂，其圓頂與裝飾，頗似君士坦丁堡之建築，亦可見其與東方交通影響之一斑。

威尼斯伸其勢力於義大利大陸　威尼斯之伸其勢力於義大利大陸，實始於十五世紀初年。蓋該城與北部歐洲之交通，端賴阿爾卑斯山之棧道，若任其勁敵米蘭城所獨占，危險殊甚也。而且威尼斯或願自鄰近諸地輸入食糧，不願再仰給於海外之領土。加以當日義大利諸城，除威尼斯以外，莫不領有附郭一帶地。威尼斯名雖共和，然有少數人把持政權之傾向。約西元一三〇〇年時，城中人民，除少數望族外，均已不能參予代表人民之「大議會」矣。

政府之組織　西元一三一一年，威尼斯始設著名之「十人會議」會員任期一年，由「大議會」選舉之。一切政務，無論外交內政，均由十人會議與公一人主持之，而對於大議會負責任。故城中政權實操諸少數人之手。十人會議之內容，極其祕密，絕不如佛羅倫斯城之公開討論，反足以引起無數之革命。蓋威尼斯人類皆專心於商業，無參政之餘暇。故十人會議之種種政策，雖近專制，絕不若其他諸城每有叛亂之傾向。威尼斯之政府，自西元一三〇〇年至一七九七年為拿破崙所滅時，實無甚變更也。

第二節　米蘭城

米蘭城及其他專制政體之諸城　義大利諸城中，大都由專制僭主統治者居多，而以米蘭城為最著。當十四世紀初年，曾經組織同盟以抵抗腓特烈一世之諸城，頗有變成專制政體者。各城君主，互相征伐，迄無寧歲。米蘭城中僭主維斯孔蒂家族（Visconti）之事蹟，極足以代表當日義大利僭

第二十一章　義大利諸城及文藝復興

主之政策也。

維斯孔蒂家族　維斯孔蒂家族之勢力，實為米蘭之大主教所建設。彼於西元一二七七年將當日城中握有政權之望族拘於三鐵籠之中。乃設法請皇帝任其姪馬特奧·維斯孔蒂（Matteo I Visconti）為皇帝之代表。不久米蘭人承認馬特奧為其統治者。馬特奧死，乃傳其位於其子。維斯孔蒂家族中人之統治米蘭城者，先後凡一百五十年。

吉安·加萊亞佐　維斯孔蒂家族中最著名之僭主，首推吉安·加萊亞佐（Gian Galeazzo Visconti）（西元一三八五年至一四〇二年）。彼先毒殺其叔而得位。即位之始頗有征服義大利北部之勢，然為佛羅倫斯共和國所阻。不久吉安·加萊亞佐亦死。吾人觀於吉安·加萊亞佐一生之行動，實最足代表義大利僭主之特點。長於政治，能組織完備之政府；召集國內之文人，隨侍左右；興造美麗之建築，足見其熱忱美術之一斑。然彼之行事，絕無原理，凡城市之不能以武力征服或金錢購買者，則不惜用極卑劣之方法以得之。

僭主之地位及性質　義大利僭主之性情殘忍者不一而足。然吾人須知若輩本非正統之君主，故其勢力之能否維持，以能否壓制人民及能否抵抗鄰城僭主之侵略為衡。因之諸城之僭主類多聰慧之人，治國有方，提倡文學與美術，不遺餘力。然為僭主者，每樹敵於國中，故猜疑之心極盛。蓋彼深知一己之地位，甚為危險，隨時可以被刺或被毒也。

僱傭軍隊　義大利諸城間之戰事，類皆以僱傭之軍隊任之。戰事將起，僭主即與備僱傭軍隊之領袖曰傭兵隊長者，預商酬資。此種軍隊對於戰爭，本無利害關係，故戰鬥不甚出力。蓋兩方之目的，僅在於擄人而已，初無虐待之必要也。

馬基維利所著之《君主論》　吾人試讀佛羅倫斯城之歷史家馬基維利（Machiavelli）所著之《君主論》（*Il Principe*）一書，即可曉然於義大利僭主之地位及其政策之為何。馬基維利著書之意，殆備當日君主參考之用。關於僭主維持地位之方法，討論極詳。甚至僭主食言之程度及僭主可殺之人數，亦復加以研究。馬基維利以為不遵信誓及排除政敵之僭主，其所得利益每較具有天良之勁敵為優也。

第三節　佛羅倫斯城

佛羅倫斯城　義大利諸城中之最重要者，當推佛羅倫斯城，其歷史與威尼斯及米蘭二城異。在佛羅倫斯城，各階級中人均有參政之權利。因之引起憲法上之變更及黨爭之紛糾。得勢之政黨，每逐其政敵於城外。蓋佛羅倫斯人視其城為其母邦，視被逐為最可痛心之刑罰也。

麥地奇家族　至十五世紀中葉，佛羅倫斯城之政權入於巨族麥地奇（Medici）之手。家族中人類皆開明之輩，每監視選舉，隱操選擇官吏之權。故人民雖有參政之名，而麥地奇家族則握有政權之實。此族中之最有名者為羅倫佐‧德‧麥地奇（Lorenzo di Piero de' Medici）（西元一四九二年卒）。在位之日，實佛羅倫斯城中文學美術極盛之時代也。

佛羅倫斯城文化之性質　吾人試遊今日之佛羅倫斯城，每得一種文藝復興時代之矛盾印象。城中巨族之宏大居室，雄踞道旁。其下層每用巨石造成，有同堡壘。窗牖之上，護以鐵柵，則又似監獄。然試入其室中，則陳設每極其奢華而美麗。蓋其時城中之秩序雖亂，而人類美術之發達，實以此時為最也。

第二十一章　義大利諸城及文藝復興

佛羅倫斯實近世知識之城。其他民族之天才曾有勝於義大利人者。……然除希臘之雅典城外，唯有佛羅倫斯之人民觀念最富，天性最慧，眼光最銳，最機警，最精密。義大利人之細密精神實存於佛羅倫斯人精氣之中。佛羅倫斯之優勝即羅馬人、倫巴底人及那不勒斯人，亦莫不知之。……至於佛羅倫斯人在文學上、美術上、法學上、學問上、哲學上及科學上之領袖地位，義大利人均承認之。

第四節　但丁

文藝復興　十三世紀實為歐洲人熱心求學之一時代，吾人曾述及之矣。諸大學蔚然興起，西部歐洲之學子，趨之若鶩，著名思想家如大阿爾伯特、阿奎那及羅傑‧培根輩，皆著有宗教、科學及哲學之大著作。一般人民亦莫不樂聞各國方言所著之詩歌及傳奇。建築家發明新式之建築，加以雕刻家之援助，宏麗無倫。然則吾人何以獨稱十四及十五二世紀為文藝復興，抑若西部歐洲一帶至十四世紀方研究文藝耶？

案「文藝復興」四字，本係不明白十三世紀事業之著作家所創。若輩本極推崇希臘、羅馬之著作者，故以為不研究古文，則文化之程度，斷不能達於絕頂。至於今日，則研究歷史者，類皆瞭然於十三世紀之歐洲，實具有知識與美術之野心。

吾人之文藝復興觀念　故吾人對於十四、十五二世紀文藝復興之見解，不能不異於百年前之歷史家。唯當十四世紀中葉時，西部歐洲之思想、風尚、書籍、建築、圖書等，實發生一種重大之變化，吾人實應仍稱之為文藝復興。吾人欲明其性質如何，莫若研究十四世紀時二大名家之著

作，所謂二大名家，即但丁（Dante Alighieri）與佩脫拉克是也。

但丁 但丁（西元一二六四年至一三二一年）在歷史上為著名之詩人，故世人每與荷馬（Homer）、維吉爾（Virgil）、莎士比亞（William Shakespeare）輩相提並論。然歷史家之所以不能不研究但丁，則並不在其設想之新奇，與其聲韻之悅耳。彼之學問，極其淵博；彼實一學者與科學家，不僅為一詩人而已。吾人讀其著作，即可知西元一三〇〇年時思想家所見世界之狀況如何，及當日思想家知識範圍之廣狹。

但丁應用義大利文 但丁與十三世紀之學校哲學家不同，並非教士。彼實波愛修斯以後之第一世俗學者，能以知識貫輸於不識拉丁文之俗人。彼雖長於拉丁文，然其名詩《神曲》（*Divina Commedia*），獨用義大利文所著。義大利文為近世重要文字之最後起者，殆因義大利之拉丁文為多數義大利人所深諳者為時最久之故。然但丁以為純用拉丁文為著作之用，在當時已有矯揉造作之病。彼並信當日義大利人之僅諳義大利文者，不但喜讀其詩篇，並且喜讀其科學之著作，故其科學名著《饗宴》（*Convivio*）亦用義大利文著成。

但丁之學識 吾人試讀但丁之著作，即知中古學者對於宇宙，並不一無所知。若輩雖仍信宇宙以地球為中心，日月星辰四面環繞，然亦習知天文現象上之重要者數種。若輩已知地球為圓球形，並略知其大小。亦知凡物質之有重量者皆有向心力。故人在地球之下面，可無下墜之虞。若輩並知地球此方為晝時，則彼方為夜。

但丁之崇拜古人 但丁雖頗喜研究當日風行之神學，並仍推崇亞里斯多德為「唯一哲學家」，然同時極崇拜其他希臘、羅馬之名著作家。當彼幻想遊行陰世時，維吉爾實為其嚮導。彼因得瞻古代異教名人之風采，並

面覯名詩人賀拉斯，奧維德（Ovid）及詩人泰斗荷馬其人。當彼曲肱而臥於綠色草原之上時，並遇多數之古代名士——蘇格拉底（Socrates）、柏拉圖（Plato）及其他希臘哲學家，凱撒、西塞羅、李維（Livius）及其他羅馬之文人。彼因廁身於此輩名人之間，光榮逾度，故名人間之言論，彼竟嗒然無一字以傳之。彼對於若輩之信奉異教，並不介意，彼雖以若輩為不能上登極樂之天堂，然若輩所居之地亦正既安且適，群現無憂無喜之色，互相談論於其中。

第五節　佩脫拉克

佩脫拉克　尊崇古代著作家之熱心，始於但丁，至佩脫拉克而益著，世人多稱佩脫拉克為「第一近世人」。西部歐洲學者之完全脫離中古之學問，與使人賞識希臘、羅馬之文學，當推佩脫拉克（西元一三〇四年至一三七四年）為第一。當中古時代，大學中所研究者，以論理學、神學及亞里斯多德著作之訓詁為主。十二及十三兩世紀之學者，雖嘗讀古代拉丁之著作，然絕無賞識之能力，且不知以此種著作為高尚教育之根據。

佩脫拉克之蒐羅古籍　佩脫拉克嘗謂當彼幼年讀西塞羅之著作時，雖不明其意為何，然愛其聲韻鏗鏘，不忍釋手。日後彼遂以蒐集羅馬古書為其一生之目的。彼不但為好學不倦之人，而且以身作則，具有激起他人求學精神之力。彼使學者生研究拉丁古文之興味；而且始終盡力於蒐羅散佚，以激起當時人藏書之熱忱。

研究古籍之困難　吾人須知佩脫拉克及文藝復興初年諸人所遇之困難，實屬不一而足。其時希臘、羅馬之著作，並無曾經校正之佳本。偶獲

第五卷　文藝復興

斷簡殘篇，即視同吉光片羽，引為生平幸事，而書中之是否舛謬百出，又無法可以證明。佩脫拉克鑒於當日抄寫古書之謬誤過多，嘗謂假使西塞羅或李維有復生之日，披讀舊作，必廢然曰，此非吾之文也，此或某蠻人所著之文也！

佩脫拉克之聲名及其影響　佩脫拉克影響之遍及西部歐洲，當世實無倫匹，與後世之伊拉斯謨（Erasmus）及伏爾泰（Voltaire）同。彼不但與義大利之學者書札往還，討論學問，即義大利以外之名士，亦復與之時相切磋。吾人試讀其信札，頗可窺見當日之知識生活狀況也。

佩脫拉克不喜當日之學問　據上所述，可知佩脫拉克不但提倡拉丁名著之研究，亦且有功於推翻當日大學中所通行之學問。彼之圖書館中，竟不願藏有十三世紀學校哲學家之著作。彼與羅傑‧培根同，極不喜當時學者崇拜亞里斯多德著作之謬誤譯本。至於論理學一科，彼以為少年人固可習之，若以成年之人而習此種學問，實為可厭。

佩脫拉克與但丁對於義大利文態度之不同　佩脫拉克雖以義大利文所著之詩著於世，然與但丁不同，不信國語之可用。彼竟謂彼以義大利文所著之短詩，實彼幼年時所作之遊戲文章，鄙不足道。蓋彼本熱心於研究拉丁文學者，其藐視國語，勢所必至。在彼心目中，義大利之文字語言，實屬簡陋，以之為普通人民日用之需固有餘，若與拉丁文相提並論，則實有天淵之別。而且當日義大利人之崇拜拉丁著作，正與今日英國人之崇拜喬叟（Chaucer）與莎士比亞著作同，頗有依依不捨之象。故十四、十五兩世紀之義大利學者，不過仍奉古代本國之文學為其模範，盡力以摹仿古文為事耳。

第二十一章　義大利諸城及文藝復興

第六節　古文學者

　　古文學者　中古文人之摹仿古文者，始以羅馬之文學為模範，繼以希臘之文學為典型，後人稱此輩為「古文學者」。若輩不再研究彼得·倫巴德所著之《四部語錄》一書。對於神學，興味漸少，每專心研究西塞羅之著作以求得文人雍容嫻雅之習。

　　熱心研究古籍之原因　自此以後，凡希臘、羅馬之文學，總稱之為「古文」。自佩脫拉克卒後百年間，義大利人之研究古文者，有同宗教。吾人欲知當時何以重視古代之文學，必先知當日西部歐洲所有之名著本無如吾人今日所有之名著之多。今日歐洲各國各有以國語所著之文學，盡人能解。除譯有古籍之佳本外，並有無數之名家著作，如莎士比亞、伏爾泰及歌德（Goethe）等，皆四百年前之所無。故吾人生於今日，雖不識希臘、拉丁之文，而古今之名著，不難接近。至於中古時代，則絕無此種之利益。一旦對於神學、論理學及亞里斯多德著作之研究生有厭心，則其熱心研究羅馬、希臘之文學為其文體與生活之模範，亦勢之不得不然者矣。

　　古文學者之異端趨向　古文學者自私淑異教之著作家以後，對於中古時代此生與來世關係之見解，漸生排斥之心。若輩每嚮往賀拉斯之主張。而以修道士之犧牲一己為可笑。以為人生行樂須及時，未來之世界正無庸鰓鰓過慮為也。有時古文學者，並公然攻擊教會之主張；唯外貌上則多示忠順教會之意，而古文學者之為教宗廷臣者，亦正不一其人也。

　　古籍成高尚教育之根據　當日考古之精神既盛，所謂高尚教育之觀念，大生變化。當十六世紀時，德國、英國、法國之學校，因受遊學義大利者之影響，始以拉丁及希臘之文學為教授之根據，以代中古之科目。至

十九世紀末年西部歐洲大學中，方漸以科學與歷史等科目，代昔日之希臘文與拉丁文；而至今歐洲學者尚有以古文之價值遠在其他科目之上者。

中古時人不諳希臘文 十四世紀之古文學者，類不諳希臘文。西部歐洲方面希臘文之知識當中古時代雖不絕如縷，然始終不聞有人思讀柏拉圖、狄摩西尼（Demosthenes）、艾斯奇勒斯（Aeschylus），或荷馬諸人之著作者，而此種著作，亦為當時圖書館中所無。佩脫拉克及其同志見西塞羅及賀拉斯之著作中，嘗有提及希臘文學之處，故對於希臘文學之興味，遂油然發生。佩脫拉克去世未幾，佛羅倫斯城有聘請君士坦丁堡人赫里索洛拉斯（Chrysoloras）來任該城大學希臘文教授之事。

希臘學術之中興 其時佛羅倫斯城中有少年學生聞赫里索洛拉斯之將至也，曾有自問之言，傳諸後世。「爾若不能領略荷馬、柏拉圖、狄摩西尼及其他大詩人、哲學家與雄辯家之著作，爾寧不失去爾之最良利益耶？爾亦可與若輩相往還以若輩之知慧染爾之身。爾將任此種黃金機會之失去耶？蓋義大利人之不諳希臘文學者，已七百年，而吾人均知所有語言文字實來自希臘。爾亦知熟悉希臘文大有裨益於知識之增進與快樂之增加否耶？羅馬法之教員，到處有之，爾毋慮無繼續研究之機會，然教希臘文者，則僅有一人而已，爾若交臂失之，爾將無師可以受業矣。」

希臘文化之普通 其時學子之習希臘文者甚多，赫里索洛拉斯乃著近世第一部希臘文法一書以備學生之用。不久希臘之名著，漸形普及，與拉丁名著不相上下。義大利人甚至有前赴君士坦丁堡專習希臘文者；自東方教會為欲抵抗土耳其人起見與西方教會時相往還以後，希臘學者頗有前赴義大利者。當西元一四二三年時，有一義大利學者攜希臘書籍二百三十八冊以抵威尼斯，希臘文學至是遂遷入沃壤焉。當時手抄及校訂希臘、羅馬之書籍者不一而足；而宏麗之圖書館亦多建築於此時。如麥地奇家族、烏

比諾公及教宗尼閣五世，莫不盡力於此。即在今日教宗圖書館中圖書之豐富，尚名滿世界也。

第七節　近世科學之發端

羅傑·培根之識見　羅傑·培根宣言，假使吾人專心研究普通之事物，而不習古書，則科學之發明，必能遠駕於魔術所能者之上。彼謂將來人類，必能飛翔空際，有如飛禽；必有無馬之車，其行甚速；必有無槳之船，其駛如飛；必能造橋，而不用支柱。

希臘羅馬人對於科學無甚貢獻　羅傑·培根之言，至今已驗。近世科學家及發明家之受賜於希臘人及羅馬人者甚寡。希臘哲學家，雖亦有注意自然之科學者，然無意於實驗，或發明儀器，以資研究之用。若輩對於自然律，知之甚少，而謬見甚多。亞里斯多德以為宇宙以地球為中心，日月星辰，環而繞之，永遠不變。又以為重體下墜較輕者為速。世界萬物，均由四質造成，即土、氣、水、火是也。希臘人與羅馬人，絕不知有所謂指南針、火藥、印字機及水蒸氣之用途，更無所謂機器。

十三世紀時代之發見　當十三世紀時代，人類史上，有種種大發明。自指南針發明以後，航海者多遠遊無慮。凹鏡與凸鏡之原質亦發明於此時。至十三世紀末，已有眼鏡。吾人今日之望遠鏡、顯微鏡、分光器及攝影機之發達，莫不以凸凹鏡為根據，有功於科學上者極巨。阿拉伯之數字，至是亦起而代昔日繁笨之羅馬數字。羅傑·培根已知硫黃、火硝與木炭之混合物，有炸裂之性。彼死後三十年，火藥之用遂始。在佛羅倫斯城中，有西元一三二六年時之文字一篇，詳言銅炮及子彈之製造方法，至今

尚存。至西元一三五〇年，德國之火藥廠至少已有三城有之。法國與英國之書中，亦嘗提及火藥之用途。

堡壘建築之變遷　然在一百五十餘年後，火藥方起代昔日之武器。至西元一五〇〇年時，諸侯之城堡已失其保衛之能力，遂一變而為君主之王宮與諸侯之別墅。昔日甲冑、弓箭、槍鏢、城堡、城牆等，至是均無所可用。

印字機之發明　自指南針、凸凹鏡、火藥等發明以來，世界文明，為之一變。此外尚有一種發明，其關係甚大，即印字機是也。十五世紀之義大利學者，頗能激起時人研究希臘、羅馬古籍之熱忱，從事於古書之蒐集，抄傳校訂翻譯，不遺餘力。同時德國及荷蘭之人士，則盡力於印字機之發明。希臘人、羅馬人及中古時代人，欲得新籍，端恃手抄。抄書之專家，每能運用翎筆，舒展自如，筆跡精細整齊，與印刷者無異。然用此種方法抄書，進行定必甚慢，當義大利某巨族擬設立圖書館時，曾與書商約僱抄書者四十五人。二年之間，得書僅二百卷而已。

活版印字機之優點　而且印字機發明以前，欲二書之形式一致，實不可能。抄書者雖極其謹慎，尚難免錯誤之虞，其不謹慎者，則亥豕魯魚，定必觸目皆是。故當時大學中規定凡學生在教科書中見有錯誤之處，須報告於教師以改正之，以免讀者之誤會。自印字機發明以後，在短時間內能印出同樣之書多冊。故果能慎於排印，則同版所印之書，均校正可信矣。

中國造紙方法之傳入　自回教徒征服埃及之後，歐洲紙草之來源中斷，故中古時代人多以羊皮紙代之。唯因價值甚貴之故，故即使印字機早已發明，為用亦難甚廣。唯自十三、十四兩世紀以後，回教徒仿中國人造紙之法，傳入歐洲，故歐洲在印字機未發明以前，已以普通之紙代昔日之羊皮紙矣。

第二十一章　義大利諸城及文藝復興

印字機所印最古之書　用印字機所印之大書，當以西元一四五六年在美茵茲地方所印之《聖經》為最早。一年之後有名之《美茵茲聖詩篇》印成，書上之印有年月者，此為第一。然小冊書籍之以木刻活板印成者，尚有較此為古者。在德國諸城中，印書者仍沿用昔日抄書者所用之字型，謂之哥德體，或稱「黑體」。至於義大利，則第一印字機實設於西元一四六六年，不久應用一種形似古代羅馬碑刻之體。此體與今日普通行用者頗同。義大利人亦發明一種斜行體所占紙面空間較少，故一頁之字數，能較普通體所印者為多。當時印書之人，頗能悉心從事，故其印工之精良，幾與今日之佳本無異。

第八節　十四世紀之美術

文藝復興時代之義大利美術　當日之愛美精神及對於人與天然之興趣，以文藝復興時代義大利之美術上所表現者為最著。中古時代美術上習慣之束縛至是打破。繪畫家與雕刻家雖仍多從事於宗教上之作品，然十四世紀時代義大利之美術家，漸受古代美術殘品之陶鑄，並受生氣勃發及美麗可愛之世界之影響。與昔日美術家尤異者，則十四世紀美術家之想像，遠較昔日為自由。美術家本人之志趣及理想，漸成為作品上之重要原質，不似昔日之強行壓制之。文藝復興時代之美術史，乃一變而為美術家史。

義大利之建築　哥德式之建築，在義大利方面，始終無根深蒂固之觀。義大利人建築禮拜堂，仍沿用昔日之羅馬式。故哥德式風行於北部歐洲之日，正文藝復興時代義大利之建築家盡力於發揮羅馬式之秋。若輩之細工，頗有仿自古代者，如柱頭與飛簷等，而義大利建築之純樸與結構之

美麗，則真可謂得希臘、羅馬建築之神髓。義大利既受古代文學之遺產，則其受古代建築之影響，亦固其所。故文藝復興時代之建築，以結構整齊，細工美麗著於世。

比薩之尼古拉　古代美術之影響，以及於雕刻上者為最早而最著。其時為新派雕刻之領袖者，當推比薩之尼古拉（西元——二〇六年至一二八〇年）。彼曾悉心研究古代雕刻之殘片——在比薩地方所發見之石棺及大理石刻花瓶各一件。彼之傑作，首推比薩浸禮堂中之講臺，其所刻之人物，直仿古人模範。唯雕刻之術，受古代美術之影響，雖稱最早，而進步殊慢；直至十五世紀時，義大利之雕刻方向獨立創造方面發展云。

壁畫及畫架畫　文藝復興初年之繪畫，大抵壁畫居多；所謂壁畫，即直接繪諸教堂或王宮石膏壁上之畫。此外亦有畫諸神壇周圍之木板上者，唯為數甚少。至於用畫架在布上或木板上所繪之畫，則至十六世紀時方風行一世。

喬托・迪・邦多內　當十四世紀時，義大利之繪畫，非常發達，實第一大繪畫家喬托（Giotto di Bondone）（約西元一二六六年至一三三七年）提倡之功。當彼未出世以前，所有壁畫類皆與手抄書中之畫飾同，板滯無生氣，自喬托出世以後，繪畫之術為之一變。其時古代繪畫之品，本已不傳，喬托實無所憑藉，故不能不獨立以研究繪畫問題，而彼當然僅能開其解決之端而已。彼所繪之樹木風景，有似諷刺畫；所繪面貌，大致相同；所繪衣裳之褶紋，亦平直板滯。然彼之目的在繪前人所想不到之畫——即繪有生氣、有思想、有感情之男若女是也。而且彼之材料亦不僅以《聖經》中之人物為限。彼所繪之畫，以描寫聖方濟各之一生為最著名，此種材料實最足以感動十四世紀時之人民與美術家者也。

第二十一章　義大利諸城及文藝復興

當時美術家之特點　喬托在十四世紀美術上影響之大，殆因彼不但以善繪著名，亦且長於建築，有時並計劃凸景備雕刻之用。以一美術家而兼習各藝，固文藝復興時代特點之一也。

第九節　十五世紀之美術

十五世紀之美術　十五世紀，世人稱之為文藝復興之初期時代，其時義大利之美術，發達進步，穩而且速。至十六世紀乃達於最高之點。中古時代之陳規至是完全脫去，古代美術之模範，亦已研究無遺。藝術既日臻精美，故美術家理想之表示於作品上者，遂遠較昔日為自由。

佛羅倫斯城為美術中心　佛羅倫斯城在十五世紀時，實為美術之中心。當時最著名之雕刻家，大部分之繪畫家與建築家，或生於該城，或成其最佳之作品於此。當十五世紀初半期，雕刻術復為當時美術界之領袖。吉貝爾蒂（Ghiberti）在佛羅倫斯所雕之浸禮堂銅門，約至西元一四五〇年方告成功，為文藝復興時代雕刻品中之最美者。米開朗基羅（Michelangelo）宣言此種銅門實合極樂園門之用。試與十二世紀比薩大禮拜堂之門相較，則前後變化之跡，一望可知。與吉貝爾蒂同時者，有魯卡（西元一四〇〇年至一四八二年）其人，以善雕凸景於玻璃磚及大理石上著名，至今在佛羅倫斯城中尚有存者。

繪畫家　十五世紀初半期之有名繪畫家，修道士安傑利科實居其一。彼在聖馬可及他處寺院所繪之壁畫，極足反照其一種愛美與樂道之忱。

第五卷　文藝復興

第十節　十六、十七兩世紀之美術

羅馬城為美術中心　佛羅倫斯城為美術中心後,至羅倫佐秉政時代,因提倡甚力之故,其美術遂達於極盛之境。西元一四九二年羅倫佐卒,薩佛納羅拉繼起,美術中心遂移入羅馬城而為歐洲大都會之一。教宗儒略二世(Iulius PP. II)與良十世(Leo PP. X),性愛美術,用盡心力廣延當日之著名美術家與建築家,從事於聖彼得禮拜堂與梵蒂岡皇宮之建築及裝飾。

禮拜堂及教宗皇宮　以圓頂為禮拜堂之觀念,極動文藝復興時代建築家之心。此種觀念之實現,至重修聖彼得禮拜堂而造於絕頂。重修之舉,始於十五世紀,至西元一五〇六年教宗儒略二世再繼其工作,終十六世紀之世,至十七世紀而工竣。主持工程者皆當日極有名之美術家,如拉斐爾(Raphael)及米開朗基羅皆在其內。其計畫屢經變更,最後乃決用拉丁式之十字架形,上蓋圓頂,其直徑達一百三十八尺。規模宏大,望之令人生畏。昔日羅馬教宗之居於拉特朗宮中者,凡千餘年。自教宗由亞維農返羅馬後,遂廢而不用。另於聖彼得禮拜堂之右,造梵蒂岡宮,為起居之所。宮中之室,大小凡數千間,以義大利名繪畫家之畫裝飾之,或以古代偶像實之。吾人試遊今日之威尼斯、佛羅倫斯及羅馬諸城,每得目睹當日美麗之建築圖畫等美術品也。

文藝復興時代之美術極盛時期　當十六世紀時,文藝復興時代之美術,乃達最盛之域。此期中最有名之美術家凡三人——即達文西(Leonardo da Vinci)、米開朗基羅及拉斐爾是也。達文西與米開朗基羅並長建築、雕刻及繪畫三種美術,而造詣極深。若輩作品之美麗重要,實非數言可盡。拉斐爾與米開朗基羅之壁畫與畫品,至今遺留者尚多,米開朗基羅

第二十一章　義大利諸城及文藝復興

並留有造像，吾人正不無賞鑑之資。至於達文西之作品，完全傳下者甚少。其影響之及於當時美術上者，殆較拉斐爾與米開朗基羅為尤大，蓋彼之藝術，極其淵博，多出自心裁，且始終專心於新法之發明及應用。彼實一試驗家也。

威尼斯派　佛羅倫斯城雖已非美術之中心，而美術家則仍不一而足，就中尤以安德烈亞‧德爾‧薩爾托（Andrea del Sarto）為最著。然當十六世紀時，美術中心除羅馬外，當推威尼斯。威尼斯繪畫之特點，為光耀奪目之顏色。提香（Titianus）（西元一四七七年至一五七六年）之畫，實為代表。

北部歐洲之繪畫　義大利美術之名既大著於世，北部歐洲諸國之美術家遂多遊學於義大利，學成而返國。喬托卒後百年間，有法蘭德斯美術家兄弟二人名揚‧范艾克（Jan van Eyck）者，不但繪畫之術，可與義大利人媲美，即其著色之方法，亦遠在義大利人之上。不久，當義大利繪畫達於極盛之日，正德國之杜勒（Dürer）（西元一四七一年至一五二八年）及霍爾班（Holbein）與義大利之拉斐爾及米開朗基羅爭勝之時。杜勒之藝術，尤以銅板之雕刻名於世，至今尚無人能駕而上之者。

當十七世紀時，阿爾卑斯山南之繪畫，漸形衰替，而荷蘭與法蘭德斯之美術家則正從事於繪畫之美術，就中以魯本斯（Rubens）（西元一五七七年至一六四〇年）與林布蘭（Rembrandt）（西元一六〇七年至一六六九年）為最著。又有法蘭德斯之繪畫家名范戴克（Anthony van Dyck）者，以善繪肖像著名。至於西班牙，則在十七世紀時有名繪畫家一，其藝術之精美，甚至遠駕義大利最大美術家之上，其人為誰，即維拉斯奎茲（西元一五九九年至一六六〇年）是也。其藝術與范戴克同，亦以擅長肖像著於世。

第五卷　文藝復興

第十一節　地理上之發見

中古時人之地理知識　自印字機發明以後,大有利於知識之傳播。不久又有多次之海上航行,引起他日地球全部之探險。西部歐洲之知識界限,為之大擴。古代希臘人及羅馬人之地理知識,僅以歐洲南部、非洲北部及亞洲西部為限;至於中古時代人,則並此而忘之。十字軍人曾遠赴埃及與亞洲之敘利亞。當但丁生時,曾有二威尼斯商人波羅兄弟東遊中國,備受元代君主之優待,第二次東遊時,波羅兄弟中有一人並攜其子名馬可‧波羅(Marco Polo)者同行。遊行亞洲凡二十年,至西元一二九五年返國。馬可乃著遊記行於世,讀者莫不驚奇。書中雖盛稱日本為黃金之島嶼,及摩鹿加群島與錫蘭島之香料市場,然絕不能起西部歐洲人東遊之興趣也。

十四、十五兩世紀時葡萄牙人之地理上發見　約當西元一三一八年時,威尼斯與熱那亞直接由海道與荷蘭通商。商船往來,每經里斯本,因之激起葡萄牙人之商業熱忱。至十四世紀中葉,葡萄牙之航海家發見加那利群島、馬德拉群島及亞速爾群島。前此無人敢探非洲之海岸以達於撒哈拉瘠地以外者。非洲本不易探險者,既無良港,而當時又信熱帶之地難以居人。然至西元一四四五年,航海家忽於海邊沙漠之外,望見一草木繁茂之區,遂名其地為「綠角」。非洲南部皆屬沙漠之觀念,至是消滅。

此後三十年間,葡萄牙人繼續南向而進,以冀發見非洲之南端而覓得直通印度之航路。至西元一四八六年迪亞士(Bartolomeu Dias)環繞好望角。十二年之後(西元一四九八年)達伽馬(Vasco da Gama)鑒於哥倫布(Christopher Columbus)之發見新大陸,乃有環繞好望角渡過印度洋以達

第二十一章　義大利諸城及文藝復興

印度科澤科德之舉。

香料貿易　阿拉伯之香料商人，對於西部歐洲之航海家頗懷猜忌之意，蓋深知歐洲人之目的，在於建設直通印度之航路也。前此地中海與南洋群島間之香料貿易，本為回教徒所壟斷，再由義大利商人轉售於西部歐洲各國。然回教徒始終不能阻止葡萄牙人與印度土酋之締約與商埠──如果阿及其他地方──之建設。西元一五一二年，葡萄牙之航海家抵爪哇與摩鹿加群島，並建炮壘於其地。至西元一五一五年，葡萄牙已成為海上商業強國之一，東方香料，源源輸入里斯本。義大利諸城之商業，至是遂一蹶不振。

香料與航海之關係　歐洲人全球探險之最大原因，莫過於獲得香料之希望。因之航海家有多次之航行以冀得直達東方之路。有環繞非洲者，有一直向西而行者。自美洲發見以後，則有環繞美洲之南北兩端者，甚至有環繞歐洲北岸者。當時歐洲人對於香料之熱忱，何以如此之烈，吾人實難索解。實則當時食物運輸既緩，冰之為用，又不通行，故保存之方，唯香料之是賴。且食物之易腐敗者，加以香料，即可入口。故歐洲人之視香料，有同珍寶，非無故也。

西航觀念　其時有思想之人，多以為向西航行，必可直抵印度。當時對於地球之大小及形式，仍以西元後一五〇年間天文家托勒密（Ptolemy）之著作為標準。據彼之計算，地球之面積約小於今日吾人所知者六分之一。又因馬克・波羅極道東遊道途之遙遠，故西部歐洲人以為向西赴日本，其路程必較近。

哥倫布發見新大陸（西元一四九二年）　第一次西航之計畫，似始於佛羅倫斯之醫士名托斯卡內利（Toscanelli）者其人，彼於西元一四七四年

將其計畫陳諸葡萄牙王。至西元一四九二年，有熱那亞之航海家名哥倫布者（生於西元一四五一年），航海之經驗本甚豐富，得西班牙王之助，攜船三艘向西而進，冀於五週後達日本。自離加那利群島三十二日後，乃抵聖薩爾瓦多島，自信已抵東印度群島中。再進而發見古巴島，以為此即亞洲之大陸。再達海地島，誤為日本。嗣後哥倫布雖西航三次，並沿南美洲海岸南下至奧里諾科河口止，然至死尚自信為已直達亞洲也。

麥哲倫環航地球　自達伽馬及哥倫布航海成功之後，英國人麥哲倫（Ferdinand Magellan）於西元一五一九年至一五二二年間有環航地球之舉。歐洲人對於新地之狀況，漸形明瞭。探險於北美洲沿岸一帶地者，英國人居多，若輩之希望覓得西北航路以達香料群島者，先後凡百餘年。

西班牙人之征服美洲　自新大陸發見以後，西班牙人科特斯（Cortés）有征服美洲之舉，而以西元一五一九年征服墨西哥之阿茲特克帝國為始。不數年間，皮薩羅（Pizarro）建設西班牙之勢力於祕魯。歐洲人對待土人，極其殘忍，每不以人類視之。至是西班牙遂繼葡萄牙而雄霸海上。當十六世紀時新世界之財富源源輸入西班牙，故西班牙之富強，為當日西部歐洲諸國之冠。至十六世紀末年，「西班牙大陸」一帶──即南美洲之北岸一帶地──冒險者接踵而至，其性質乃商而兼盜者也。就中英國人居多，他日英國海上商業之發達，此輩人實肇其基。

第二十二章
十六世紀初年之歐洲

第一節
皇帝馬克西米連一世與哈布斯堡王朝領土之擴充

十六世紀初年之二要事 十六世紀初年，歐洲史上有重要之事實二。(一) 因種種婚姻關係，西部歐洲大部分之領土，入於一人統治之下，即皇帝查理五世 (Karl V) 是也。彼所受之遺產有勃根地，西班牙，義大利之一部及奧地利之領土；至西元一五一九年被選為皇帝；領土之廣，自查理曼帝國以後，此為第一。在其領土之中者，有維也納、布魯塞爾、馬德里、巴勒摩、那不勒斯、米蘭諸名城，甚至墨西哥城，亦在其內。其領土之創設與瓦解，實近世歐洲史上之大事。(二) 當查理五世入即帝位之日，正宗教革命開始之秋。其結果則教會破裂，分成二大派，新舊對壘，以迄於今。本章之目的在於說明查理五世帝國之由來，範圍及性質，以便讀者瞭然於新教革命之影響於政治上者為何。

吾人於敘述查理五世統一帝國之先，不能不注意二事：第一，須知查理五世所屬之哈布斯堡王朝如何興起；第二，此後之西班牙何以漸形得勢於西部之歐洲。

德國不能建設強固中央政府之理由 德國諸君不能如法國王路易十一與英國王亨利七世之建設強而有力之國家。自稱「皇帝」以來，名號雖

尊，而困難實巨，吾人上曾述及之。一面皇帝欲合德國與義大利而為一，一面教宗與皇帝之敵聯合以來攻，德國皇帝幾有一敗塗地之勢。加以帝位不能世襲罔替，權力益弱。蓋德國之帝位，雖有父子相傳之跡，然新帝必經選舉而後可。故國內諸侯每於選舉皇帝時，必多方設法限制皇帝之權力，以免其干涉若輩之特權與獨立。其結果則自霍亨斯陶芬族衰亡以後，德國國內，四分五裂，諸邦之中，無一大者，而有極小者。

魯道夫得奧地利　德國經過一期之虛君時代，至西元一二七三年哈布斯堡之魯道夫被選為皇帝。哈布斯堡王朝發祥於瑞士之北部，其城堡至今尚存。魯道夫為該族之第一能者；自強占奧地利與史泰利亞二公國後，其地位與勢力，遂乃鞏固，兩地為他日奧地利領土之中堅。

帝號為哈布斯堡王朝所世襲　魯道夫去世百五十年後，德國之諸侯每選奧地利領土中之君主為皇帝，故德國帝位，事實上無異為哈布斯堡王朝所世襲。然哈布斯堡王朝之皇帝，類皆專心致志於本族領土之擴充，而對於徒有虛名之神聖羅馬帝國，則頗為漠視。故伏爾泰嘗謂所謂神聖羅馬帝國，已非「神聖」，亦非「羅馬」，亦非「帝國」。

馬克西米連一世擴充領土　十六世紀初年之皇帝為馬克西米連一世（西元一四九三年至一五一九年），專心從事於國外領土之擴充，不甚注意國內政權之鞏固。彼與其先人同，必欲得北部義大利之地以為快。因與查理之公主結婚，遂得荷蘭之地。較此尤為重要者，則哈布斯堡王朝之勢力及於西班牙是也。

第二十二章　十六世紀初年之歐洲

第二節　西班牙之興起及查理五世之稱帝

西班牙之回教文明　西班牙自被回教徒征服之後，其歷史與西部歐洲其他各國大不相同。其最大結果之一，即為西班牙人民大部皆改奉回教。當十世紀時，西部歐洲一帶，黑暗異常，獨西班牙之阿拉伯文明，極其隆盛。其時西班牙之人種，有羅馬人、哥德種人、阿拉伯人及柏柏種人，雖甚複雜，久已同化。農工商諸業以及藝術與科學，無不蒸蒸日上。科爾多瓦一城，人口有五十萬眾，有宏大之王宮，有大學，有回教禮拜寺三千處，有公共浴場二百處，規模宏大，實冠西部之歐洲。當西部歐洲教士僅能讀書寫字之日，科爾多瓦大學之學生，數以千計。然此種隆盛之景象，為期僅百年而止。至十一世紀之中葉，科爾多瓦之回教王國，土崩瓦解。不久非洲方面又再有入侵西班牙之舉。

西班牙基督教國家之興起　同時基督教之國家，仍存在於西班牙北部之山中。自西元一〇〇〇年以來，即有基督教小國——卡斯提亞、亞拉岡及納瓦拉——之建設。就中卡斯提亞王國尤能南向以排擠日就墮落之阿拉伯人，至西元一〇八五年恢復托利多城。亞拉岡亦合併巴塞隆納之地與埃布羅河流域，國土大擴。至西元一二五〇年，基督教徒與回教徒經過多年之戰爭，卡斯提亞之領土竟達西班牙半島之南端，而包有科爾多瓦與塞維利亞諸大城。至於葡萄牙之領土，是時已與今日無異。

格拉納達與卡斯提亞　西班牙之回教徒世稱為摩爾，此後二百年間，尚能維持其勢力於格拉納達山國中與半島之南部。蓋當此期中，西班牙之王國以卡斯提亞為最大。國內有王位之爭，同室操戈，無暇外顧也。

卡斯提亞與亞拉岡之合併　西班牙君主中之第一有名者，當推卡斯提

亞女王伊莎貝拉（Isabel I la Católica）其人。彼於西元一四六九年與亞拉岡王太子斐迪南（Fernando）結婚，其結果則卡斯提亞與亞拉岡兩國合而為一，西班牙乃始為歐洲史上之重要國家。此後百年間，西班牙武力之強，實為西部歐洲各國之冠。斐迪南與伊莎貝拉頗能從事於半島之征服。西元一四九二年攻陷格拉納達城，回教徒在西班牙之根據地，至是蕩然無存。

西班牙之海外富源 同年哥倫布得女王伊莎貝拉之助，發見新大陸，西班牙之海外富源，因之開闢。十六世紀之西班牙，富強甲天下，大都源於美洲金銀之流入。科特斯與皮薩羅之劫奪墨西哥及祕魯諸城與新世界銀礦之開拓，皆足以使西班牙之隆盛景況獨步一時。

猶太人及回教徒之虐殺 不幸西班牙之基督教徒，有虐殺猶太人及回教徒之舉，此二種人本皆以勤儉著名，而西班牙人之生活，實此兩種人之工作有以維持之。伊莎貝拉之排除異教徒，極具熱誠，故有恢復異端裁判所之舉。此後數十年間，異端之被逮及被焚者不知凡幾。西班牙之惡名，遂因之與異端裁判所以共傳。至西元一六〇九年，西班牙之回教徒，驅除已盡。虐殺之結果，則有用之國民為數大減，而國家元氣亦為之大傷。十六世紀時富強之機會，因此坐失。

查理五世之遺產 德國皇帝馬克西米連一世既得勃根地之地，尚為不滿。彼並令其子費利佩（Felipe I el Hermoso）娶西班牙斐迪南與伊莎貝拉所生之女胡安娜（Juana）為妻。費利佩於西元一五〇六年卒，其妻胡安娜憂鬱過度，乃得瘋疾，難繼大統；其塚子查理（Karl V）遂有繼統之望。即他日之布拉邦公、安特衛普邊防使、荷蘭伯、奧地利大公、提洛伯、卡斯提亞，亞拉岡及那不勒斯與西班牙美洲領土之王也——此尚不過舉其重要稱號之一部分而已。

查理五世與西班牙 西元一五一六年，斐迪南去世，查理年僅十六歲，本生長於荷蘭，至是入即西班牙之王位。西班牙人多驕慢而猜忌，頗不喜查理之官吏。西班牙諸邦中，頗示反對之意，蓋是時西班牙本非統一之邦也。諸邦中均要求查理先承認其權利並允許其改革之要求，方允承認查理為王。

查理五世被選為皇帝（西元一五一九年） 是時查理欲為西班牙王，似甚棘手。然年未二十，又有較大之稱號與責任，加諸其身。馬克西米連一世向抱有以其孫入繼帝位之志。西元一五一九年，馬克西米連卒，諸侯乃選查理為皇帝，法國王法蘭索瓦一世（François I）曾欲入繼帝統而不得。查理從未到過德國，且不諳德國語，而當彼入即帝位之日，又值路德叛離教會之秋，國內紛爭，不易解決。此後吾人改稱西班牙王為皇帝查理五世。

第三節　法王查理八世之入侵義大利

義大利為當日之戰場 吾人欲明瞭查理五世在位時代之歐洲，與其一生之戰事，不能不先明白當日各國君主所注意之問題。義大利半島何以忽成為西班牙、法國，與德國之戰場，吾人尤不能不加以研究。

法王查理八世入侵義大利 法國王查理八世（Charles VIII l'Affable）（西元一四八三年至一四九八年）之政才，遠不若其父路易十一。彼抱有遠征土耳其人以奪得君士坦丁堡之雄心。因欲實現其計畫，乃先著手於那不勒斯王國之占領，以為那不勒斯雖屬於亞拉岡，於理應為其父之遺產。遂率兵入義大利。義大利雖不願有強國人並其半島之南部，然諸小邦實無

第五卷　文藝復興

聯合禦侮之傾向。而義大利諸邦中,且反有慫恿查理八世之入侵者。

薩佛納羅拉與查理八世　假使羅倫佐·德·麥地奇尚存,則彼或有組織同盟從事抵抗之舉,然彼已於西元一四九二年去世,正當查理八世入侵之前二年。羅倫佐·德·麥地奇之子不能維持其父之權力;其時有道明派之托缽僧名薩佛納羅拉者,因熱心傳道之故,在佛羅倫斯城中,頗占勢力。彼自以為先知者,宣言義大利之罪惡甚大,上帝不久有懲罰之舉;又謂如欲逃上帝之怒,莫如從速放棄罪過與快樂之生活。

當薩佛納羅拉聞法國王有入侵義大利之舉,以為此即「上帝之鞭」,雖足為教會之患,然亦足以澄清教會之流弊。至是彼之預言,似乎已應,聞者莫不驚惶。查理八世將近佛羅倫斯之時,城中人群起作亂,劫掠羅倫佐·德·麥地奇之王宮,逐其三子而出之。建設共和,薩佛納羅拉乃大得勢。佛羅倫斯城中人開門迎查理八世入城,不意法國王面目可憎,身材短小,大為失望。若輩遂表示不願屈服於法國王之意,並謂如法國人欲占據佛羅倫斯城作久居計者,則若輩必盡力以反抗之。薩佛納羅拉向法國王言曰:「爾居佛羅倫斯,城中人實苦之,而爾亦徒耗光陰而已。上帝命爾改革教會者也,爾其進行爾之高尚使命矣。恐上帝一旦加怒於汝,必且另選他人以代爾實行其計畫也。」法國軍隊因之駐於佛羅倫斯城中者僅一週,即南下。

大分離後之教宗　查理八世在義大利所遇之第二人,為教宗亞歷山大六世(Alexander PP. VI),其性情適與薩佛納羅拉相反。自教會分離與宗教大會以後,為教宗者,每從事於義大利中部領土之組織。當時之教宗幾與普通義大利之國君無異。然教宗之政治計畫,進步甚慢,蓋因為教宗者每係老耄之人,時間甚促,實現為難;而且每專心於親友之援引,反置領土之組織於不顧。自教宗有此種私心自用,蕩矩踰閒之方法後,教會之信

用，益形墮落。

教宗亞歷山大與波吉亞 教宗亞歷山大六世（西元一四九三年至一五〇三年）系出西班牙之波吉亞家族（Borgia），其公然放蕩，為義大利所罕見。彼竟公然為其子孫謀長久之計，抑若自忘其所處之地位為何。彼曾欲在佛羅倫斯之東方，建設公國以予其子切薩雷‧波吉亞（Cesare Borgia）。而切薩雷之罪惡，則較其父尤巨。彼不但殘殺其仇敵，並令人刺死其弟，投其屍於臺伯河中。時人均以教宗父子二人為精於用毒藥以殺人之術者。馬基維利所著之《君主論》中，極推崇切薩雷‧波吉亞之為人，以為彼之性質，實可以代表成功之君主云！

教宗聞法國王之入侵，驚惶殊甚，彼雖身為基督教之首領，竟與信奉回教之土耳其王商議抵抗法國王之法。然卒不能阻止法國王之入羅馬城，不久法國王再南向那不勒斯而進。

查理八世之返國 法國軍隊，所向披靡，雖那不勒斯亦不久即入於其手。然法國王與其軍隊，漸形驕縱，婦人醇酒，相習成風，軍隊因之解體。同時法國王之敵，亦有聯合來攻之舉。亞拉岡王斐迪南既慮西西里島之淪亡，皇帝馬克西米連一世亦雅不欲法國之征服義大利。查理八世漸陷入危險之境，至西元一四九五年，一敗之後，即返法國，亦可謂見機者矣。

查理八世遠征之結果 查理八世遠征義大利之結果，驟視之似乎甚微，而其實則甚巨。第一，歐洲人恍然於義大利內部之瓦解。自此至十九世紀後半期，義大利之地，多為外國君主所領有，奧地利與西班牙之勢力尤巨。第二，法國人頗羨慕義大利美術與文化之高尚。為貴族者類皆改其昔日之城堡為安樂之別墅。義大利之學問，不但傳入法國，而且傳入英國與德國。故義大利此後不但在政治上為外國之犧牲，即其文藝復興以來所

占文化上之盟主地位,亦永遠失去云。

薩佛納羅拉之改革 自法國王離開佛羅倫斯後,薩佛納羅拉仍繼續其改革之事業,冀將佛羅倫斯城造成模範之邦,為義大利中興之領袖。其始彼之計畫,通行無阻,當西元一四九六年舉行四旬齋前祭典時,不復如昔日羅倫佐・德・麥地奇時代之奢華而盡歡。次年並令城中人聚所有阻人入聖之「浮華」——淫書、圖畫、珠寶、玩物等——於城政府公署前曠地上焚毀之。

薩佛納羅拉之被殺（西元一四九八年） 然薩佛納羅拉之仇敵甚多,雖同派中之托缽僧亦有恨之者。至於方濟各派之托缽僧,則因薩佛納羅拉聲望甚隆之故,頗懷猜忌之心,謂彼實非真先知者。其敵人中反對最力者,尤以教宗亞歷山大六世為首推,蓋彼本不喜薩佛納羅拉改革之主張,且力勸佛羅倫斯城中人仍與法國王聯盟者。不久城中人亦漸不信任薩佛納羅拉之為人。西元一四九七年教宗下令逮捕之,定以異端並蔑視教宗之罪。次年絞殺之,焚其屍身於一年前焚毀「浮華」之物之處。

路易十二之義大利政策 同年法國王查理八世去世,無子,其遠親路易十二 (Louis XII) 入繼大統,有再入侵義大利之舉。其祖母系出米蘭之維斯孔蒂家族,故路易十二不但要求那不勒斯而且要求米蘭為其領土。彼乃率兵入攻米蘭城而陷之。並於西元一五〇〇年密與亞拉岡王斐迪南締結瓜分那不勒斯之約。法國與西班牙聯合出兵以征服那不勒斯。不久二國之意見相左,四年之後,法國王售那不勒斯之權利於斐迪南。

第二十二章　十六世紀初年之歐洲

第四節　十六世紀初年歐洲之政情

教宗儒略二世　西元一五〇三年教宗儒略二世就任，其性質與其前人實無大差別。好勇善戰，曾親身披甲冑率兵以赴前敵。儒略二世本熱那亞人，故懷有仇恨熱那亞之商業勁敵威尼斯之心。威尼斯曾占據教宗領土北界之數城，益觸教宗之怒，誓將威尼斯城變成漁村。威尼斯之使臣答曰：「至於爾，聖父，如爾再無理者，吾人將使爾變為村中之牧師。」

康布雷同盟（西元一五〇八年）　西元一五〇八年教宗有提倡組織康布雷同盟之舉，以滅威尼斯為目的。德國、法國、西班牙及教宗商訂瓜分威尼斯大陸領土之法。其時德國皇帝馬克西米連一世，甚欲獲得與奧地利毗鄰之地，法國王路易十二則思擴充其米蘭公國之領土，至於教宗與斐迪南，則各欲得其應得之領土。

教宗之反覆　四強合力征服威尼斯，本屬易如反掌之事，威尼斯人懼，急與教宗言和，教宗許之。教宗雖與諸侯訂有同盟之約，至是竟誓以撲滅外國之「蠻族」為己任。反與威尼斯同盟，並嗾使英國王亨利八世入攻法國。至於德國皇帝，教宗宣言彼實「與新生之嬰孩無異，無能為患」。此次對法國之「神聖同盟」卒使法國損失米蘭城，並於西元一五一二年逐法國人於義大利之外。然義大利內部之紛糾，並不因此而解除也。

教宗良十世　教宗儒略二世卒於西元一五一三年，羅倫佐之子繼其任，稱良十世（西元一五一三年至一五二一年）。彼與其父同，極喜美術與文學，然絕無宗教上之感情。極欲繼續用武，以備分封其姪之用。

法王法蘭索瓦一世　法國王路易十二卒，法蘭索瓦一世（西元一五一五年至一五四七年）即位，抱有恢復米蘭之志。新王即位時，年僅二十歲，

為人和藹可親，行動任俠，故國人以「雅王」稱之。彼與教宗良十世及英國王亨利八世同，提倡文化，不遺餘力，故法國當時之文學，燦然可觀。然彼實非政治家，不能有一定之政策，伏爾泰謂彼之「行事無不或作或綴也」。

法蘭索瓦一世之在義大利　法蘭索瓦一世即位之始，即立功於國外。彼率兵越峻嶺而入義大利，敗瑞士人於馬里尼亞諾地方。乃進占米蘭城，遂與教宗訂約。教宗允法國王可保留米蘭，法國王亦贊成教宗將佛羅倫斯城復入附於麥地奇家族之計畫。不數年後佛羅倫斯共和國一變而為托斯卡尼大公國。自是以後，佛羅倫斯之文化，不復如昔日之盛矣。

法王與皇帝之不和　法國王法蘭索瓦一世與皇帝查理五世，本甚和好，然因種種關係，二人之間，嘗起戰爭。法國在當日介於查理五世領土之間，並無天然疆界。而且法國王與德國皇帝均要求勃根地公國與勃根地伯國為己有。查理五世又以為根據彼之祖父馬克西米連一世之權利，米蘭城應屬於彼。三十年間兩君間之戰爭，連年不息，實為他日法國與哈布斯堡王朝二百年間戰事之先聲。

英王亨利八世　當德國與法國戰爭將起之際，均以獲得英國王之援助為事。蓋英國王之援助，在當時有舉足輕重之勢，而英國王亦頗欲參預歐洲之事也。英國王亨利八世於西元一五〇九年繼其父亨利七世之王位，年僅十八歲。彼與法國王法蘭索瓦一世同面貌美而莊，和藹可近。彼曾殺死強迫國民「貸款」之官吏二人，因之頗得民心之嚮往。而且以有學問著於世。彼始娶查理五世之姑亞拉岡之凱薩琳（Catalina）為后，並任托馬斯・霍華德（Thomas Howard）為大臣，以備顧問。

西元一五二〇年查理五世起程赴德國，在亞琛地方行加冕禮。中途入

第二十二章　十六世紀初年之歐洲

英國，冀阻止英國與法國之聯合，納賄於沃爾西（Wolsey），蓋沃爾西至是已由教宗良十世任為閣員，又極得英國王之信任也。查理五世許沃爾西以年金。事竣後離英國而入荷蘭行加冕之禮，再入德國召集沃姆斯公會，此實查理五世人德國之第一次。此次公會中之重要事件為討論大學教授馬丁・路德反對教會問題云。

第五卷　文藝復興

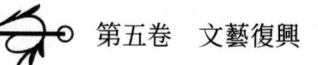

第六卷
宗教改革及宗教戰爭

第六卷　宗教改革及宗教戰爭

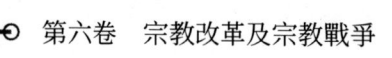

第二十三章
宗教改革以前之德國

第一節　導言

　　宗教改革前之兩次革命　十六世紀中歐洲史上最重要之事實，莫過於歐洲西北部之叛離中古教會而獨立。西部歐洲人之叛離教會，前乎此者，凡有二次。第一次為十三世紀時法國南部異端阿爾比派之叛亂；卒以慘酷之方法平定之，而異端裁判所並因之而建設，以剷除異端為事。第二次，則二百年後波希米亞人因受威克里夫著作之影響，亦有不遵當時教會中通行習慣之舉。然屢經流血之戰爭，仍不能不再服從當日之教會。

　　路德之叛離教會　然教會之勢力雖巨，教會之組織雖極其完備，而其無能統一西部歐洲一帶地，則漸形顯著。西元一五二〇年之秋，馬丁・路德教授率威登堡大學之學生赴城外以火焚毀中古教會之一切法律。彼之出此，蓋所以公然表示彼之目的在於反對當時之教會及其原理與習慣之大部分。彼並焚毀教宗對彼所頒之諭，以示其不服教宗之意。

　　新舊教派之起源　德國、瑞士、英國及其他諸國之領袖，亦有分途叛離教會之舉；為君主者，每承認宗教改革家之主張，並利用之以建設國教。自此西部歐洲之宗教遂分為二大派。大部分人民仍尊崇羅馬之教宗為宗教之首領，並繼續維持羅馬皇帝狄奧多修以來之宗教制度。大抵除英國外，凡昔日羅馬帝國舊壤中之諸國，仍奉羅馬之正宗教會。至於德國之北

部、瑞士之一部、英國、蘇格蘭及斯堪地那維亞諸國，莫不先後叛離教宗，廢棄羅馬舊教教義與制度之大部分。新教徒，世稱抗議人，其宗教制度亦並不一致。唯其不服從羅馬教宗，及其回返古初教會純以《聖經》為根據，則莫不相同。

宗教改革為一般之革命 叛離教會之舉，實歐洲人風俗習慣上一般革命之開始。宗教改革不僅係一種信仰之變更而已，蓋當時教會之勢力實瀰漫於當時人之職業及社會中。教會之握有教育權已數百年。凡家庭、公所及城市中，遇有要事，莫不隨以宗教上之儀節。中古書籍類皆由舊教教士著作之；舊教教士並為當日政府中之重臣，為國君所依重。總之除義大利外，唯教士為曾受教育之人。教士與教會地位之重要，古今無兩。中古教會既非純粹之宗教制度，故宗教改革不僅係一種宗教之變遷，實亦一種社會與政治之變化。因此種變化而發生之衝突，當然甚烈。其時間延長至二百餘年之久，無論公、私、社會、個人、世俗、宗教之興味，均受其影響。民族與民族爭，國家與國家戰。家庭之內亦復彼界此疆。戰爭也、擾亂也、忿怒也、蹂躪也、詭詐也、殘忍也，皆當日西部歐洲諸國中之內情也。

以後數章之目的，在於說明宗教革命之由來，宗教革命之性質及其結果。欲明乎此，吾人不能不略述路德時代之德國狀況如何，以便明白當時德國人何以有贊助路德攻擊教會之舉動。

第二節　當日德國之政治狀況

十六世紀時之德國　皇帝查理五世時代之德國，與十九世紀後半期之德國不同。當時之德國，法國人稱之「諸德」；蓋國中小邦凡二、三百，大

第二十三章　宗教改革以前之德國

小不同,性質亦異。有公國,有伯國,有大主教教區,有主教教區,有住持領土。又有城如紐倫堡、奧古斯堡、法蘭克福及科隆等,無不獨立如巴伐利亞、符騰堡及薩克森諸邦。此外並有騎士,其領土或僅有城堡一處及其附近之村落,然仍不失其為獨立之國家也。

七選侯及其他諸侯　至於皇帝已無統馭諸侯之能力。彼之稱號雖尊,地位雖貴,然既無金錢,又無軍隊。當路德生時,皇帝腓特烈三世(Friedrich III)因貧困之故,每乘牛車往來就食於寺院。其時德國之政權,實在於強大諸侯之手中。諸侯中之尤有力者為選侯七人,所謂選侯者,因若輩自十三世紀以來享有選舉皇帝之權利者也。就中三人為大主教——領有萊茵河一帶之領土,即美茵茲、特里爾及科隆三地是也。在其南者為宮伯之領土;在其東北者為布蘭登堡及薩克森二選侯之領土;合波希米亞王而成七。此外其他諸侯領土之重要亦正不亞於選侯。如吾人今日習聞之符騰堡、巴伐利亞、黑森及巴登皆其著例。而且諸邦自十六世紀以來因兼併之故,其領土莫不大有增加也。

城市　因十三世紀以後商業發達及錢幣流通而發生之城市,在北部歐洲一帶者,與在義大利者同,皆為當日文化之中心。紐倫堡為德國城市中之最美麗者,至今尚留存十六世紀時所產之建築與美術品。城市中有直隸於皇帝者,故不受所在地諸侯之約束。此種城市世稱「自由」城或「皇城」,其性質亦與獨立國無異。

騎士　騎士之領土極小。騎士之流,曾為重要之武人階級。然自火藥發明戰術變遷之後,個人英武遂無所用。領土過小,故每流為盜賊。若輩因羨慕市民之起居安適,每抱猜忌之心。又因諸侯存兼併其領土之心,故並抱痛惡諸侯之意。

無維持秩序之中央政府　德國小邦林立,大小不同,則紛爭之事,當

257

然難免。在此種狀況之下，諸邦之上，似有設立高等法院之必要以判定其是非，並應有充分之軍力以實行法院之判決。然當時德國雖有帝國法院十處，而法院之行止追隨皇帝之足跡。往來無定，訴訟甚難。而且即使經過審判，曲直分明，終以皇帝無兵，故無力執行法院之判決。其結果則諸侯間遇有爭執之事，唯有自決之一法。故鄰邦之戰，若能遵守開戰時之程序，法律上即不加禁止。例如諸侯或城市欲與他邦宣戰時，必於三日以前與敵人宣告，方可開始攻擊。

帝國公會　至十五世紀末年，帝國公會因鑒於國內無有力之中央政府，秩序太紊，曾有設法補救之舉。公會中提議設法院一所以解決諸邦君主間之紛爭。設於一定便利之地。將帝國分成區或「環」，各區中組織軍隊若干人以備維持法律及執行法院判決之用。然公會雖常常開會，討論國是，而成功甚少。西元一四八七年諸城市始遣代表赴會，然騎士及小諸侯每不參預其間，初無服從公會議決案之意。至路德時代，德國公會幾乎每年開會一次矣。

第三節　當日德國之實情及宗教改革之原因

新舊教著作家之矛盾　新舊教中之著作家對於此時之德國，其見解當然不大相同。信新教者每以此時之德國為黯淡無光。其意蓋欲彰路德之功，使其成為救國救民之人。至於信舊教之歷史家則每專心致志以證明當日德國之狀況實快樂而昇平，希望極多，自路德攻擊教會之後，德國方成四分五裂之象，景況極其荒涼云。

德國狀況之矛盾　就事實而論，宗教改革以前五十年之德國生活及思

第二十三章　宗教改革以前之德國

想，處處有奇特與矛盾之現象。此期之中，德國頗有顯著之進步，人民頗著求學之熱誠。而且自印字機發明以來，人民之知識亦為之大擴。外人之遊歷其地者，鑒於富商景況之佳，及其建設學校與圖書館之熱忱，與提倡美術文學之盡力，莫不讚嘆不止焉。

然同時各階級間——諸侯、市民、騎士、農民——之感情極惡。群以為商民之擁有巨資，均源於欺詐，厚利貸款及錙銖必較之所致。國內乞丐成群，迷信甚深，粗獷之氣，極其顯著。改良政府與息爭運動，每不成功。加以土耳其人有入侵之舉。教宗下令凡基督教徒於日中鐘鳴時，祈禱一次，以求上帝之救護。

然此種矛盾之現象，歷史上不一而足，不足為異。即在今日，無論何國，莫不皆然，善也惡也，富也貧也，和也戰也，知也愚也，樂也憂也，文也野也，莫不同時並現者也。

四種重要之特點足以說明宗教革命之由來　吾人研究當日德國教會及宗教狀況之結果，可得四事，足以說明新教叛亂之來源及其性質。第一，當時忽起有一種崇奉宗教之熱忱，與深信朝謁遺物及神蹟之誠意。第二，當時又有一種研究《聖經》之趨向，注重罪人對於上帝之態度而不注重宗教之外表行為。第三，當時學者深信神學家實無端將宗教與論理學混而為一。第四，當時人均以為義大利之教士，包括教宗在內，每發明斂錢於德國之新法，視德國人為愚而易欺者。茲再分述此四端之內容如後。

第六卷　宗教改革及宗教戰爭

第四節　第一，宗教之熱誠

宗教熱忱　當十五世紀末年十六世紀初年之時，德國人之遵守而且注意中古教會之禮節，可謂達於極點。抑若德國人已知與舊日宗教之別離，為時已近，故特舉行最後之留別慶典者然。新禮拜堂之建築，不可勝計，而以最美麗之德國美術品裝飾之。教徒赴各處聖地朝謁者成群結隊，數以千計。皇城之中時有迎神賽會之舉，規模甚大。

古物之蒐集　國內諸侯亦復爭先恐後以蒐集聖人遺物為事，以為可資救世之助。薩克森選侯「智者」腓特烈（Friedrich III der Weise）之收藏甚富，所有聖人遺物不下五千種。據其目錄中所述者，有摩西之棒，聖母所紡之線等。美茵茲選侯之蒐羅尤富，計有聖人屍身四十二具，及大馬士革附近地上之土，蓋其地相傳為上帝造人之處也。

善行觀念　其時教會中人以為祈禱、齋戒、聖餐禮、朝謁聖地及其他「善行」可以積久而成精神上之財富。故無善足述之人，可用基督及聖人所創之善事以補其不足。

徒務外表之行動　基督教徒之間，以善行互相援助，深信宗教之人可以援助漠視宗教之人，此種觀念，當然甚為優美。然當時教會中之有思想者，深知積善之理，易被世人所誤會。而當時人亦頗徒務外表之行為，以求上帝之憐愛，如赴禮拜堂也，布施也，崇拜遺物也，朝謁聖地也等。欲以他人之「善行」為利己之用，其結果則不顧一己靈魂之修養，而唯他人之是賴，亦勢所必至者矣。

第五節　第二,《聖經》之研究

精神修養之要求　然當時人雖類皆深信外表行動及禮節,而抱有修養精神之希望者亦正不一其人。自印字新法發明後,關於宗教之著作,卷數大增。皆主張徒具外行不事內省之無益,力勸有過之人應依賴上帝之愛情及寬恕。

《聖經》之誦習　而且主張凡基督教徒均應誦習《聖經》。當時德國除《新約全書》有種種節本外,並有各版之《聖經》。據吾人所知者而論,則路德以前德國人之誦習《聖經》者已甚普通也。

講道之風行　故德國人對於路德之翻譯《聖經》,當然極其注意。講道之事,在宗教改革以前,已甚普通。諸城中甚至聘請有名之講道者舉行定期之講演。

據上述諸事觀之,吾人可以斷言路德未實行叛離舊教以前,已有人抱他日新教徒所主張之觀念。他日新教徒之主張專信上帝以求救,懷疑禮節及「善行」,依賴《聖經》及特重講道等 —— 凡此種種主張,在新教改革以前之德國,已見端倪矣。

第六節　第三,古文學者之譏評

德國之古文學者　批評教士、修道士及神學家之最激烈者,莫過於古文學者。義大利之文藝復興,始於佩脫拉克及其圖書館,吾人上已述及之。至於德國之古文學者,首推阿格里科拉(Agricola)(西元一四四二

年至一四八五年）其人。彼雖非德國之最早古文學者，然其風采之動人及其成就之宏大，頗似佩脫拉克，能激起他人之研究。然阿格里科拉及其同志，與義大利之古文學者不同，蓋彼不僅研究拉丁文與希臘文，而且極注意於當日之國語；主張譯古代著作為德國文。而且德國之古文學者，亦遠較義大利學者為沉潛而篤學也。

古文學者改革大學之希望 古文學者之人數既增，自信之心既富，遂開始批評德國大學注重論理學及中古神學之太過，蓋是時此類科目，已失其舊日精華而流為毫無實用之空論。為教授者多用殘缺之拉丁文以授其學生，而且奉亞里斯多德如神聖，均為當日古文學者所不滿。故若輩遂著手於新教科書之編訂，並主張學校中應並研究希臘、羅馬之詩人及閎辯家。古文學者中並有主張神學為一種修道士之學問，實足以使宗教之真理晦而不明，故應廢止之。舊派之教授當然痛罵新學問，以為與異端無異。有時古文學者亦得講授其所攻之科目於大學之中，然日久之後，世人漸知新舊兩派學者實有不能共事之勢。

古文學者之諷刺及《微人信札》 最後，當路德將公然反對教會之際，德國「詩人」（古文學者之自稱）與「蠻人」（古文學者所予神學家與修道士之稱）有衝突之事。其時有一著名學者名羅伊希林（Reuchlin），精究希伯來文學，與科隆大學中道明派之教授，大起爭執。德國之古文學者群起援助羅伊希林，著極其詼謔之文章，以攻擊舊派之學者。若輩著書札多種，偽為出諸科隆大學某教授之學生及其同志之手筆，投諸某教授者。著者在書札中故意表示其愚魯無知。書中自述其種種不德之醜行，請其師予以解決困難之方法。並以不甚通順之拉丁文痛罵古文學者。總之當時德國古文學者之譏刺舊派學者，不留餘地，而舊派學者之反對路德之改革及進步，亦極其顯著也。

第二十三章　宗教改革以前之德國

第七節　伊拉斯謨之主張

伊拉斯謨　古文學者之領袖，實推鹿特丹之伊拉斯謨（西元一四六七年至一五三六年）。其文名之著，除他日之伏爾泰以外，殆無倫匹。歐洲學者，無論遠近，莫不心儀其人。彼雖生於鹿特丹，然非荷蘭人，實一世界之公民；而英國、法國、德國三國人亦莫不以伊拉斯謨為其國人。彼曾居於英國、法國、德國三國，每留其印象於三國人思想之上。彼與歐洲北部之古文學者同，極有意於宗教之改革，思提高世人宗教及教會之觀念。彼亦深知主教牧師與修道士之腐敗。而彼對於修道士之劣跡，尤為不滿，蓋彼年幼時曾被逼入寺而修道，故修道士之惡行，知之尤悉也。伊拉斯謨之聲名至路德將改革宗教之際而大著。故吾人讀過彼之著作，即可斷定宗教改革前彼與其同志對於教會及教士之意見如何。

伊拉斯謨之訂正《新約全書》　伊拉斯謨於西元一四九八年至一五〇六年間，居於英國，交遊甚廣。與著《烏托邦》（Utopia）之摩爾（Thomas More）及牛津大學講授聖保羅信札之教師約翰・科利特（John Colet）尤稱莫逆。他日伊拉斯謨之利用其古文知識以解釋《新約全書》，殆受科利特熱心研究保羅之影響。其時《新約全書》本只有拉丁文譯本，日久之後，頗有謬誤之處。伊拉斯謨以為欲提倡高尚之基督教，則當然以訂正《新約全書》為澄本清源之法。彼乃於西元一五一六年重印希臘文原本，並附以拉丁文新譯，再加以精密之注釋，昔日神學家之乖謬，為之一一指出。伊拉斯謨並主張無論何人，均應誦習《聖經》。彼在新訂之《新約全書・序》中，力言女子亦應與男子同，讀《福音》及保羅之信札，並謂田中之農夫、店中之工匠與路上之行人，均應以《聖經》為消閒之品。

伊拉斯謨之宗教觀念　伊拉斯謨以為真正宗教之大敵有二：第一為異端——大部分義大利之古文學者因熱心於古代文學之故，不免流為異端；第二，為普通多信外表行動為已足——如展謁聖人之墓，陳陳相因之祈禱等。彼以為教會實不盡職，以致基督之主張均埋沒於神學家教條之下。彼謂：「吾人宗教之精理為和平與調諧，此種精理之存在，端賴教條之簡易與個人意見之自由。」

伊拉斯謨之攻擊教會惡習　伊拉斯謨著《愚人頌》(In Praise of Folly) 一書，詳述修道士與神學家之弱點及愚人朝謁聖地、崇拜遺物及購買贖罪券等之無謂。他日路德攻擊教會之缺點，在伊拉斯謨書中無不早已道及之。書中文字，莊諧雜出，吾人披誦之餘，即知路德謂伊拉斯謨為「遊戲一切，甚至宗教與基督亦不能免其詼諧之人」之言，實不盡當。蓋伊拉斯謨之著作，寓莊於諧，吾人不可不知。伊拉斯謨真能利用其才學識以提倡基督教之中興，固不僅希望古學之復盛而已也。唯彼以為叛離教宗與教會，必滋紛擾，其結果必致得不償失。故主張逐漸開通知識，以和平方法達其目的。彼以為迷信及專重宗教形式之習慣，至人類文明進步時，自然有消滅之一日。

伊拉斯謨主張和平改革　伊拉斯謨及其同志均主張研究古文以提倡文化，為改革宗教之利器。然當伊拉斯謨以為其和平改革之夢想不久即能實現之日，正路德開始叛離教會之時，伊拉斯謨遂抱恨以終其身焉。

第八節　第四，德國人之不滿於教士

德國人不滿教宗之由來　德國人民之不滿意於羅馬教宗，以中古愛情詩人瓦爾特・馮・德・福格爾魏德之詩篇所表示者為最顯著。彼於路德出

第二十三章　宗教改革以前之德國

世前三百年已宣言教宗戲弄愚鈍之德國人。「所有若輩之財產,均將為吾所有,若輩之銀源源流入吾之櫃中;若輩之牧師食雞而飲酒,而愚鈍之俗人則任其齋戒。」以後德國之著作家,亦每表示同樣之情緒。對於教會管理財政之不滿,在德國尤為顯著。德國之高級教士如美茵茲、特里爾、科隆及薩爾茲堡等地之大主教,凡被選授職以後,即須納金幣一萬枚於教宗;若輩收受領帶時,亦須納以鉅款。羅馬教宗並享有任命教士之權利,而每派義大利人充任之,僅抱享用收入之心,初無實行職務之意。而且有時以一人而兼教會中之數職,例如當十六世紀初年,美茵茲之大主教同時兼任馬德堡之大主教及哈爾伯施塔特之主教。有時以一人而兼職至二十餘處之多。

胡滕　吾人試讀十六世紀初年之著作,即知當日德國人之不滿意於教會者,不一而足。上自君主,下至農夫,莫不以為受教士之欺弄,痛罵教士之不德與無能。某著作家曾謂青年之人,凡無人敢以一牛信託之者,即可以充任牧師。至於托缽僧——如方濟各派、道明派及奧古斯丁派——雖較教士為能負宗教上之職務,然亦為大眾所藐視。唯他日改革宗教之領袖,則實係奧古斯丁派之托缽僧也。

當時人抱有叛離教會或推翻教宗權力之心者為數甚少。德國人所希望者,金錢不再流入於羅馬,教士須公平正直而已。然著作家中有烏爾里希‧馮‧胡滕 (Ulrich von Hutten) 其人者,當路德開始攻擊教會之日,正宣傳其宗教革命之主張也。

胡滕(西元一四八八年至一五二三年)為騎士之子,家甚貧,幼年時代即不願居於城堡之中,決意入大學研究古代之文學。為增加學識起見,曾南遊義大利,目睹教宗及義大利教士之腐敗,甚為不滿,以為若輩實為壓制德國人民之人。當《微人信札》出世時,彼讀之喜極,乃著信札以續

之，以譏刺當日之神學家。不久彼並用德國文著書，以便國人之誦習。後之著作中，有攻擊教宗之論文，謂彼目睹教宗良十世之如何使用德國人所納之金錢。一部分給諸親友，一部分維持宮廷，一部分則給予驕奢淫佚之近侍。

德國當日之狀況，既如上述，故路德一旦有攻擊教會之舉，即如春雷怒發，無遠弗屆。蓋德國全國之人民，均抱有不滿教會之心與改革教會之望。各階級中人之希望雖各不相同，然其對於宗教改良之舉，則初無異議也。

第二十四章
馬丁・路德與宗教改革

第一節　馬丁・路德之家世

路德之家世　馬丁・路德本農家子。其父甚貧，當開礦於哈茲山附近時，其長子馬丁生，時西元一四八三年也。他日馬丁屢言其幼時之困苦迷信；如何其母採薪負諸背以歸以資炊飯之用，並與馬丁講昔日某女巫殺死村中牧師之故事。馬丁之父意欲使其長子將來充任律師，故不久令即就學。馬丁年十八歲入北部德國之艾福特大學，凡研究四年。遂與少年之古文學者相往還，《微人信札》著者之一，亦在其中。馬丁曾研究古人之著作，對於論理學及亞里斯多德尤其專心。

路德之為僧　馬丁既畢業於大學，正擬轉入法律學校，乃忽邀其友人為最後之歡聚，次日率其友赴一奧古斯丁派之寺中，乃向諸友說明出世之意，握手道別，遂為托缽僧，時西元一五〇五年七月十七日也。是日也，為路德實驗宗教之開端，其結果大有影響於世界上之宗教。

路德不滿意寺院之生活　後來路德嘗言，假使修道士果能因出家而得上登天堂者，則彼必居其一焉。彼因急於自救之故，或齋戒，或徹夜誦經，或長時祈禱，身體因之大傷，不久遂得夜不成寐之疾。彼漸喪氣，終至失望。其時寺院中之規則，普通之修道士均甚滿意，而路德則以為未足。彼以為外表之行動雖無過失，然斷不能澄清其思想與希望。彼之經

驗，卒使彼斷定教會與寺院均不能使彼始終能愛護其所謂神聖與正直。故彼以為教會與寺院均不能救人，仍使人為有罪過者。

篤信入道之觀念　彼漸抱有基督教之新見解。寺中住持勸彼信託上帝之慈悲，不可以依賴一己之「善行」。彼始研究聖保羅及奧古斯丁之著作，乃斷定人類實不能有善行，唯有篤信上帝者，方能入道。彼得此種領悟，不勝大慰，然經數年之久，其觀念始明。卒斷定當日教會實違反篤信上帝方能入道之觀念，蓋教會徒從事於提倡「善行」者也。彼年三十七歲，乃以推翻舊教之事為己任。

路德任大學教授　少年修道士因修道而失望，固不僅馬丁一人。然彼卒能戰勝一切，能以一己所得者以慰其他懷疑之人。西元一五〇八年，薩克森選侯「智者」腓特烈新設威登堡大學，聘馬丁為教授。馬丁任教授時之事蹟，已不甚可考，唯彼不久即有關於聖保羅信札之講演，並宣傳其篤信入聖之原理。

路德遊羅馬　是時路德尚無攻擊教會之意。當西元一五一一年彼因事赴羅馬，專誠朝謁諸神聖之地，並甚願其父母之去世，以便以其誠篤之行出父母於「煉罪所」之外。然彼鑒於義大利教士之無行及教宗亞歷山大六世與儒略二世之腐敗，不禁為之大驚。他日彼力言羅馬教宗為宗教之敵，其觀念之發生，殆始於此行。

路德之神學主張　不久彼令其弟子互相辯論以維護其主張。例如當時畢業生某，因受路德學說之影響，曾攻擊昔日之神學。其言曰：「如謂無論何人不諳亞里斯多德者不能成神學家，實謬論也；實則唯有不諳亞里斯多德者方能成神學家耳。」路德力勸其弟子應依賴《聖經》——保羅之著作尤應加以研究——及神父著作，就中以奧古斯丁為尤要。

第二十四章　馬丁・路德與宗教改革

第二節　路德之贖罪券論文

贖罪券論文　西元一五一七年十月間道明派之修道士特次勒（Johann Tetzel）始售「贖罪券」於威登堡附近之地方，並言贖罪券有種種功用。路德聞之，以為其言實與基督教之精義不合。彼乃從當時之習慣著贖罪券「論文」九十五條，榜諸禮拜堂門外。宣言無論何人如有意於討論此事者，彼極願與之細談，蓋彼以為當時人大都皆不諳贖罪券之性質者也。路德之榜其論文，初無攻擊教會之意，更不料其足以驚動世人之耳目。其論文用拉丁文所著，只備當時學者之研究。不意當時之人無論貴賤智愚，莫不急欲討論贖罪券之性質之究竟為何。故路德之論文不久即譯成德國文，遍傳於全國。

贖罪券之性質　吾人欲明瞭贖罪券之性質，須知當時牧師本有赦免悔過者罪過之權利。解除罪過之舉，雖可使有罪過者不入地獄，然不能使其不受上帝或上帝代表之刑罰。教會中對於悔罪者本已定有「悔罪之苦行」，然至路德時有罪過者雖經教士之解除，而終畏他日煉罪所之苦痛。蓋煉罪所為鍛鍊靈魂上登天堂之處也。所謂贖罪券，乃一種赦罪令，由羅馬教宗頒給之。悔過者得之，可免解除罪過後刑罰之一部或全部。故所謂赦罪，並不赦罪人之罪過，蓋罪過必於頒給贖罪券以前解除方可者也。赦罪令只能解除或減輕刑罰而已。而無贖罪券者，則其罪過雖已被赦，仍不能免煉罪所之苦痛也。

路德將生之前，教宗曾有頒發贖罪券於已死之人之舉。凡死人之親友代死人得一贖罪券者，則可以縮短死者未登天堂以前在煉罪所受苦之期限。在煉罪所中之人，其罪過當然在未死以前曾經解除者；否則，其靈魂

269

早已消滅，雖有贖罪券，亦將無用矣。

良十世發售贖罪券 羅馬教宗良十世因欲斂錢於德國人以備繼續聖彼得禮拜堂之建築，乃大發贖罪券於已死及未死之人。人民之輸款，其數多寡不等；商民須出巨資，極貧者可以一文不費。教宗之代表當然盡力於斂錢，設法使人民為一己或為其已死之親友，各得一贖罪券。若輩因急於籌款，故極言贖罪券有種種功效，言之過當，適足啟有思想者之懷疑。

路德論文之內容 批評當日贖罪券之流行觀念者，路德並非第一人，然因其論文之措辭極其有力，加以德國人本抱有不滿之心，故論文一出，全國響應。彼宣言贖罪券無關重要，貧人不如以購贖罪券之金錢為維持生活之用之為愈。彼以為真悔過者，必不避刑，反能忍受者也。罪過之被救，在於篤信上帝，不在於獲得贖罪券。凡基督教徒果能真心悔過，定能免其罪過與刑罰。假使教宗深知其代表之誤引人民，彼將願聖彼得禮拜堂寧毀為灰燼，不願以欺人所得之款建築之。而且普通人或不免有不雅之質問。例如：「假使教宗為金錢而救人之靈魂於煉罪所中，則為何不為慈善而救之？」或問：「教宗之富有，既如克里伊斯，為何不以一己之金錢，建築聖彼得禮拜堂，反向窮人集款？」

第三節　萊比錫之辯論

教宗下令召路德赴羅馬 路德之論文，不久傳入羅馬城中，數月之後，教宗下令召路德赴羅馬自辯其異端之主張。路德雖尊重教宗，然不願冒險應召而前往。教宗良十世因薩克森選侯之干涉，雖不願傷其感情，遂亦置之，乃允路德應與教宗使者在德國討論之。

第二十四章　馬丁・路德與宗教改革

討論之繼續　路德之禁不作聲者凡數閱月，然至西元一五一九年夏間萊比錫地方有舉行辯論之事，彼乃復起。是時德國神學家名埃克（Johann Eck）者，素忠於教宗而且以能辯著於世，向路德之同事卡爾施塔特（Karlstadt）挑戰，請其與之辯論宗教上之問題。路德聞之，遂請准其參預辯論之會。

萊比錫之辯論（西元一五一九年）　討論之事，轉向教宗之權力問題。其時路德正在研究教會史，遂宣言教宗之稱雄，尚不到四百年。此言雖不正確，然實開他日新教徒攻擊羅馬舊教教會之根據。若輩以為中古教會及教宗機關，發達甚慢，基督門徒絕不知有所謂聖餐禮、贖罪券、煉罪所及羅馬教宗也。

路德承認宗教大會之謬誤及胡斯之正當　埃克乃謂路德之見解，與昔日威克里夫及胡斯之見解相似，為康士坦斯宗教大會所禁止者。路德乃不得不謂康士坦斯宗教大會，曾禁止幾種純粹之基督教義。此為路德最顯著之承認。路德與其他德國人同，本畏聞胡斯及波希米亞人之名者。並以康士坦斯宗教大會為德國皇帝所召集，而且在德國境內舉行，極引以為榮者。今彼竟承認即使宗教大會亦有錯誤之一日，不久即自知「吾人於無意之中，皆為胡斯之同志；實則保羅及聖奧古斯丁亦皆胡斯之好同志也」。路德既與名滿歐洲之閎辯家辯難，而且不能不承認宗教大會之謬誤，乃曉然於一己固不難為攻擊教會之領袖，知宗教革命之不可再免矣。

第四節　路德與古文學者之關係

路德與古文學者為天然之同志　路德既自承為革命者，其他改革家之與其同調者漸多。彼於萊比錫辯論以前，本已有熱心之同志，在威登堡及

紐倫堡城中者尤多。路德與古文學者又似係天然之同志。古文學者或不諳路德之宗教上主張，然若輩知彼已開始攻擊舊派中之神學家，而神學家只知崇拜亞里斯多德，本為古文學者所不喜。而且路德與古文學者同，極瞭然於教會之流弊，彼雖為威登堡寺之住持，亦竟懷疑托缽僧之行為。故昔日保護羅伊希林之人，至是均群起以援助路德，每致書以獎勵之。路德之著作亦由巴塞爾地方之印刷伊拉斯謨著作者代為出版，發行於義大利、西班牙、法國、英國諸國。

伊拉斯謨對於路德之態度　然當日之文學鉅子伊拉斯謨不願參預其爭執。彼謂彼未嘗讀過十二頁以上之路德著作。彼雖承認「就現狀而論，羅馬高級牧師之王政，為基督教國之疫病」，然彼以為直接攻擊教宗，必無結果。彼以為路德應稍加審慎，待人類開明之後，則其謬見定能自然消滅云。

路德與伊拉斯謨之異點　伊拉斯謨以為人類能進步者也；培養之，擴充其知識，則彼必能漸漸改良。至於路德則以人類為完全腐敗者，不能存一善心或行一善事者。其意志為惡性所役，其唯一希望在於自承絕對無改良一己之能力，並一心依賴上帝之仁慈。人類之得救，在於信仰，不在於行為。伊拉斯謨願靜待時機，以至人人均願改革教會時為止。至於路德則以教會之為物，主張人類依賴善行，其結果適足以破壞靈魂而已。故此種機關，不能再容其存在。二人均知彼此之意見斷難相容，其初尚互相尊重，後來則意見相左，爭持甚烈，遂傷感情。伊拉斯謨宣言路德既藐視善行，又以為人類無為善之能力，皆足使其同志有不顧行為之態度；路德之主張果行，則基督教徒均將變為鹵莽滅裂之人，途中遇路德亦將不免冠示敬矣。

胡滕之力助路德　至於胡滕則以路德為德國之愛國志士，能反抗羅馬

教宗之專制、陰謀及壓迫。彼謂「吾人其起而維護吾人之自由，解放久為奴隸之母國矣。上帝必助吾輩，如上帝而助吾輩，又誰能反對吾輩耶」？胡滕並激起其他騎士之感情，故騎士中頗有願保護路德以防教士之襲擊，並請路德藏身於其城堡中者。

第五節　路德之攻擊教會

路德持論之漸激　路德既知同志之日多，其氣益壯。彼本激烈成性者，至是漸肆，主張政府應懲辦教士並強迫若輩之改良。「吾人以縊犯架懲賊，以刀懲盜，以火懲異端；為何不用各種武器以攻擊地獄之主人、教宗閣員、教宗及居於羅馬之暴民耶？」彼曾函致其友曰：「事已至此矣，吾人藐視羅馬之憤怒，如吾藐視其恩惠；從此以後，吾將不再與羅馬調和或往來矣。任彼懲我而焚我之著作可也。假使有火可取，吾將公然焚毀教宗法律之全部。」

路德與胡滕求援於國民　當西元一五二〇年路德與胡滕二人均盡力於攻擊教宗及其代表。二人均擅長德國文，而且同抱痛恨羅馬之意。胡滕與路德異，無甚宗教上之熱忱，然其形容教宗之貪婪，痛快淋漓，不留餘地。彼以為羅馬教宗之朝庭無異一獸穴，凡德國之物，無不被竊而納入其中。至於路德之著作，其最有名者為《致德國貴族之通告》(To the Christian Nobility of the German Nation)，其意略謂欲待教會之自行改革，已屬無望，故德國之君主及騎士，亟應起而實行改革之舉。

通告之內容　彼謂無論何人提出改革教會之議時，則教宗每有城牆三道以自衛。第一，為教會中人自成一級之主張，以為教士並在君主之上，

雖惡劣之教士亦得不受君主之約束。第二，教宗自以為其地位在宗教大會之上，故雖教會之代表，亦無改革教會之權。第三，教宗獨享解釋《聖經》之權利，故教宗之主張，吾人不能根據《聖經》以反駁之。因之吾人所有懲辦教宗之三棍，反均為教宗所竊以自衛。路德以為如欲攻破教宗之衛城，必先反對教士神聖之說，蓋教士除應盡義務外，絕無神聖之可言也。如教士而不盡其職守，則彼之地位，隨時可以削奪之，如吾人之斥逐成衣匠或農夫然；而教士被逐之後，盡可仍為俗人。路德以為懲罰惡劣之教士，與懲罰俗人同為政府之權利，亦為政府之義務。第一層城牆既破，則其他諸層之城牆，自然易毀；蓋教士地位之獨尊，實中古教會之基礎也。

通告中並主張社會改革 此文之後段，並列舉教會中之流弊，並謂欲使德國能收隆盛之效，非先革除流弊不可。路德自知彼之宗教見解，實包有一種社會革命在內。彼主張所有寺院，應廢止之，僅留其十之一，並應允許凡不滿意於寺院生活者得以自由離去。彼以為寺院非監獄，乃係靈魂有病者之醫院及藏身之地。彼明言朝謁聖地及教會紀念日之流弊，以為足以障礙人民之日常工作。教士應許其婚娶與俗人同。大學辦應改良，並應排斥「受人咒罵之異端」亞里斯多德其人於大學之外。

吾人於此應注意者，路德之立論，不以宗教為主，而以秩序與隆盛狀況為言。彼謂德國人之金錢之飛過阿爾卑斯山以入義大利者，其輕如羽；然一旦金錢流返之問題一出，則其重如鉛。路德之文筆，鋒利無比，而其痛罵教士及教會，在當時德國人耳中聞之，正如軍中之鼙鼓也。

路德攻擊教會之儀節 路德在通告中不甚述及教會之原理。然三、四月後，彼又發表其第二種著作曰《教會之巴比倫俘囚》（*On the Babylonian Captivity of the Church*），其目的在於推翻彼得·倫巴德及十三世紀神學家

所主張之儀節。七種儀節之中，路德完全反對者凡四：即堅信禮、婚禮、授職禮及傅油禮是也。彼並完全訂正聖餐禮之觀念，彼反對教士有執行「變質」神蹟之權。以為為教士者其重要職務，僅在於講道而已。

第六節　教宗之下令及路德之反抗

路德被屏於教會之外　路德早知將來不免為教宗所屏。然至西元一五二〇年冬日，教宗方遣使者埃克攜教宗之諭赴德國，力責路德主張之非是，並許路德於六十日內取消之。如其不然，則路德與其同志均將屏諸教會之外，凡予若輩以藏身之地者，則停止其地所有教堂之職務。今教宗既稱路德為異端，在理則德國政府應將路德繳出。不意當時竟無人抱逮捕路德之意。

德國諸侯不願印頒教宗之諭　德國之諸侯，無論其贊成路德與否，均憤教宗下令於若輩之舉。而且若輩以為教宗獨委路德之私敵埃克負印行皇諭之責，未免不平。故當時雖與教宗交好之諸侯及大學，亦極不願代教宗印頒其皇諭。艾福特及萊比錫之學生追逐埃克以為彼實偽君子，為魔鬼之使者。有幾處則對於教宗之諭，漠然置之。薩克森之選侯甚不欲路德有被壓抱屈之事，故仍繼續保護之。然皇帝查理五世則甚願以奧地利領土及荷蘭二地之主人資格，印行教宗之諭。焚路德之著作於魯汶、美茵茲及科隆諸地。

路德反抗教宗及皇帝　路德嘗謂「反對所有教士及君主，殊為難事。然欲逃避地獄及上帝之怒，捨此別無他法。」路德之與教會及皇帝宣戰，可謂得未曾有。針鋒相對，有同平等之人。欲並召集其學生聚而觀其焚毀

教宗之諭、教會法律及神學著作之一種。

胡滕推翻教會之計畫　至是路德必欲破壞教會之心可謂熱極。胡滕亦一意於鼓吹革命之實行。彼曾藏身於德國騎士領袖錫金根（Sickingen）之城堡中，以為錫金根將來必能為真理及自由戰爭之領袖。胡滕曾公然請德國皇帝下令廢止教宗機關，籍沒教會財產，罷斥教士百分之九十九。彼以為如此則德國方可脫離牧師及其腐敗之拘束。籍沒財產所得之資，足以增加國力而維持騎士所組織之軍隊為國防之用。

教宗代表眼中之德國輿論　其時德國輿論，頗有革命之趨向。教宗代表亞歷山大曾言曰：「吾頗熟讀德國民族史，吾知若輩過去之異端、宗教大會及教會分離；然情形之重大，實莫過於此時。以現在情形比較之，則亨利四世與聖額我略七世之競爭，正如紫羅蘭與玫瑰花耳……此種瘋犬本有知識與軍器者；若輩自誇已不若其祖先之蠢如禽獸；若輩以為義大利已失其科學之專利而臺伯河已流入萊茵河。」據彼之計算，則「德國人十之九均口呼『路德』其他十之一則至少亦呼『羅馬教宗朝廷其死矣』」。

路德對於激烈方法之態度　路德之文章太不謹慎而且往往過於激烈。彼謂假使上帝有意懲罰頑梗剛愎之羅馬人，則流血之舉，亦在所難免。然彼往往不贊成事先之改良。除信仰外，彼實不願有所更張。彼以為假使一種制度，既不誤人，即可無害。總之，彼之心本不狂。教宗本不用武力而得勢，則將來亦可不用武力而為上帝之言所傾覆。此殆路德所抱之最深見解。彼或始終不十分明瞭胡滕之觀念與彼之觀念如何不同，蓋胡滕壯時即去世也。至於錫金根之為人，為路德所不喜，故不久即痛罵鹵莽無行之騎士，謂因其激烈之故，致失改革之信用云。

第二十四章　馬丁・路德與宗教改革

第七節　查理五世之態度

查理五世不表同情於改革家　德國之反對改革者，當以少年皇帝為最力。查理五世之第一次赴德國，在西元一五二○年之冬日。既在亞琛加冕為「羅馬人之王」後，隨仿其祖父得教宗之允許自稱「被選之皇帝」乃向沃姆斯城而進，召集公會以解決宗教上之難題。

皇帝召路德赴沃姆斯大會　查理五世年雖尚幼，而人極老成持重。深知為其領土之中堅者，乃西班牙而非德國。彼與西班牙人之有知識者同，頗知教會有改革之必要，然對於原理之變更，則絕無同情。彼極願如其祖先自生至死為一篤信基督之舊教徒。而且彼亦知其領土複雜，非有一統之宗教不可。假使允許德國人得脫離教宗而獨立，則第二步不且宣布脫離皇帝而獨立耶？

查理五世既抵沃姆斯，因教宗代表亞歷山大之催促，乃不得不注意處置路德之方法。然皇帝雖信路德為有罪，終不敢輕易著手於懲辦之舉。蓋其時路德已成為民族之英雄，而又得強而有力之薩克森選侯之保護。其他諸侯雖無保護異端之意，然對於路德之痛罵教會及教宗，殊引為快心之事。幾經討論，卒決定召路德前赴沃姆斯予以悔過自新之機會，以便證明究竟異端之書是否為彼所著，教宗所反對之原理，是否彼之主張。

皇帝乃具函於路德，稱之為「可尊可敬」之人，令其前往沃姆斯，並給以護照一紙。路德既得函，乃謂假使為取消主張而赴沃姆斯，則不如仍居於威登堡之為愈，蓋在此地與在萊茵河上同，亦正可取消其謬誤也。假使皇帝之意在於處彼以死刑，則彼固願赴沃姆斯一行，「蓋有基督之援助，吾不必逃遁而中背吾言。吾之所謂取消，必將如此，『昔日吾謂教宗乃上帝之代表；今吾取消前言，而謂教宗乃基督之敵人，魔鬼之使者。』」

第八節　沃姆斯公會及其議決案

路德之應召赴會　路德乃與皇帝傳令官同赴沃姆斯公會。彼雖已被屏於教會之外，然沿途人民莫不爭瞻其風采，有如戰後之凱旋，路德亦沿途與觀者說法。既抵沃姆斯，乃知公會中之情形，極其紛擾。教宗之代表，無日不受他人之侮辱，而胡滕與錫金根並擬由附近哀朋堡城堡中發兵以襲擊路德之敵人。其時公會決定予路德以辯護其信仰之機會。當彼赴會時，會中問彼如許拉丁文及德國文之著作是否彼之手筆，如果係彼之手筆，究竟願意取消其著作中之主張否。路德對於第一問，答聲甚低，謂確係彼之手筆。至於第二問，因一時難定，故請大會予以考慮之時間。

路德之說明　次日路德乃以拉丁文說明其主張，並以德國文重述之。略謂彼之攻擊，實不免過於激烈；然因有教宗命令之故，誠篤基督教徒之天良，每入於羅網之中，大受痛苦，而若輩之財產亦多被吞沒，在德國尤其如此。關於此端，實無人可以反對。假使彼果取消反對教宗行動之言論，彼反將增加教宗專制之力量，並予以僭權之機會。唯假使有人能根據《聖經》以駁倒其主張者，則彼極願取消其意見。然彼斷不能承認教宗或宗教大會之判決，蓋教宗與大會均曾有謬誤之舉動，而且曾自相矛盾也。最後並謂：「吾必以上帝之言監視吾之天良。吾不能取消吾之主張，亦不願取消吾之主張，蓋違背良心之行為，不但危險，亦且可恥也。」

《沃姆斯議決案》（西元一五二一年）　路德既公然反抗教會領袖及宗教大會，皇帝除屏斥路德外，別無他法。彼所謂彼之叛亂合於《聖經》之言，公會中當然不能加以討論。

公會乃派教宗代表亞歷山大起著名《沃姆斯議決案》之稿。《議決案》

第二十四章　馬丁・路德與宗教改革

宣布屏路德於法律之外，其理由如下：彼擾亂大眾承認儀節之數目及舉行，反對關於婚禮之規則，藐視而且誹謗教宗，輕視教士而且激起俗人浸其手於教士之血中，反對自由意志，提倡放肆，藐視有司，主張禽獸之生活，為教會與國家之大患。無論何人，不得予彼以食、飲或住，而且須逮捕之以交於皇帝。

而且《議決案》並規定「無論何人不得買、賣、讀、藏、抄、印，或主使他人抄印教宗所禁止之馬丁・路德所著之任何書本，或無論彼以德國文或拉丁文所著之任何著作，蓋此種著作為汙穢、惡毒、可疑，而且係著名及倔強之異端之所印行者。無論何人不得用人類所能發明之方法贊成、宣布、辯護或提倡彼之意見——雖彼或有善言在其著作之中以欺樸實之人」。

《議決案》之效力　帝國承認負有實行教宗命令之責任，此為最後之一次。胡滕大呼曰：「吾為吾之母國羞。」其時德國人多不贊成《議決案》，故注意之者極寡。查理五世不久即離德國，嗣後在外者凡十年之久，專從事於西班牙政府之整頓及與他國戰爭二事。

第六卷　宗教改革及宗教戰爭

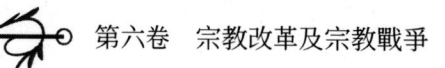

第二十五章
德國之宗教改革
（西元一五二一年至一五五五年）

第一節　路德之翻譯《聖經》

路德翻譯《聖經》　路德自沃姆斯歸，中途在艾森納赫附近為人所挾而藏諸薩克森選侯之瓦爾特堡中。路德匿居於此，以暫避皇帝及公會實行議決案之危險。彼居此者凡數閱月，從事於翻譯《聖經》為德國文。西元一五二二年三月間，彼離瓦爾特堡時，《新約全書》已譯成矣。

其時《聖經》之德文譯本，雖不一而足，然譯文惡劣，真意不明。路德之翻譯《聖經》，原非易事。彼嘗謂「翻譯一事，非盡人能為之術；蓋翻譯之人，必具正當、誠篤、真實、誠懇、鄭重、基督教徒、學者、經驗及曾受訓練之心」。彼之研究希臘文，不過二、三年，而希伯來文字之知識尤淺。而且當日之德國文，尚無一定之形式可以應用。各地有各地之方言，往往兩地互異，有同外國。

路德譯本之重要　路德以為《聖經》亟應譯成國語，以便常人研究之用。故彼往來詢問老嫗、童子及工人以種種問題，以求得其所需之文句。有時一字推敲，動需二、三週之久。彼之譯本，如此精良，故為德國文字史上之一大界標。近世德國文書籍之重要者，以此為第一，而為後世德國文之標準。

當西元一五一八年以前，書籍或小冊之以德國文編著者，為數極少。翻譯《聖經》之事，不過當時啟發常人知識之一種標幟。路德之同志及敵人，亦開始以德國文著書，以便讀者。至是德國之學問，乃不僅以學者為限矣。

當日討論時事之著作　當時以德國文所著之小冊書籍，諷刺文章及滑稽圖畫等，至今頗有存者。吾人披覽之餘，足見當時人討論宗教及其他問題之精神，與今日大致相仿。例如教宗良十世與魔鬼之信札，錫金根與聖彼得在天堂門外之談話等。在談話中，彼得謂彼向未聞有所謂「應束應縱」之言，彼並不願與錫金根談論策略，唯請聖喬治來備應對。另有一篇諷刺文，述聖彼得假期中遊行世界之事。中途為旅舍中之兵士所凌虐，乃急返天上，詳陳德國狀況之如何惡劣，兒童之教育如何腐敗，其奴僕之如何不可恃。

第二節　改革家意見之分歧

改革教會意見之分歧　昔日德國人之高談改革者雖不一其人，而力能實行者蓋寡。改革家之間，難分畛域。大都皆以為教會應改良，然能見到各人目的之如何不同者，其數甚少。諸侯之援助路德，其希望在於監督教士，管理教產，並可停止金錢之流入羅馬。騎士一級以錫金根為領袖，則因諸侯之權力增加，心懷猜忌。故若輩所謂「公正」乃推翻諸侯，尊重騎士之謂。農夫一聞路德之名莫不喜形於色，以為彼之主張足以證明若輩所負徭役租稅之不公。高級教士，欲脫去教宗之管束，低階教士則希望其婚娶之承認。於此可見宗教上之利害，反附在他種利害之下。

第二十五章　德國之宗教改革（西元一五二一年至一五五五年）

卡爾施塔特主張解散寺院　當各級中人分途實現其改革觀念時，路德大為失望，怒焉憂之。彼之主張為人所誤解，為人所割裂，而且為人所侮弄。彼有時竟自疑篤信入道之原理，或係大謬。彼之驚震，第一次來自威登堡。當路德尚居於瓦爾特堡中時，其大學中之同事名卡爾施塔特者，竟主張修道士與女尼均應離其寺庵婚嫁如常人。此種主張，極其重大，言其理由，可得二端。第一，離寺庵之僧尼，有背昔日之信誓；第二，寺庵解散，則有寺產處置之問題。然路德所主持之寺中，修道士漸漸離去，學生與公民亦開始破壞教堂中之神像。又以聖餐禮供奉麵包與葡萄酒，與崇拜偶像無異，不宜舉行。卡爾施塔特並斷言所有學問，均屬贅瘤，因《聖經》中明言上帝不與慧人相見，而表示其真理於嬰孩也。彼遇《聖經》中有難解之文時，竟詢諸商人以求其解。威登堡大學並改為麵包鋪。學生紛紛回里，所有教授亦預備他遷。

路德說明其改革之計畫　此種消息既傳入路德之耳，彼乃冒險回至威登堡著手講道，力勸德國人應用溫和方法及理想以達其目的。彼對於卡爾施塔特之主張，亦有贊成者。如廢止聖餐禮，即其一端。然彼雖主張凡贊成篤信入道之原理者，得以離寺而還俗，因若輩宣誓時，本誤以善行為可以自救也；唯對於寺院之解散，則以為非是。凡留居寺院中者，不應再有行乞之舉，應各自食其力。

路德主張忍耐及溫和　路德以為變更宗教習慣之責任，應由政府負之；不應人人得以自由去取。假使政府中人不願負責，則吾人唯有靜候時機，盡吾之力以提倡之而已。「教人、告人、著文、演講，以說明人類儀節之無用。勸人毋再為教士、修道士或女尼，並勸已為此種人者，應即改弦而更張之。毋再出資以得教宗之特權、蠟燭、鐘、發願牌及教堂，須言基督教徒之生活在於篤信與愛情。吾人如實行此種主張凡二年，爾即可知

教宗、主教、住持、僧、尼及所有教宗政府中之戲法之在何處；均將如煙之消滅矣。」路德並謂上帝對於吾人之婚娶、為僧、齋戒、自承或供奉偶像等，均予吾人以自由抉擇之餘地。凡此種種，均非救生之要具。

和平改革之無望 然路德之溫和計畫，難以實行。當時人熱心太過，故對於所有舊教中之信仰，無不反對。若輩既藐視舊教，則對於舊教之符號與習慣，當然不能再容其存在。而且當時信教不篤之人，亦以破壞教堂中之圖畫、彩色玻璃及偶像以為快，蓋此輩固好擾亂秩序者也。

第三節　騎士之激烈舉動

錫金根攻擊特里爾大主教 路德不久即知和平革命，實無希望。彼之同志胡滕與錫金根始有激烈之舉動，宗教改革之信用，未免大受其影響。西元一五二二年，錫金根有與其鄰特里爾大主教宣戰之舉，以開騎士攻擊諸侯之端。彼宣言彼將解放特里爾人民以脫去牧師之羈絆，引若輩以入於福音之自由。彼在其城堡中本已廢止聖餐禮並予路德之同志以藏身之所。然錫金根以武力實行福音，除宗教外，別有用心。彼之崇拜路德與彼之攻擊特里爾大主教，殆無密切之關係。

騎士同盟為諸侯所破 特里爾大主教善於用兵，並得其人民之援助。錫金根不得已退歸，宮伯領土中之選侯及黑森之伯爵圍攻其城堡，不久陷之，錫金根被梁壓而死。數月之後，胡滕亦困頓而死於瑞士。錫金根所組織之騎士同盟，頗激起諸侯之恐懼，諸侯乃集兵攻破騎士城堡二十餘處。胡滕恢復騎士勢力之計畫，至是完全失敗。據上所述者觀之，可知胡滕輩之用意，與路德實不相同；唯若輩嘗以改革宗教為言，故若輩之種種妄

舉，路德不能不負其責任。信仰舊教者，至是乃有所藉口，以為異端流行，秩序必亂；而且異端之為害，不僅及於宗教，亦及於政府，故非以火與劍剷平之不可。

第四節
教宗哈德良六世與紐倫堡公會（西元一五二二年）

哈德良六世承認教宗之惡行　當路德尚居於瓦爾特堡中時，教宗良十世卒。繼之者為哈德良六世（Hadrianus PP. VI），曾任神學教授而且曾為皇帝查理五世之老師。新教宗為人誠篤而樸實，以主張改革著於世。彼以為德國之叛亂，由於牧師及主教不德之所致，乃上帝示懲於吾人耳。教宗並於西元一五二二年遣教使赴德國紐倫堡公會中，公然承認教宗為最有罪過者。「吾人深知多年以來，羅馬教宗機關之中有種種極其不德之行——精神事業上之流弊，教會法律之違背——總而言之，凡事皆適與正當者相反。無怪如病之自首而及於全身，自教宗而及於下級教士。吾輩為教士者，皆捨正路而不由，而吾輩中久已無一公正之人，真無一人。」

哈德良六世痛責路德主張之非是　哈德良六世雖直認教士之無行，然不願俯聽德國人之訴苦，必俟若輩壓抑路德及其異端之主張而後可。教宗宣言路德之為害於基督教國家，較土耳其人尤甚。世界之上無物再較路德之主張為愚而且醜。彼欲推翻宗教與道德之根據，彼與穆罕默德同，然較為惡劣，蓋彼主張僧尼皆可婚嫁者也。假使私心自用之徒，可以任意推翻數百年來聖賢所建設之制度，則人類中當無穩固之物矣。

紐倫堡公會之行動　公會中人既聞教宗開誠布公之言，異常滿意，以

第六卷　宗教改革及宗教戰爭

為教宗必能實行內部之改革。然對於沃姆斯公會之議決案，恐滋紛擾，故執意不願實行。德國人亦以為若輩曾受教宗朝廷壓迫之苦痛，故不願加害於路德。如逮捕之，將與攻擊福音自由與保護昔日舊制無異；或且引起國內之紛擾。故公會中人主張應召集基督教徒大會於德國。以俗人與教士合組之，令其開誠表示其意見，以真實為主，不以悅耳者為主。同時講道者應純以福音為根據。至於教宗所提禁止僧尼婚嫁之事，於政府絕無關係，無從干涉。薩克森選侯曾謂修道士之奔入寺中，彼實未嘗注意及之，今若輩又有逃出寺院之舉，彼亦無理由可以注意及之。唯路德之著作，以後不得再行出版，而學者對於錯謬之講道者，應加以訓誡。至於路德本身，應任其自在。上述辦法，足見當日德國人之一般態度如何。唯公會中對於路德不會太尊重之也。

第五節　雷根斯堡之議決案

教宗克萊孟七世　教宗哈德良六世，因改革無成，精疲力竭，故不久去世。繼之者為麥地奇家族之克萊孟七世，其才力雖不如良十世之大，而其俗心則遠較良十世為淡。西元一五二四年又有召集公會之事，然公會之政策，仍與上次無異。雖不贊成路德之主張，然亦並不極力阻止其事業之進行。

舊教徒之結合　教宗所遣之教使，至是知召集公會合力解決德國叛亂之無望，乃另召一部分贊助教宗之諸侯於雷根斯堡地方以討論之。此次與會者有奧地利公斐迪南，巴伐利亞之二公，薩爾茲堡與特倫特之二大主教，班堡、斯派爾、史特拉斯堡及其他諸地之主教。教宗有種種之讓步以

第二十五章　德國之宗教改革（西元一五二一年至一五五五年）

誘若輩合力反對路德之異端。讓步中之最重要者，為教宗之改革命令，規定唯有曾經公認之人，方准講道。其主張並須以四大神父——安博、耶柔米、奧古斯丁、聖葛利果一世之著作為根據。教士須受極嚴密之訓練；以後不得再有財政上之壓迫及執行教務時之需索。贖罪券之流弊，設法革除，紀念日之數目，亦應減少。

德國宗教之分裂及舊教改良之開始　此次雷根斯堡會議之結果，極其重要，蓋德國內部宗教之分為二派，實始於此。奧地利、巴伐利亞及南部之教士領土，至是顯然與教宗合力以反對路德，至今尚為信奉舊教之國家。至於北部諸地之諸侯，漸與羅馬舊教脫離關係。而且因教使長於外交，故德國舊教之改良，亦遂開始。流弊之革除者，不一而足，故改革教會而不變更教義之主張，可謂已達其目的。不久頒發德國文《聖經》備舊教徒誦習之用。而關於舊教之著作，亦復常有增加，以證明舊教教義之真確及其制度與禮節之正當。

第六節　農民之叛亂及其平定

路德之論調激起農民之叛　至西元一五二五年德國之舊黨中人，本畏路德者，又得一種可怖之證據。其時德國農民以「上帝公平」之名義，起而復仇，並恢復其權利。此次內亂，路德雖不負責任，然農民不滿之心，實由彼激起之。彼謂德國有阻止取贖小押品之習慣，故「無論何人有金幣一百枚者，每年即可吞噬農民一人」。彼又謂德國之封建諸侯實與絞刑吏無異，只知吸收窮人之膏血者也。「此種人在昔日吾人稱之為流氓，然今日吾人則稱之為『信基督教而且可敬之諸侯』。」賢明之君主，實屬罕有：

「若輩每係世界上之大愚或最惡劣之無賴。」然路德雖痛罵當日之諸侯，而其宗教運動之進行，則端賴若輩之援助。而彼亦嘗謂教宗之勢力既破，諸侯之勢力大增，蓋彼之功云。

農民之要求　農民之要求中，亦頗有合理者。其要求之表示為十二條。就中說明地主所勒索之大部分租稅，《聖經》中並無規定之明文，而且既同是基督教徒，地主亦不應以佃奴相待。若輩甚願輸納舊日相沿之租稅，唯地主要求農民負擔額外之徭役時，則應有相當之報酬。若輩並主張各地人民得自由任免其地之牧師。

工人之要求　其時城市中之工人，亦有與農民聯合者，其要求較為激烈。例如海布隆城中市民之要求，頗足表示當日市民不滿精神之一斑。其重要條文，為教會財產除維持民選教士外，均應籍沒備公益之用。教士與貴族之特權，均應剝奪之，以免其壓迫貧苦之人。

路德主張用武力平亂　此外尤有較為激烈者，主張殺盡「無神」之教士與貴族。城堡寺院之為農民所毀者數以百計，而貴族中亦有被若輩所慘殺者。路德本農家子，本與農民表同情，故盡力勸農民毋得暴動。然農民多不聽，彼乃大恨，力加攻擊。宣言農民實犯有大罪，其身體與靈魂雖死亦不足以蔽其辜。若輩既不忠於長上，又復無端劫掠城堡與寺院；而且藉口福音以掩飾其罪過。故彼力主政府應以武力平定其叛亂。「此種苦人，不必憐恤者也；刺之、殺之、縊之，可也！」

平定叛亂之慘　德國之君主頗能依路德之言以行，而貴族之復仇，亦極其殘酷。西元一五二五年夏間，農民之領袖多失敗而被殺，相傳農民之因此而死者達萬人之多。君主或諸侯之實行改革者，為數甚少，農民之蕩產及失望，可想而知。德國人民至是乃斷定所謂新福音，並不為若輩設法

第二十五章　德國之宗教改革（西元一五二一年至一五五五年）

者，且稱路德為「謊言博士」。昔日地主之暴斂橫徵依然如舊，而此後數百年間，德國農民之狀況，較舊日尤為不堪。

第七節　斯派爾公會及新教徒名稱之由來

德國諸侯組織新舊教同盟　自農民叛亂後，德國君主中有阻止宗教變更之計畫。德國中北兩部之君主組織德紹同盟以剷除「受人詛咒之路德派」。同盟中有薩克森公喬治（George, Duke of Saxony）、布蘭登堡及美茵茲之二選侯，與不倫瑞克之二親王。其時有皇帝預備入德國以剷除異端之謠言，贊成路德之諸侯乃亦有聯合之舉。就中最重要之分子為薩克森新選侯約翰・腓特烈（Johann Friedrich I. (Sachsen)）及黑森伯爵腓力（Philipp I）二人。此二人將來為德國保護新教之最力者。

斯派爾公會予各邦君主以決定國教之權（西元一五二六年）　其時德國皇帝又有與法國王法蘭索瓦一世及教宗戰爭之舉，故無暇顧及德國之內政，遂不能不放棄其實行沃姆斯大會議決案之意。德國國內既無人可以決定全國之宗教問題，故西元一五二六年斯派爾公會決議未開宗教大會之先，德國之諸侯，騎士及城市之直隸於皇帝者，應各自定其領土中應奉之宗教。各地諸侯之「生活、政治及行動，應隨各人之意以合於上帝與皇帝」。故當時德國各邦之政府，有決定其屬民宗教之權利。

當時人均仍抱宗教統一之望　然當時人皆希望將來國內之宗教，仍能歸於一統之域。路德以為將來基督教徒必皆能信奉新福音。彼仍願主教之存在，即教宗亦可任其繼續為教會之首領。至於反對新教者，則以為異端教徒必有消滅之一日，而宗教必能恢復其統一之局。然兩方之希望，均不

正確，而斯派爾公會之議決案，竟成為永久之規模，德國宗教至今分裂。

查理五世之干涉 其時反對舊教之新派，開始發見。其時瑞士之改革家名慈運理（Zwingli）者，同志甚多。而所謂再浸禮派者，則甚至主張廢止舊教。德國皇帝是時亦有暇赴德國，於西元一五二九年再召集公會於斯派爾決定實行反對異端之計畫。無論何人，不得反對聖餐禮，並不得阻止他人參預聖餐禮。

英文新教徒名稱之由來 此種議決之結果，無異強迫新教諸侯恢復舊教中最特異之儀節。公會中信新教者居其少數，故若輩唯有提出抗議之一法，簽名者有薩克森之約翰·腓特烈與黑斯之腓力及皇城十四處。抗議中宣告多數人斷無取消上次斯派爾公會議決案之權，蓋此次議決之案係全體同意者，且全體擔保遵守者。故若輩求援於皇帝及將來之宗教大會，以反抗多數之壓制。凡此次簽名於抗議上者，世稱之為抗議者。日後「抗議者」三字，遂為反對羅馬舊教教義者之通稱。

第八節　奧古斯堡公會及新教徒之信條

奧古斯堡公會之籌備 自沃姆斯公會以後，皇帝多居於西班牙，從事於法國之戰爭。先是皇帝查理五世與法國王法蘭索瓦一世均要求米蘭與勃根地公國為己有，有時教宗亦參預其間。然西元一五三〇年，皇帝因戰事暫平，乃赴德國開公會於奧古斯堡以解決宗教問題。彼令新教徒將若輩之信仰著文以陳述之，以備為公會討論之根據。新教徒乃託路德之友人並其同事墨蘭頓（Melanchthon）負起草之責，蓋彼本以學問淵博主張溫和著於世者也。

第二十五章　德國之宗教改革（西元一五二一年至一五五五年）

奧古斯堡信條　墨蘭頓所著之宣言，世稱奧古斯堡信條，為新教改革史上之極重要資料。墨蘭頓之意見和平，持論公允，故宣言中力言新舊教之異同，相去並不甚遠。彼以為新舊兩派之基督教觀念，根本相同。唯新教徒對於舊教中之習慣，實有不能贊同者，如教士之不得婚娶，齋期之遵守等。至於教會之組織，信條中並不提及之。

查理五世之和平計畫　同時皇帝並令熱心舊教者為文以辯駁新教徒之見解。舊教徒之條陳中，承認墨蘭頓之主張亦頗有純正者；唯對於新教徒改革之主張，則一概反對。查理五世宣言舊教徒之條陳為「合於基督教而且公允」，令新教徒承認之。並禁止新教徒嗣後不得再與舊教徒為難，所有寺院及教會財產均應恢復原狀。皇帝並允於一年之內請教宗召集宗教大會，以為或可以解決所有宗教上之困難及實現教會自動之改革。

第九節　《奧古斯堡和約》

《奧古斯堡和約》以前新教之進步　奧古斯堡公會後二、三十年間，德國新教之發達情形，不能細述。宗教改革之性質及德國君主與人民見解之不同，上文亦已略述其梗概。皇帝自離奧古斯堡後，十年之間，從事於南部歐洲方面之戰事，又因欲得新教徒之援助，故對於新教徒之行動，不敢加以限制。同時德國諸侯之信奉路德主張者，常有增加。

最後查理五世與新教諸侯有戰爭之舉，然其原因關於政治上者居多。蓋其時薩克森公莫里斯（Moritz）意欲援助皇帝以反對新教徒，則彼可以藉口奪得信奉新教之約翰·腓特烈之選侯領土。然戰事並不甚烈。查理五世調西班牙軍隊入德國，俘約翰·腓特烈與黑森之腓力二人。拘之數年。

《奧古斯堡和約》 然此次戰事,並不能阻止新教之發達。莫里斯既得薩克森選侯之領土,乃忽與新教徒合。法國王亦願援助新教徒以反抗德國之皇帝,查理五世不得已與新教徒言和。三年之後,於西元一五五五年批准《奧古斯堡和約》。其條文極其重要。德國之諸侯,及直隸於皇帝之城市與騎士,得各自由選擇其信奉之宗教。然假使教會諸侯 —— 如大主教、主教或住持 —— 改信新教時,則須將其財產繳還教會。至於人民則必遵其地之宗教,否則須他徙也。

政府決定國民宗教之原理 此次宗教和約,並未建設信教自由之原理;所謂自由,亦僅以各地之諸侯為限。至於諸侯至是並握有宗教上之權力,故其權力大增。君主監督宗教之事,在當日本屬自然,亦屬勢所難免。蓋教會與政府數百年來,關係本極密切。當時尚無人夢想個人可以有信教之自由也。

《奧古斯堡和約》之缺點 《奧古斯堡和約》之最大缺點有二,實為他日之禍源。第一,參預和議者僅有一部分之新教徒。其他如法國改革家喀爾文及瑞士改革家慈運理二人所創之新教,為舊教及路德派所反對,故並不包括在內。德國人或仍奉舊教,或改信路德派之新教,捨此別無宗教之自由。第二,教會諸侯改信新教必繳還其財產於教會之規定,勢難實行,蓋無人執行也。

第二十六章
瑞士及英國之宗教改革

第一節　瑞士聯邦之由來

其他諸國之宗教改革　路德死後百年間，西部歐洲諸國之歷史，除義大利與西班牙二國以外，皆係新教與舊教競爭之事蹟。其在瑞士、英國、法國、荷蘭諸國中莫不因宗教改革而產出極大之變化。吾人欲明瞭諸國他日之發達，不能不先述其宗教改革之內容。

瑞士聯邦之由來　茲先述立國於阿爾卑斯山中之瑞士。當中古時代，瑞士為神聖羅馬帝國之一部分，與德國南部合而為一。當十三世紀時，沿琉森湖邊之「森林」州凡三，組織同盟以抵抗哈布斯堡王朝之侵犯，此實他日瑞士聯邦之起點。西元一三一五年第一次大敗哈布斯堡王朝於莫爾加滕地方，乃有重組同盟之舉。不久琉森及蘇黎世與伯爾尼二皇城亦加入同盟。屢經戰爭，瑞士竟能抵抗哈布斯堡之武力征服。至西元一四七六年查理有征服瑞士之舉，於格蘭森及穆爾滕二地為瑞士人所敗。

瑞士之獨立及其人種之混雜　四鄰諸地漸加入瑞士同盟，甚至阿爾卑斯山南義大利方面之地，亦有入附者。日久之後，瑞士同盟與帝國漸形分離，世人亦漸視瑞士為帝國之「親戚」；至西元一四九九年，同盟諸州竟不再受皇帝之管轄，而成為獨立之邦。最初之同盟雖純屬德國種人，然領土擴張之後，遂有法國人及義大利人，至今國內法律尚以三國文字公布之。

第六卷　宗教改革及宗教戰爭

故所謂瑞士人，並非純粹之民族，而且獨立後數百年間，其組織亦頗不完備也。

第二節　慈運理之改革宗教

慈運理為瑞士宗教改革之領袖　瑞士之宗教改革家，以慈運理（西元一四八四年至一五三一年）為領袖。年少路德一歲，亦係農家子出身。唯其父景況極佳，故慈運理得求學於巴塞爾及維也納諸地。彼之不滿意於舊教，源於古文及希臘本《新約全書》之研究，不若路德之源於修道士之生活。慈運理曾為牧師，居於蘇黎世湖附近之艾因西德倫寺。此寺以寺中聖梅納德像極著靈驗之故，故為信徒朝謁之中心。慈運理常謂「吾在此地講道，始於西元一五一六年，其時尚無一人曾聞路德之名者」。

慈運理痛罵教會之流弊及瑞士兵備人僱傭之惡習　三年之後，彼被聘為蘇黎世大禮拜堂之講道者，改革事業，於是乎始。其時有一道明派之托缽僧宣傳贖罪券原理於瑞士。卒因慈運理之反對，被逐出境。彼於是開始痛罵教會中之流弊及瑞士備人僱傭之軍隊，以為瑞士兵士專備他國之僱用，實為瑞士之恥。羅馬教宗對於瑞士軍隊之援助已不可少，故常以年金及教會中之優缺，以予瑞士人之有勢力者，以冀其助己。故慈運理之改革主張，自始即合宗教與政治而為一，其目的在於調和各州之感情，及阻止瑞士人為他人犧牲之惡習。西元一五二一年，教宗又有徵兵於瑞士之舉，慈運理乃竭力攻擊教宗及其特派員。彼謂「若輩之冠紅冠，衣紅衣，何等適當乎！吾人如搖若輩之身，則金錢墮出矣。吾人如絞若輩之身，則爾子，爾兄弟，爾父，爾良友之血流出矣。」

蘇黎世城之改革 此種論調，不久即激起世人之批評，而舊日森林諸州皆主張禁止之，然蘇黎世之城議會獨竭力援助慈運理。慈運理乃亦攻擊教會中齋戒及教士不取諸習慣。至西元一五二三年，彼將其主張著六十七條之論文以陳述之。主張基督為唯一之高級教士，福音之成立，並不因教會之承認。彼反對煉罪所之存在，及路德所攻擊之種種習慣，其時無人出與慈運理辯難，故蘇黎世之城議會遂批准其主張，脫離羅馬舊教而自立。次年並廢止聖餐禮，迎神賽會及聖人肖像等；神龕大開，遺物則埋而掩之。

其他諸城之聞風興起 其他諸城亦有隨蘇黎世之後者；唯濱琉森湖之諸州，誠恐失其舊日之勢力，故有力維舊教之決心。瑞士國內第一次之新舊教爭戰為西元一五三一年卡佩爾之役，慈運理陣亡。諸州間之宗教，始終不能一致，故至今瑞士國中尚仍新舊教並行之局也。

慈運理之影響 慈運理改革宗教之影響於歐洲諸國者，當推其所主張之聖餐觀念。彼不但反對變質之原理，而且不信基督之降臨，以為麵包與酒不過一種符號而已。英國、德國中之信奉慈運理主張者，亦遂在新教徒中自樹一幟，統一新教之困難，益為之增加矣。

第三節　喀爾文之改革宗教

喀爾文與長老會派 喀爾文（西元一五〇九年至一五六四年）之宗教主張，較慈運理尤為重要，其影響之及於英國、美國兩國者亦較為遠大。其改革事業，以瑞士邊境之日內瓦城為中心。英國、美國之長老會派及其主義，即係喀爾文所創。彼本法國北部人，生於西元一五〇九年；故彼實

屬於新教徒之第二世。彼在幼年時代即受路德派新教之影響。法國王法蘭索瓦一世有虐殺新教徒之舉，喀爾文遁走，暫居於巴塞爾城。

《基督教要義》　當彼居於巴塞爾城時，其著名之《基督教要義》(*Institutio Christianae religionis*)一書第一次出版，風行之廣，為新教神學著作中第一。以新教眼光說明基督教之原理，實以此書為嚆矢。此書與彼得‧倫巴德之意見相同，簡單明瞭，誦讀討論，均甚便利。書中原理以《聖經》不滅為根據，而反對教會與教宗永遠存在之說。喀爾文之論理力極巨，而文筆亦極其透闢。其法國文原本，實為善用法國文以著理論文章之第一模範。

喀爾文在日內瓦城之改革　喀爾文之被召赴日內瓦城，約在西元一五四〇年；城中人付以改革城中政治之責任，蓋該城是時已脫離薩伏依公而獨立也。彼乃編訂憲法，建設政府，將政治與宗教合而為一。他日法國與蘇格蘭兩地之新教徒，皆屬喀爾文派，而非路德派。

第四節　英國之古文學者

英國之叛離教會　英國之叛離中古教會，進行甚慢。雖路德焚毀教會法律以後，英國已有新教主義之標幟，然至三十餘年之後，至西元一五五八年女王伊莉莎白一世 (Elizabeth I) 即位時，英國宗教改革之態度方面。就表面上視之，抑若英國之宗教革命，源於英國王亨利八世因教宗不允其離婚，遷怒於教宗之故。實則全體國民一旦有永久變更其宗教信仰之舉，斷非一人之好惡所能為力。蓋英國與德國同，在宗教改革以前，已有種種之變化為宗教革命之備。

約翰·科利特　英國學者之受義大利新學問之影響，實始於十五世紀之後半期。科利特曾竭力在牛津大學中提倡希臘文之研究。彼與路德同，獨喜聖保羅。於德國宗教改革以前，即有駕信入道之主張。

摩爾及其烏托邦　此期中英國最有名之著作家為摩爾。其所著之小書，名《烏托邦》者，約出版於西元一五一五年，為改良世界之夢想之最著者。《烏托邦》中之狀況，極其快樂，政府精良，弊竇盡去。邦中人民與英國人不同，只為自衛而戰，或為解放他人而戰，斷不因侵略他人而戰。在《烏托邦》中無論何人，只須不擾亂他人，則斷無因宗教意見而被人虐殺之虞。

伊拉斯謨之英國同志　西元一五〇〇年間，伊拉斯謨赴英國，對於英國之社會，極為滿意；吾人可以斷定彼之見解，殆可以代表當日英國大部分之知識階級中人。伊拉斯謨所著《愚人頌》一書，即在摩爾家中脫稿者。伊拉斯謨在英國之研究大著成功，所交之友人又復性情相近，故以為無遊學於義大利之必要。當時英國人蓋已有見到教會中之流弊及贊成革除流弊之新制者矣。

第五節　亨利八世之離婚事件與沃爾西

沃爾西之和平政策及其均勢之觀念　英國王亨利八世之大臣沃爾西，竭力勸國王毋窮兵於歐洲大陸之上。沃爾西之意，以為英國而欲日臻強盛之域，不在武事，而在和平，此種見解，殊為卓越。彼以為欲求和平，必先維持歐洲大陸均勢之局，以免一人獨霸之危險。例如當法國王法蘭索瓦一世勝利時，彼主張英國當援助皇帝查理五世，當法蘭索瓦一世於西元

一五二五年大敗於法維亞時，則英國王當援助法國王。此種均勢觀念，為他日歐洲諸國外交政策之根據。然沃爾西不幸無實現其開明理想之機會。彼之失敗及英國新教之發達，均與亨利八世之離婚事件有密切之關係。

亨利八世之離婚案 亨利八世初娶查理五世之姑亞拉岡之凱薩琳為后。所生子女皆夭殤，存者僅一女瑪麗而已。亨利八世深慮女子不能即王位，故得子之心甚切。而且凱薩琳年較英國王為長，故不能得王之歡心。

凱薩琳曾嫁亨利八世之兄，結婚後其夫即死去。據教會之規則，凡教徒不得娶已故兄弟之妻為妻。亨利八世至是乃藉口於此，以為若再保留凱薩琳為后，則將得罪於上帝，故有要求離婚之舉。其理由謂彼之婚姻，本不合法者。不久英國王又遇年僅十六之美女名安・寶琳（Anne Boleyn）者，嬖之，與后離婚之意，抑不可遏。

教宗之反對離婚及沃爾西之失勢 不料英國王與凱薩琳之結婚，曾得教宗之「法外施恩」而承認者，故教宗克萊孟七世即不慮有傷皇帝之感情，亦無法可以取消其婚約。沃爾西既無法得教宗之允許，遂開罪於英國王，王怒甚，於西元一五二九年免其職並沒收其財產。沃爾西本擁有巨資，富敵王室，至是一貧如洗。不久其敵人並藉詞控以犯大逆不道之罪，被逮赴倫敦，中途卒，倖免身首異處之慘。

第六節　亨利八世之叛離教宗

亨利八世迫英國教士承認其為國教之主 英國王乃進而嚴譴英國全國之教士，宣言據英國舊日法律之規定，凡教宗代表不得英國王允許者，不

得入國；今英國教士竟有服從教使沃爾西之事，違背國法，顯而易見。然當日沃爾西之被派為教使，英國王本曾贊成。今日之言，可謂奇異之至。全國教士乃群集於坎特伯雷，願輸鉅款於王以贖其罪。王不允，謂非承認彼為英國教會之最高元首不可。教士不得已遵命而行；而且並議決以後不得國王之允許者不開宗教大會，不訂規則。教士既俯首聽命，英國王將來實行離婚時，遂不至再有人批評矣。

國會禁止國人不得上訴於教宗　彼乃盡力慫使國會聲言行將斷絕教宗自新任主教方面得來之收入。以為果能如此，則教宗克萊孟七世必將屈服於英國王。然此計不果行，英國王迫不及待，遂不待離婚而與安·寶琳私通。西元一五三三年國會透過上訴議案，規定凡上訴之訟案，均應在國內判決之，不得訴諸國外。王后凱薩琳至是遂無上訴於教宗之機會。不久英國王召集教會法院，宣布國王之前婚為無效，王后竟無如之何。國會亦宣言國王與凱薩琳之結婚為非法，與安·寶琳之結婚為合法。西元一五三三年，安·寶琳生女名伊莉莎白，國會並議決國王去世，則以伊莉莎白入承大統。

《獨尊議案》　西元一五三四年英國國會通過《獨尊議案》予國王以任命國內教士之權，而享昔日教宗所得之收入。宣言國王為「世上英國教會之唯一最高元首」，並享有一切宗教元首應享之權利。二年之後，凡英國之官吏──無論在教會中或在政府中者──均須宣誓不再服從羅馬之教宗。不遵者以叛逆論罪。其時國中官吏頗有不願遵行者，因之遂有極可怖之虐殺發生。

亨利八世並非新教徒　吾人於此宜注意者，即亨利八世並非真正之新教徒是也。彼雖因教宗克萊孟七世不允其離婚之故，有叛離羅馬教宗之舉，並強迫教士及國會承認其為宗教之首領。昔日英國君主亦嘗有與教宗

衝突之舉，然從未有激烈如此者。英國王不久並沒收寺院財產，以為寺院之為物，適足以墮落人類之道德，較無用尤惡。然此種行動，雖甚重要，而英國王始終不信新教領袖之主張。彼與當時人同，亦抱有懷疑新教之心，急於說明舊教之原理以免他人之反對。英國王曾頒釋出告說明浸禮、懺悔禮及聖餐禮諸儀節之性質。並下翻譯《聖經》之令。西元一五三九年新譯之《聖經》出版，下令各區均須各備一冊藏諸各區教堂之中，以備教徒隨時參考之用。

亨利八世急自證明實為舊教徒 英國王自沒收寺院財產及金銀珠寶之後，急欲證明其為純正舊教徒。彼曾親身審判信奉慈運理主張之新教徒。並引據《聖經》以證明基督之血與肉，果然存在於儀節之中，乃定以死刑，用火焚而殺之。西元一五三九年，國會又通過法案日六條者，宣言基督之血與肉果然存在於行聖餐禮時所用之麵包與酒中；凡膽敢公然懷疑者，則以火焚之。至於其他五條即——俗人行聖餐禮時，僅食麵包已足；教士不得婚娶；不娶之志願永遠遵守；私行聖餐禮之合法；自承之合法等——凡違背者，初次處以監禁及籍沒財產之刑，第二次則縊殺之。此案通過以後，主教之被逐者二人，人民之因此喪命者亦不一而足也。

第七節　亨利八世之解散寺院及其三娶

亨利八世專制摩爾之被殺 亨利八世殘忍而專制。摩爾本係王之老友，竟因反對其離婚而殺之。修道士之不願宣言國王第一次婚姻為非法及反對國王為教會元首者亦多被殺戮。其他因餓病而死於獄中者，亦復甚多。當時英國人之心理，大抵皆如下述某修道士之言：「吾認吾之不服從

第二十六章　瑞士及英國之宗教改革

國王，並非由於吾心之反叛或存心之不良，實由於心畏上帝，故不敢唐突耳；因為吾人之聖母，即教會所規定者，實與國王與國會所規定者相反者也。」

寺院之解散　亨利八世需款甚殷，英國之寺院頗有財產甚富者，而修道士對於他人之誣捏，又無力以自白。英國王遣大臣四處調查寺院之內容。其結果則寺院中之腐敗情形，當然不難徵集而得，就中亦有真確者。修道士之懶惰無行，當然不一其人。然修道士之在當日，實係和善之地主，行旅之居停，苦人之良友。英國王既著手於劫掠小寺院，國內乃有解散各區教堂之謠傳，教士聞之懼，乃叛。英國王更有所藉口，實行攻擊較大之寺院。住持與方丈之參預叛亂者多被縊死，並沒收其財產。其他住持，莫不驚惶失措，自承寺中之修道士，罪過甚大，請許其繳出寺院於國王。王使者乃沒收之，盡售其所有，甚至鐘與屋頂之鉛板，亦復搜賣一空。至今遊英國者尚得目睹昔日寺院之遺址也。至於寺院土地，多歸國王。王或售之以裕國庫，或分給諸寵臣。

神座及肖像之破壞　與解散寺院同時並進者，為破壞教堂中之神座及肖像，蓋皆以金銀珠寶裝飾者也。坎特伯雷之聖湯瑪斯神座被毀，其遺骨亦被焚。威爾斯有木像一，英國王因某托缽僧主張宗教之事，應服從教宗，不能服從英國王，遂以木像為燃料焚某僧而殺之。此種舉動，頗與德國、瑞士、荷蘭諸地之攻擊神像相仿。然英國王與其廷臣之行為，雖以破除迷信為理由，而其目的殆在於謀利。

亨利八世之三娶　英國王之家庭變故，並不因娶安·寶琳而終止。英國王不久即厭惡其新娶之后，三年之後，竟誣以有種種醜行而殺之。后死之次日，王又娶珍·西摩（Jane Seymour）為后。不久生一子，即他日之愛德華六世（Edward VI）也。后生子後不數日而死，此後英國王並先後再娶

三次，均無出，故無爭奪王位之人，茲不細述。亨利八世既有二女一子，乃令國會議定承繼王位之次序，先傳其子，若其子無後，則依次以其二姊入承大統云。西元一五四七年亨利八世卒，遺其新舊教問題於其子若女。

第八節　愛德華六世與英國新教之成立

愛德華六世在位時代新教習慣之傳入　當英國叛離中古教會之時，國內人民雖尚多奉舊教者，然在亨利八世時代，新教徒之人數實常有增加。愛德華六世以沖齡即位，在位僅六年——彼於西元一五五三年卒，年僅十六歲——政府中人多贊成新教，並由歐洲大陸請新教徒多人來英國以教其國人。英國王並下令消毀國內之神像，甚至大禮拜堂中之彩色玻璃，亦復破毀殆盡。國內主教由王任命之，不再遵昔日選舉之形式。教會中之要職，亦以新教徒充任之。國會將所有聖餐禮之基金，繳諸政府，並議決以後教士得自由婚娶。

祈禱書及三十九條　國會議決編訂祈禱書，其內容與今日英國國教所用者相仿。政府並編訂教條四十二條為國人信仰之標準。此種教條，至女王伊莉莎白一世時代校訂之，減為極著名之三十九條，至今為英國國教教義之根據。

新教之失信　教會中職務之變更，在大部分英國人之眼中觀之，當然為之大驚，蓋若輩本習慣舊日之宗教儀節者也。又鑒於朝廷官吏每假新教之名，以行其貪婪之實，乃以為政府之意，實在於劫掠教會以自肥。吾人對於當時人之瀆神，觀於愛德華六世所下之命令，即可見一斑，蓋王曾下令禁止「教堂中不得有爭鬧及槍傷之舉動」，並不得「牽馬與驢以過教堂，

視上帝之居如馬廄或普通之旅店」。故當時贊成宗教變更者固不乏人，而愛德華六世死後英國忽有恢復舊教之趨向，亦正勢所必至者矣。

第九節　女王瑪麗之恢復舊教

瑪麗之反動　一五五三年愛德華六世卒，其姊瑪麗（Mary I）（西元一五五三年至一五五八年）即位。瑪麗自幼即信奉舊教，未嘗稍變。即位之後，即一意以恢復舊教為事。彼之舉動，本有根據，蓋當時多數國人之心中尚存有舊教之成見，其不信舊教者亦以愛德華六世時代官吏措施之不當，不表同情於新教。

瑪麗與腓力二世之結婚　自女王瑪麗嫁西班牙王費利佩二世（Felipe II de España）之後，恢復舊教之勢益迫。然費利佩二世對待國內之異教，雖異常嚴酷，而其勢力之達於英國者始終甚微。彼雖因娶英國女王為后，得自稱英國王，然英國人始終不以政權予之，亦不允其入繼其後之王位。

屈膝國會　瑪麗不久有恢復英國與羅馬教會和好之舉。西元一五五四年，教宗之教使宣言英國之「屈膝國會」已復合於舊教之教會。

新教徒之虐殺　瑪麗在位之最後四年，有虐殺教徒之舉，其殘酷為英國史上所罕見。國人之因反對舊教而死者，達二百七十七人之多。就中多係工匠與農夫。其最著者則為黎泰謨（Latimer）與里德利（Ridley）二主教，均在牛津地方焚死。黎泰謨將死之際，曾向里德利高聲言曰：「吾人應自得其樂以戲弄世人；自今日始，吾人點一永遠不熄之燭於英國矣！」

恢復舊教之失敗　瑪麗之意，以為燒死異端，所以恫嚇新教徒，使之

第六卷　宗教改革及宗教戰爭

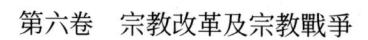

不敢再宣傳其主義。然其目的竟不得達。虐殺之結果，不但不能提倡舊教之精神，而且因新教徒視死如歸之故，反使懷疑未定之人，轉信新教。

第二十七章
羅馬舊教之改良與費利佩二世

第一節
特利騰宗教大會（西元一五四五年至一五六三年）

舊教之改良 當路德改革宗教之前，教會中人曾有種種改良教會而不變教義與組織之計畫，吾人前已述及之。即在新教革命以前，教會改良，亦頗著進步。新教革命以後，舊教教會之改良事業，益為之促進，蓋當時西部歐洲大部分尚信奉舊教者也。舊教教士至是已知不能端賴當時人民之信仰，以謀自存之道。不能不盡力以辯護舊教之教義及其儀節。如教士而欲遏止蒸蒸日上之異端，必先潔身自好，痛改前非，然後教士與教會之威信可以保存，人民信仰之心可以復固。

特利騰大會之召集 舊教中人有見於此，故有召集特利騰宗教大會之舉，其目的在於研究革除流弊之方法，及解決數百年來神學家持論不同之教義。宗教新團體，亦常常發生以訓練牧師而宣傳教義。凡仍信舊教諸國，每用嚴厲方法以阻遏異端之發生與新教之傳入。教會中之官吏，自教宗而下，均以較賢之人充任之。例如教宗閣員，以義大利之思想界領袖充之，與昔日之僅為古文學家或朝貴者異。舊日教會習慣之不滿人意者亦永遠禁止之。此種改革之結果，使中古教會頓改舊觀。吾人於敘述十六世紀後半期荷蘭與法國兩地新舊教紛爭之先，應略述特利騰宗教大會之事業及

耶穌社中人之運動。

查理五世深信宗教大會足以解決困難　皇帝查理五世對於新舊教之教義本均不甚明瞭，屢欲調和其異同，使新教徒復合於羅馬之舊教。彼以為假使合新舊教徒之代表開一宗教大會，互相討論，其結果或能意見消融，言歸於好。然羅馬教宗鑒於昔日巴塞爾大會之行動，不願開大會於德國之境中。同時德國之新教徒亦以為若開宗教大會於義大利，則在教宗卵翼之下，必不利於新教徒，故不能服從其議決之結果。經過多年之延宕，至西元一五四五年路德將死之際，方召集宗教大會於德國、義大利兩國交界處之特利騰城。

大會維持舊教之原理　其時德國之新教徒方將與皇帝開戰。而且知宗教大會之行動，於己必無利益，故不與會。教宗代表及德國舊教徒遂得為所欲為。大會中最先討論新教徒所反對之舊教教義，不久即宣言凡主張篤信上帝即可得救而不須善行者，即係極惡之人。而且大會並宣言無論何人如謂舊教儀節非基督所創；「或謂儀節之數較七為多，或較七為少，即浸禮、堅信禮、聖餐禮、懺悔禮、傅油禮、授職禮及婚禮；或謂各種儀節之中有非真正者；則必永受咒詛。」至於《聖經》則以古代之拉丁文譯本為標準。關於原理之正確與否，無論何人不得提出疑問，不得出版與教會主張不同之《聖經》解釋。

禁書書目　此次大會並提議教宗官吏，應編訂舊教徒不應誦習及有害於教會之舊目。大會既閉會，教宗遂頒發禁書書目。嗣後屢有增訂。此舉實為大會中最著行動之一。以為如此，則不道德與異端之觀念，不至因印字機發明之故傳布甚廣也。

改革計畫　大會深知與新教徒不能調和，乃遂著手於改革新教徒所不滿之流弊。議決凡主教應各駐於教區之中，應常常講道，並應嚴密監察區

內教士之是否盡職。此外並設法改良教育；令教堂、寺院及學校中均應誦習《聖經》。

大會事業之重要 宗教大會開會凡一年有餘，因事故中輟。數年之內，絕少進行。至西元一五六二年，大會復開，進行殊力，再明定其他種種之教義，並完全排斥異端之主張。革除流弊之命令多種，至是亦均予批准。大會會議之結果，訂編成一厚冊曰《特利騰宗教大會之法律及議案》，實奠羅馬舊教教會法律與原理之新基，為歷史上極重要之材料。蓋一部羅馬舊教教義之完全正確說明書也。然其內容之關於舊教教會之組織及其信仰者，大致與本書第十六章中所述者相同。

第二節　耶穌社之運動

羅耀拉始創耶穌社 當特利騰宗教大會最後會議時，歐洲有一種新興宗教之組織，其領袖極力反對教宗權利之減削。此種宗教組織為何，即西班牙人羅耀拉（Loyola）（西元一四九一年至一五五六年）所創之耶穌社是也。羅耀拉年幼時曾入行伍，於西元一五二一年在戰場上為砲彈所傷。臥病不起時，嘗讀《聖人傳》以消遣，遂抱與若輩爭勝之志。病既癒，乃專心服務於上帝，身披乞丐之衣，赴耶路撒冷行朝謁之禮。既至其地，忽悟欲有成就，非受教育不為功。急返西班牙，與兒童共習拉丁文法之綱要，彼年雖已三十有三歲，亦不以為恥也。二年之後，入西班牙某大學，不久又赴巴黎研究神學。

彼在巴黎，盡力運動其同學與之同赴聖地，如被阻不得行則專心為教宗服務，至西元一五三四年，得同志七人。行抵威尼斯，適其地有與土耳

其人戰爭之事。羅耀拉輩遂改變其遠遊東方傳道之計畫，並得教宗之允許講道於附近諸城市，說明《聖經》中之真理以慰藉醫院中之病人。人問若輩何所屬，若輩必答曰：「屬於耶穌社。」

耶穌社組織及訓練之嚴密　西元一五三八年羅耀拉召其門徒赴羅馬，規定耶穌社之原理。教宗將其所定原理納諸諭中而頒行之，並承認其組織。社中設大將一，由全社中人選舉之，任期終身。羅耀拉本兵士，故以軍法部勒其社中人，特重服從主義。彼宣言服從為所有德性與快樂之母。所有社中人應服從教宗，視為上帝之代表。若教宗命其遠行，則無論遠近，均須遵命。而且社中人均應服從社中之長官，視若上帝之傳令者。社中人不得自有主張，須有同手杖，專備扶持他人之用。他日耶穌社中人之得勢，蓋皆源於該社組織之完備與訓練之有方。

耶穌社之目的及方法　耶穌社之目的在於提倡篤信宗教與敬愛上帝，而尤重模仿先哲之行誼。凡社中人須絕對以清貧與篤信為主。其謙恭之德，應現於辭色以感動他人發服務於上帝之心。該社所用之方法，極其重要。社中人大部分皆係牧師，往來於四方以講道，聽人懺悔及提倡信教。然社中人同時亦係教師。若輩深知吸收青年之重要，故歐洲舊教國中之學校教師，類皆耶穌社中人。教授有方，極著成效，有時新教徒亦有遣其子弟前往就學者。

人數之增加及該會之事業　耶穌社中之人數，最初本規定以六十人為限，然不久人數驟增，故撤其限制。羅耀拉未死以前，社中人數已達千人以上。彼死後未幾，其人數竟三倍之。嗣後二百餘年間，人數常有增加。羅耀拉本有傳道之意者，社中人承其意而行，不但傳道於歐洲一帶，其足跡並遍於世界。沙勿略（Xaverius）本係羅耀拉之最初同志，東遊傳道於印度、香料群島及日本。至於美洲之佛羅里達、巴西、墨西哥及祕魯諸地，

第二十七章　羅馬舊教之改良與費利佩二世

亦莫不有若輩之蹤跡。其時歐洲之新教徒，尚未嘗出國門一步也。歐洲人當開闢北美洲時，對於其地之狀況，本甚茫然，迨耶穌社中人前往傳道時，方明瞭美洲土人之內情，其功固甚大也。

反對新教之力　若輩既以扶助教宗為宗旨，故自始即有反對新教之舉。分遣社中人前赴德國、荷蘭及英國諸地。其勢力在德國南部與奧地利尤巨，極為其地君主所信任。若輩不但阻止新教之傳播，而且恢復一部分叛離教宗諸地之信仰。

耶穌社中人之惡行　新教徒不久即知耶穌社實為新教之勁敵。痛恨太過，每忘卻耶穌社之高尚目的，誣以種種之惡行。新教徒以為耶穌社中人之謙和，實假意如此藉以掩飾其陰謀詭計者。又以為社中人之隨遇而安，無事不作，可以證明若輩只求達其目的，不問其方法之為何。又以為若輩藉口於「為增加上帝之光榮起見」實行其極詐偽，極不道德之計畫。又以為社中人之絕對服從，實無異為其長官之傀儡。一旦長官命其作惡，若輩亦將唯命是從。

耶穌社之衰替及其復興　然平心而論，耶穌社中人亦實良莠不齊，不盡皆潔身自好者。日久之後，耶穌社漸形衰落，正與昔日其他宗教團體同。至十八世紀時，歐洲人頗以社中從事於大規模之商業為非是者，加以其他種種之原因，該社之信用大落，雖舊教徒亦存懷疑之心。葡萄牙王先逐耶穌社中人於國外，其次法國亦於西元一七六四年下驅逐之令。教宗知該社之不可再用，西元一七七三年下令廢止之。然至西元一八一四年耶穌社又有恢復之事，至今社中人又以千計矣。

第三節　西班牙王費利佩二世反對新教之熱心

費利佩二世為新教之勁敵　當十六世紀後半期，歐洲各國君主之力助教宗與耶穌社以阻止新教者，當推皇帝查理五世之子，西班牙王費利佩二世其人。彼與耶穌社中人同，極為新教徒所痛恨。蓋彼實當日新教徒之最大勁敵也。彼極注意德國、法國之內情，而以提倡舊教為目的。曾盡力以推翻英國信奉新教之女王伊莉莎白一世，最後並遣其強盛之海軍赴英國以冀實現其計劃。而且彼用極殘酷之方法以逼其領土荷蘭之回信舊教。

哈布斯堡王朝領土之分裂　皇帝查理五世罹痛風之疾，精力驟衰，乃於西元一五五五年與一五五六年間，退位休養。皇弟斐迪南（Ferdinand I）曾因其后而獲得波希米亞與匈牙利二王國之領土，至是皇帝以哈布斯堡王朝之所有德國領土傳之。而以西班牙及其美洲之領土，米蘭、西西里二王國及荷蘭諸地，傳其子費利佩二世。

費利佩二世反對新教之狂熱　查理五世本一意以維持國內宗教統一為事者。彼曾力行異端裁判所之制於西班牙及荷蘭，對於帝國中之信奉新教，極為失望。然彼並非狂妄者。彼與當日各國君主同，雖不甚具信教之熱誠而不能不參預宗教上之爭執。彼深信欲維持其廣大與複雜之領土，非統一宗教不為功。至於其子費利佩二世，則與乃父異。一生政策，純以維持舊教為宗旨。甚至國破身亡，亦所不惜。同時西班牙又為當日歐洲最強盛之國家，蓋不但美洲金銀源源而來，即其軍隊之精良，亦為當日歐洲諸國之冠。

第二十七章　羅馬舊教之改良與費利佩二世

第四節　費利佩二世對待荷蘭之苛虐

荷蘭　費利佩二世之患難，為其領土荷蘭。此地凡包十七省，查理五世傳自其祖母勃根地之瑪麗者也。為今日荷蘭、比利時兩國所在地。各省本各有政府者，唯查理五世合其地以受帝國之保護。北部人民，多屬德國種，艱苦耐勞，築堤以禦海水之氾濫，故低地之因之開闢者甚多。巨城如哈倫、萊頓、阿姆斯特丹與鹿特丹等，林立其間。至於南部則有根特、布魯日、布魯塞爾與安特衛普等大城，為數百年來之工商業中心。

費利佩二世對待荷蘭之苛虐　查理五世本生長於荷蘭地方，故其統治荷蘭之政策，雖甚嚴刻，而其地人民愛戴之忱，並不因之而減殺，蓋若輩每引查理五世之功業以為榮也。至於荷蘭人民之對於費利佩二世，其態度大不相同，蓋當查理五世在布魯塞爾地方介紹其子於人民之時，費利佩二世頗露傲慢之態，大失人民之所望。荷蘭之人民均以彼為西班牙人，而非其國人，他日費利佩二世返西班牙後，遂以外國視其西北部歐洲之領土。彼每不能允許荷蘭人民合法之要求，以得其歡心。一切舉動，反皆足以增加若輩之痛恨，而激起若輩之懷疑。西班牙軍隊之在其地者，多強占民舍為兵士居住之用。西班牙王並以不諳荷蘭語言之帕爾馬女公為其地之攝政者。而其地之政權，則不付諸貴族之手而付諸驟起之新貴。

異端裁判所　尤其不堪者，則費利佩二世有力加整頓異端裁判所之議以剗除異端是也。荷蘭之有異端裁判所已非一日。查理五世曾下嚴令禁止人民信奉路德，慈運理及喀爾文諸人之新教。據西元一五五〇年所定之法律，凡異端之不肯悔過者，則活焚之。即使自承為異端而願改過者，亦復男子斬首，女人則受火焚之刑，並均沒收其財產。統計當查理五世在位時

代,荷蘭人之被殺者,至少當有五萬人。此種嚴酷之法律,雖不能阻止新教之發達,而費利佩二世即位後一月之內,即重申所有查理五世所頒之命令。

荷蘭人之抗議 荷蘭人民受費利佩二世之壓迫者,前後凡十年;人民之領袖,屢提抗議,而西班牙王始終充耳而不聞,其目的似必破壞其地而後已。至西元一五六六年,荷蘭之貴族約五百人,聯成團體合力以抵抗西班牙之專制與異端裁判所。不久平民亦紛紛加入。若輩在當日雖尚無叛亂之意,然有舉行示威運動之計畫。以請求帕爾馬女公暫不實行國王之命令。相傳女公之近臣,勸女公毋以此輩「乞丐」為慮。日後叛黨遂以「乞丐」自稱。

新教徒之運動 新教徒之氣,至是漸壯,四出講道,聽者甚眾。新教徒中之受刺激者多突入教堂之中,撕其肖像,破其彩色玻璃之窗,毀其神壇。帕爾馬女公正將平定暴動之時,費利佩二世忽進一步而激起荷蘭之叛。被遣阿爾瓦公率兵入駐其地,阿爾瓦公本以性情殘忍著於當時者也。

第五節　荷蘭之叛亂及荷蘭之獨立

阿爾瓦公之入境 阿爾瓦公率兵入駐之消息,既達於荷蘭,荷蘭人頗有懼而遁走者。他日為革命領袖之奧倫治親王威廉逃入德國。法蘭德斯之織工,多渡北海而遁入英國,不久英國遂以紡織之出產著名於世。

阿爾瓦公之苛虐 阿爾瓦公率西班牙之精兵一萬人,以赴荷蘭,裝備極其完美。彼以為平亂最良最捷之方法,莫過於殺盡批評「君主中之最

第二十七章　羅馬舊教之改良與費利佩二世

優者」之人。故彼特設法院專門審判犯叛逆之嫌疑者，此即世上所傳之血議會是也，其目的在於殺人而不在於司法。阿爾瓦公之在荷蘭者自西元一五六七年至一五七三年，先後凡六年，實為荷蘭之恐怖時代。他日彼曾以殺死一萬八千人自誇，然就事實而論，死者之數恐尚不及三分之一也。

奧倫治之威廉　其時荷蘭之領袖，為奧倫治親王拿騷伯威廉（Willem I）（西元一五三三年至一五八四年）其人。彼係荷蘭民族之英雄，其一生事業與美國之華盛頓（Washington）相仿。彼能為他人所不能為，以救其同胞於專制壓迫之下。在西班牙人眼中視之，彼不過一落泊無聊之貴族，冀擁少數之農民及漁夫以與世界上最富強之國君宣戰而已。

威廉之興兵　威廉曾侍查理五世，假使西班牙政府無專橫虐待之舉，則彼亦未嘗不願誓忠於費利佩二世。然鑒於阿爾瓦公之政策，乃知訴苦於西班牙王之無益。遂於西元一五六八年召集軍隊以與西班牙戰。

荷蘭南北兩部之不同　荷蘭人民之援助威廉者，以北方諸省為最力，而荷蘭一省實為首領。荷蘭人大抵皆信奉新教，純屬德國人種；至於南部諸省，則仍信羅馬舊教，其人種與法國北部同。

威廉當選為北省之統治者　威廉之軍隊，當然不能敵西班牙之精兵。彼至是亦與華盛頓同，每戰必敗，然始終不降。荷蘭人最初之勝利，實其「海上乞丐」之功，若輩本海盜，每掠西班牙之船隻以售諸信奉新教之英國人。最後此輩占據布利爾城為其陸上之根據地，荷蘭人之氣為之一壯。北部荷蘭與西蘭二省中之城市，雖尚未叛離西班牙，竟勇於西元一五七二年選舉威廉為其統治者。此二省因此遂為他日荷蘭國發祥之中心。

南北兩部之合力反抗西班牙　阿爾瓦公遣兵征服叛亂之城市，其殘酷猶昔；甚至女子兒童亦復加以屠戮。不意此種殘忍行為，不但不能平北部

313

第六卷　宗教改革及宗教戰爭

之亂，即南部之舊教徒，亦於西元一五七六年實行反抗。阿爾瓦公曾下令凡人民買賣所得者，須納十分之一於政府。南省諸商民遂有罷市之舉。

「西班牙之怒」　阿爾瓦公實行專制政策者凡有六年，乃被召回國。繼其任者不久死，大局益不可收拾。西班牙兵士之在荷蘭者，既無人統率，遂行同匪盜。安特衛普城本極繁盛，至是為兵士所劫掠，半成灰燼。此次軍隊之變亂，即史上所傳之「西班牙之怒」是也。再加以官吏之暴斂橫徵，荷蘭人皆有朝不保夕之勢。其結果乃有西元一五七六年各省代表開會於根特之舉，以商議推翻西班牙專制之方法。

烏特勒支同盟　然此種聯合之性質，係暫而不久者。費利佩二世改遣性較和平之人入治其地，南部諸省乃復生信任之心。故北部諸省只得單獨進行。威廉主持其間，極不願再承認費利佩二世為其君主。至西元一五七九年，北部七省——荷蘭、西蘭、烏特勒支、海爾德、烏維里塞爾、格羅寧根與弗里斯蘭——組織堅固之烏特勒支同盟。編訂同盟政府大綱為其組織之根據。二年以後（即西元一五八一年）乃宣布脫離西班牙而獨立。

威廉之被刺　費利佩二世深知威廉實為此次叛亂之中堅，若無彼之參預，則叛亂或不難平定。西班牙王乃下令凡能設法排除威廉者，則賜以巨金，封以貴爵。威廉本已被選為聯省之世襲元首者，卒於西元一五八四年在臺夫特地方之住室中被刺而死。彼於臨終之際，禱告上帝憐恤其靈魂及「可憐之國民」云。

荷蘭獨立成功之原因　荷蘭人本切望英國女王伊莉莎白與法國之援助者，然皆袖手旁觀，不稍援手。最後英國女王乃決遣兵援助之。英國人雖未嘗十分盡力，然費利佩二世以英國女王之政策，直與西班牙為難，故決

意出兵以征服英國。不意西班牙之海軍為英國人所殲滅,西班牙平定荷蘭亂事之實力,因之大減。加以西班牙至是亦復國庫空虛,瀕於破產。唯西班牙雖明知已無恢復荷蘭之望,直至西元一六四八年方承認聯省之獨立也。

第六節　法國新教之起源

法國宗教紛爭之性質　十六世紀後半期之法國史,實國內新舊教徒流血競爭之記載。然無論新教徒或舊教徒,其目的殆皆含有政治上之性質者,有時甚至宗教上之爭點,完全為各派領袖之野心所掩沒。

法國新教之起源　法國新教主義之發生,其起源頗與英國同。凡受義大利人之影響,喜習希臘文者,每以新眼光研究《新約全書》之原本。法國古文學者之最似伊拉斯謨者為勒菲弗爾(Jacques Lefèvre d'Étaples)其人(西元一四五〇年至一五三七年)彼譯《聖經》為法國文,並於未知路德以前,即提倡篤信入道之理。彼與其同志頗得納瓦拉王后,法蘭索瓦一世之妹瑪格麗特(Marguerite de Navarre)之歡心,受其保護,故得安然無事。日後巴黎之著名神學學校曰索邦者,激起法國王以反對新觀念。法國王法蘭索瓦一世與當時諸國君主同,雖無宗教上之興味,然一旦聞新教徒有瀆神之事,遂下令禁止新教書籍之流行。西元一五三五年新教徒之被焚者數人,喀爾文亦被逼而遁往巴塞爾城,著《基督教要義》一書,書中即以致法蘭索瓦一世之函冠於篇首,蓋請求法國王保護新教者也。法國王日後對於新教徒,益形壓制。西元一五四五年竟下令殺死瓦勒度派之農民三千人。

亨利二世時代之虐殺新教徒 法蘭索瓦一世死,其子亨利二世(Henri II)(西元一五四七年至一五五九年)即位,一意以撲滅新教徒為事,故新教徒之被焚者數以百計。唯亨利二世因德國新教徒允以與法國毗連之三主教教區——梅斯、凡爾登及都爾——與法國,故竟有援助德國新教徒以反抗查理五世之舉。

亨利二世因與人比武而死,遺其國於其三子,先後繼統,實為法國史上空前擾亂之秋。其長子法蘭西斯二世(François II)(西元一五五九年至一五六〇年)即位時,年十六歲。彼因娶蘇格蘭王詹姆士五世(James V)之女瑪麗・斯圖亞特(Mary Stuart)為后,有名於世,即他日著名之蘇格蘭女王也。后母為法國二著名貴族——一為吉斯公,一為洛林之教宗閣員——之妹。法蘭西斯二世年少無知,故吉斯公一族,乘機起竊國柄以圖私利。吉斯公握軍權,而教宗閣員則秉國政。法國王在位僅一年而死,吉斯公族人當然不願放棄其權力。嗣後四十年間法國內部之紛亂,蓋皆若輩假維持神聖舊教之名,實行其陰謀之所致也。

第七節　法國新舊教徒之紛爭

母后凱薩琳 法國新王查理九世(Charles IX)(西元一五六〇年至一五七四年)即位時,年僅十歲。母后凱薩琳(Catherine de Médicis)系出佛羅倫斯之麥地奇家族,要求攝政。其時爭奪政權之事,本已紛擾不堪,加以又有王族中之波旁一支參加其間,益形紛糾,納瓦拉王即居其一。波旁係乃與新教徒曰胡格諾者聯合。所謂胡格諾,蓋法國喀爾文派新教徒之稱,而此名之由來,則不可考。

第二十七章　羅馬舊教之改良與費利佩二世

新教徒之政治上野心及母后之調和政策　胡格諾教徒之重要者多貴族中人，極欲占據政治上之地位，德科利尼（Gaspard de Coligny）實為領袖。因此政治與宗教之動機遂合而為一，根本上大足為新教進步之害。唯當時新教徒勢力極盛，幾乎獲得政治大權。凱薩琳最初本以調和新舊兩派為宗旨，故於西元一五六二年下信教自由之令，停止昔日反對新教之一切法律，允若輩得於日間集合城外行崇拜之舉。然在舊教徒眼中觀之，此種自由，斷難容忍。不久吉斯公有野蠻之舉動，遂激起法國之內亂。

瓦西殺戮及宗教戰爭之開始　當彼於某禮拜日道經瓦西鎮，見有胡格諾教徒約千人群集於倉屋舉行禮拜。公之扈從竟驅散之，秩序大亂，頗有被傷而死者。此種殺戮新教徒之消息既揚於外，新教徒大憤，內亂遂起，至發瓦盧瓦朝絕祚時方止。法國之宗教戰爭，與當時各國同，亦屬異常殘酷。三十年間，焚火劫掠及其他種惡行，不勝列舉。新舊教兩派之領袖及二法國王莫不被刺而死。而法國內亂之激烈，與十四、十五兩世紀時代百年戰爭中無異。

德科利尼之得勢及其與西班牙宣戰之計畫　至西元一五七〇年兩方有締結和約之舉。胡格諾教徒得享信教之自由，並得城市數處包有拉羅謝爾以防舊教徒之攻擊。其時法國王與母后均與新教徒之領袖德科利尼交好，德科利尼遂得據要津有同國務總理。彼之意極欲國內之新舊教徒均能合力以與費利佩二世戰。以為果能如此，則法國人合力同心，不分宗教之派別，以奪得勃根地伯國及東北一帶之要塞之屬於西班牙者。同時並可為荷蘭新教徒之聲援。

聖巴多羅買節日之殺戮　吉斯公一派之舊教徒竟用極其殘忍之方法以破壞其計畫。若輩進言於凱薩琳請毋受德科利尼之欺，並令人暗刺之，不中，德科利尼僅受微傷。母后深慮法國王之仍信德科利尼，並恐其知母后

之參預其事，乃向王偽言胡格諾教徒有陰謀反叛之舉。王信之，舊教徒遂有殺盡新教徒之計畫。定於西元一五七二年八月二十三日之晚，聖巴多羅買節日，俟新教徒群集巴黎觀納瓦拉王亨利（Henri IV le Vert-Galant）與法國王之妹行婚禮時，再發令以殺之。

神聖同盟　是晚號令既發，巴黎新教徒之被殺者不下二千人。消息既傳，四方影響，新教徒之被殺者至少又達萬人。羅馬教宗與費利佩二世均以法國能忠於教會，表示滿意。法國內亂因之復起。舊教徒以吉斯家族（Maison de Guise）之亨利（Henri I）（西元一五八五年至一五八九年）為首領，組織神聖同盟以維持舊教剷除異端為宗旨。

王位承繼問題　查理九世卒，亨利二世之最幼子亨利三世（Henri III）（西元一五七四年至一五八九年）即位，無嗣，王位承繼問題起。其時納瓦拉王亨利為王族中最近之男親，然因其信奉新教，故為神聖同盟中人所反對。且舊教領袖吉斯家族之亨利亦抱有入承大統之志也。

三亨利之戰　法國王亨利三世優柔寡斷，迂迴於兩黨之間，最後乃有三亨利之戰（西元一五八五年至一五八九年）。戰爭之結果，極足以代表當日流行之方法。法國王亨利三世使人刺死吉斯家族之亨利。神聖同盟中人亦刺殺亨利三世。唯新教徒之領袖納瓦拉王亨利獨存於世。西元一五八九年即位為法國王，稱亨利四世（Henri IV），為法國之名王（西元一五八九年至一六一〇年）。

第二十七章　羅馬舊教之改良與費利佩二世

第八節　亨利四世時代之法國

亨利四世改奉舊教　新王即位，仇敵甚多，內亂頻仍，大傷元氣。不久彼知欲國內之昇平無事，非奉多數人民所奉之宗教不可。故彼於西元一五九三年改信舊教。然彼同時亦未嘗忘情於其舊友，故於西元一五九八年頒南特之令。

南特之令　令中允許喀爾文派之新教徒，得自由在曾經信奉新教之市村，舉行崇拜新教之儀節，唯巴黎與其他一部分之城市，則禁止之。新教徒與舊教徒得享同等之政治權利，並得充任官吏。國內重要城市之足以自守者，仍留諸新教徒之手，就中尤以拉羅謝爾，蒙托邦與尼姆諸城為險要。此舉實為亨利四世之大錯。此後三十年內，新教徒因占有險要之區，故激起名相黎希留（Richelieu）之猜疑，而有摧殘新教徒之舉；其意以為新教徒負固國中，有同封建時代之諸侯，故非設法制服之不可也。

敘利當國時代　亨利四世即位後，即任命具有才能而且信奉喀爾文派新教之敘利（Maximilien de Béthune, duc de Sully）為相。敘利乃著手於恢復君主之政權。設法減輕國家之債務。修築大道，開鑿運河，提倡農商諸業，裁汰政府冗員。假使其進行無中輟之虞，則法國或早已達於強盛之域。然因宗教狂熱之故，其改革事業，驟然中止。

亨利四世之被刺　西元一六一〇年亨利四世忽被刺而死，蓋是時正彼年富力強，為國宣勞之日也。王后攝政，敘利與之不相得，乃辭職以隱，著《札記》行世以終其身。不久又有名相黎希留起握政權，自西元一六二四年至一六四二年間，彼實無異法國之君主，國王路易十三（Louis XIII）（西元一六一〇年至一六四三年）屍位而已。黎希留之政策，俟敘述三十年戰爭時再詳。

第六卷　宗教改革及宗教戰爭

第九節　伊莉莎白時代之英國

伊莉莎白在位時代之英國　十六世紀中法國有新舊教徒之紛爭，而當時之英國，獨能倖免。女王伊莉莎白一世（西元一五五八年至一六〇三年）在位時代，勵精圖治，不但國內有昇平無事之象，即費利佩二世之陰謀侵略，亦無實現之機。而且女王有干涉荷蘭之舉，故大有功於荷蘭之獨立。

新教之恢復　女王瑪麗卒，其妹伊莉莎白即位，英國政府，復為新教徒所占據。當時多數之英國人，當然希望女王能秉承其父之政策以行。蓋若輩雖不願再認教宗為宗教之元首，然對於聖餐禮及其他舊日之儀節則崇奉如昔也。然伊莉莎白深知舊教之不能復存，而新教之必將得勢，故再引用昔日愛德華六世所頒之《祈禱》書，稍加改正；並令國民均須遵奉國家所定之宗教儀式。唯女王不願應用長老會派之組織，乃保存舊日大主教、主教、助祭等之制度。教會官吏以新教徒代之。伊莉莎白之第一次國會，雖不予女王以國教領袖之名，然所予女王之權力，則與主教無異。

蘇格蘭之長會派　伊莉莎白之宗教困難，實始於蘇格蘭。當伊莉莎白即位未久，蘇格蘭之貴族因欲獲得主教之領土與收入，故有廢止舊日宗教之舉。其時有約翰・諾克斯（John Knox）者，引入喀爾文所創長老會派之新教及其組織，至今尤存。

瑪麗・斯圖亞特為舊教徒希望之中心　西元一五六一年，蘇格蘭女王瑪麗・斯圖亞特因其夫法蘭索瓦二世去世，乃返國，在利斯地方登陸。時年僅十九歲，貌極美麗，因信奉舊教並受法國習慣之薰陶，故國人視之，有同異族。其祖母為英國王亨利八世之妹，故要求如伊莉莎白無子，彼應

第二十七章　羅馬舊教之改良與費利佩二世

入繼英國之王位。因之西部歐洲舊教徒中如費利佩二世及吉斯公之族人，莫不以蘇格蘭女王為其希望之中心，冀英國與蘇格蘭之回信舊教。

瑪麗行動之可疑及其遁入英國　瑪麗雖無推翻約翰・諾克斯事業之舉，然其措施不當，大失新舊教徒之歡心。瑪麗再嫁於達恩利（Henry Stuart, Lord Darnley），嗣知其為人無賴，頗藐視之。不久女王又與放蕩之某貴族名博思韋爾（James Hepburn, 4th Earl of Bothwell）者私通。達恩利臥病於愛丁堡之陋室中，忽於夜間被炸而死。時人均疑此舉為博思韋爾與女王所為。女王殺夫之責任，其輕重固無人可以斷定。然彼不久即改嫁博思韋爾，國人乃大憤，加以謀殺丈夫之罪。瑪麗知民心已失，乃退位，傳其統於其子詹姆士六世（James VI），而自遁入英國以求援於伊莉莎白。英國女王行事本甚精密者，故一面反對蘇格蘭人民之廢立其國君，一面則監視瑪麗使不得遁。

第十節　英國舊教之消滅

英國北部人民之叛亂及舊教徒廢王之陰謀　女王伊莉莎白一世在位日久，漸知以和平方法對待舊教徒之非是。西元一五六九年，英國北部之舊教徒有叛亂之舉，女王乃知國內舊教徒實尚抱有信奉舊教之決心，以擁戴瑪麗之子為主。不久羅馬教宗又有屏英國女王於教會之外之舉，同時並解除英國人民忠順於女王之義務。幸而英國舊教徒不能得阿爾瓦公或法國王之援助。蓋是時荷蘭獨立之爭戰方始，西班牙人無暇兼顧，而法國王查理九世正當信任德科利尼之日，亦復傾心於新教徒也。然英國北部之叛亂雖平，而舊教徒之陰謀不已，隱望西班牙王之援助。若輩竟函致阿爾瓦公請

321

其率西班牙兵六千人赴英國以廢伊莉莎白而擁立瑪麗・斯圖亞特以代之。阿爾瓦公猶豫不決。蓋彼以為不如殺死伊莉莎白，或生擒之之為愈。不意舊教徒之陰謀被破，其計卒不得行。

英國海商劫奪西班牙商船 費利佩二世既不能傷害英國，而英國之海商則每足為西班牙之患。其時西班牙與英國雖無戰事，然英國商人每劫掠西班牙之商船，其行動遠達西印度。其意以為劫奪西班牙商船，非盜賊行為可比，蓋遵上帝之意以行者也。英國人德瑞克（Drake）甚至入太平洋，以肆劫掠，滿載贓物而歸。最後並獲得「大船一，內藏珍寶甚多，銀幣十三箱，黃金重八十磅，生銀二十六噸」。乃環航地球，既歸國，以珍寶呈諸英國女王，西班牙王雖力爭，英國人竟不之顧也。

英國與愛爾蘭之關係 然其時英國之舊教徒，尚希望愛爾蘭之援助。愛爾蘭與英國之關係，始終互相仇視，實為歐洲史上最不快之一頁。愛爾蘭至是已與聖葛利果一世時代之愛爾蘭異，文化早衰。人民分族而居，嘗起內亂。英國人又屢有入侵之舉，思以武力征服之。自英國王亨利二世以後，英國人曾得根據地於愛爾蘭。亨利八世在位時，愛爾蘭曾有叛亂之舉，叛亂既平，英國王遂自稱愛爾蘭王。瑪麗在位時代，曾殖民於愛爾蘭諸州，以冀調和英國人與愛爾蘭之感情。然其結果反引起英國人與愛爾蘭人之紛爭，卒致殺盡其地之愛爾蘭人而後已。

伊莉莎白深恐愛爾蘭或成為舊教徒運動之根據，故對於愛爾蘭極為注意。不久英國之舊教徒果遣兵入愛爾蘭以其地為入攻英國之根據。伊莉莎白雖能阻止舊教徒之計畫，然擾亂之結果，反使愛爾蘭之困苦，大為增加。相傳西元一五八二年時，愛爾蘭人之餓死者，不下三萬人也。

英國舊教徒之被虐 西班牙軍隊之在荷蘭南部者頗為得手，故費利佩二世征服英國之希望頗大。西班牙於西元一五八〇年遣二耶穌社中人入英

第二十七章　羅馬舊教之改良與費利佩二世

國以堅英國舊教徒信仰之心，並有力勸英國舊教徒援助外國人以反攻其女王之舉。英國國會至是不能再忍，於是議決凡人民行聖餐禮或不遵國教之儀節者，則處以罰金或監禁之刑。西班牙派來之耶穌社中人，其一被殺，其一遁歸。

暗殺女王之計畫　西元一五八二年英國人受費利佩二世之嗾使，有暗殺女王之舉。據當日西班牙政府之計畫，如英國女王被刺而死者，則法國吉斯公應遣兵入英國以恢復舊教。然吉斯公因國內方有三亨利之戰，無暇他顧，費利佩二世不得已乃單獨出兵以征英國。

瑪麗・斯圖亞特之被殺　瑪麗・斯圖亞特於費利佩二世入征英國以前，已被殺而死。先是彼曾參預謀刺伊莉莎白之計畫。國會中人乃知瑪麗不死，伊莉莎白之生命必尚在危險之中；若殺死瑪麗，則西班牙王必不急求伊莉莎白之去位。蓋女王一旦去位，則繼其後者必係瑪麗之子詹姆士六世其人，而彼固信新教者也。伊莉莎白不得已於西元一五八七年下令處瑪麗以死刑而殺之。

西班牙海軍之殲滅　然費利佩二世並不因瑪麗・斯圖亞特之死而中止其入侵英國之計畫。西元一五八八年彼遣其極其完備之海軍曰「無敵艦隊」者，向北駛入法蘭德斯以便運帕爾馬公之精兵以赴英國。英國之軍艦數與西班牙相等而船隻較小，然英國之軍官如德瑞克與和霍金斯（Hawkins）輩均係訓練有素之人。若輩曾往來於南美洲北岸一帶地，深知大炮之使用，使西班牙之軍艦，無短兵相接之機會。西班牙海軍既北上，英國人故意縱其駛入英國海峽，不意大風漸起，白浪滔天。英國軍艦緊隨其後，而兩國艦隊均被風吹過法蘭德斯之海岸。西班牙之軍艦本有一百二十艘，其回國者僅五十四艘，其餘或為英國軍艦所擊沉，或為風浪所覆滅。西班牙入侵英國之患乃絕。

第十一節　十六世紀後半期歷史之回顧

費利佩二世在位初年舊教徒之希望　吾人試回顧費利佩二世時代之歷史，即知此期實舊教會史上之最有關係者。當彼即位之始，德國、瑞士與荷蘭大部分均改信新教。然英國當瑪麗在位時代，幾有恢復舊教之趨向，而法國之君主則無寬容喀爾文派新教之意。加以新興之耶穌社四出運動，極有功於舊教之維持。西班牙之富強為當日歐洲諸國之冠，而費利佩二世則不惜傾國以摧殘國內與西部歐洲之異端。

費利佩二世政策之結果　當費利佩二世去世時，一切形勢，莫不大變。英國已成為永遠之新教國；西班牙之無敵艦隊，一蹶不振。費利佩二世恢復英國舊教之計畫，無復實現之希望。其在法國，則國內可怖之宗教戰爭方終，新王即位，不但予新教徒以信教之自由，而且任新教徒為相。西班牙干涉法國內政之機，乃告終止。西部歐洲方面，有一新教之國發生於費利佩二世領土之中，即荷蘭是也。壤地雖褊小，而其在歐洲政局上之重要，實不亞於西班牙。

西班牙之衰替　至於西班牙本國，則因費利佩二世措置不當之故，國勢大衰。費利佩二世之內政外交諸政策，無不大傷國家之元氣，蓋西班牙之強盛，本係非常之現象，而非其國家果有自強之基也。費利佩二世死後不久，西班牙又有驅逐回教徒於國外之舉，國內工業大衰。其留存國內者僅傲惰之農民而已，耕種無方，土地益形荒蕪。以工作為恥，而不以貧窮為恥。曾有人告西班牙之王曰：「金銀不足貴，血汗最可貴；血汗之為物，永可流通，永不低落。」然西班牙半島中血汗一物，實為難得。故費利佩二世死後，西班牙遂一蹶不振而為歐洲之第二等國家。

第二十八章
三十年戰爭

第一節
戰爭之第一步 —— 波希米亞之叛亂及其失敗

三十年戰爭之性質　因宗教上異同而發生之最後戰爭,為十七世紀初半期德國方面之戰爭。此次大戰,世稱三十年之戰爭(西元一六一八年至一六四八年),然其實戰爭並不只一次;而且戰場雖在德國之境內,然瑞典、法國與西班牙莫不參預其間,其關係之重要正不亞於德國。

《奧古斯堡和約》之缺點　當德國皇帝查理五世將退位之際,德國諸侯之信奉路德派新教者,強迫皇帝承認其宗教及主有教產之權利。然《奧古斯堡和約》之缺點有二:第一,唯信路德派之新教徒,方得和約之承認。至於喀爾文派之教徒,人數雖常有增加,亦不受和約之承認。第二,雖有和約之規定,而新教諸侯強奪教會財產之事,仍進行不已。

新教之傳布　當皇帝斐迪南一世及其繼起者在位時代,國內昇平無事。然新教主義,發達甚速,蔓延於巴伐利亞,奧地利領土及波希米亞諸地。故德國哈布斯堡王朝之領土,頗有大部分改信新教之勢。然舊教徒中,有耶穌社中人之傳道,其勢力亦正不弱。若輩不但四出傳道與建設學校而已,而且得一部分德國諸侯之信任。故當十七世紀之初年,新舊教之爭端,頗有重啟之機會。

第六卷　宗教改革及宗教戰爭

新舊教同盟之組織　德國之多瑙沃特城，本信路德派之新教者，而城中尚存有寺院一處。西元一六〇七年寺中修道士有遊行市上之舉，新教徒群起襲擊之。巴伐利亞公馬克西米利安（Maximilian I）本篤信舊教者，而該城又在其境內，故遂乘機加罪於該城之人思有以懲之。乃遣兵入其城，逐其牧師，恢復昔日之舊教。宮伯領土中之選侯腓特烈聞之，乃組織新教同盟。同盟中之會員，並不包所有新教之諸侯，如薩克森之選侯因腓特烈（Friedrich IV der Aufrichtige）為喀爾文派中人，即不願加入。次年巴伐利亞公馬克西米利安亦組織舊教同盟以抵制之。

波希米亞之叛亂（西元一六一八年）　上述諸節，實為三十年戰爭之開端。而戰事則實始於波希米亞。此地因斐迪南一世婚姻之關係，已入附於哈布斯堡王朝。其地之新教徒，勢力甚盛，故能迫皇帝予以種種之特權。然政府中仍不能遵守其規約，於西元一六一八年毀其地之新教教堂二處，布拉格地方遂有叛亂之舉。皇帝代表三人為新教徒所獲，投之於皇宮之窗外。波希米亞人既有反抗政府之舉，乃進而謀其地之獨立。宣言不再認哈布斯堡王朝之統治，另選宮伯領土中之選侯腓特烈（Friedrich V der Winterkönig）為其新王。波希米亞人以為選舉腓特烈為王，蓋有二利。第一，彼為新教同盟之領袖；第二，彼為英國王詹姆士一世（James I）之婿，可望英國之援助。

叛亂之失敗　波希米亞之叛亂，實為德國與新教之大不幸。其時德國新帝斐迪南二世（Ferdinand II）（西元一六一九年至一六三七年）為篤信舊教之人而且極具才力者，竟求援於舊教同盟。不意波希米亞之新王腓特烈，實無挽回危局之能力。波希米亞人對於新王夫妻，大為失望，又不能得鄰邦薩克森之援助。西元一六二〇年白山一戰之後，波希米亞之「冬王」即倉皇遁走。皇帝與巴伐利亞公盡力於摧殘境內之新教徒。皇帝

並不商諸公會而以宮伯領土之東部予馬克西米利安，並以「選侯」之稱號給之。

第二節
戰爭之第二步 —— 丹麥王之援助新教徒及其失敗

英國、法國不能援助新教徒 新教徒之形勢，至是頗為險惡，而英國王詹姆士一世以為彼之力量定足以恢復歐洲之和平；並可以力勸皇帝與巴伐利亞之馬克西米利安交還宮伯之領土於「冬王」，故不願出兵干涉。即法國亦似應有出兵干涉之舉，蓋其時黎希留當國，雖不喜新教徒，而對於哈布斯堡王朝，則本極為反對者。然當時彼適盡力於推翻國內之胡格諾教徒，故無暇他顧。

丹麥王之南下及其失敗 然其時德國忽有意外之事發生。其時丹麥王克里斯蒂安四世（Christian IV of Denmark）於西元一六二五年率兵侵入德國之北部以援助新教徒為目的。德國舊教同盟遣兵禦之。此外華倫斯坦（Wallenstein）並另募新軍以備戰，其軍費則以戰利品及沿途劫掠所得者充之。皇帝本貧困者，故對此波希米亞貴族之投效，甚為嘉許。不意丹麥王在德國北部，連戰皆敗。德國軍隊遂長驅入其國境，丹麥王不得已於西元一六二九年退歸。

交還教會產令 皇帝因軍隊獲勝，氣為之一壯，乃於西元一六二九年下交還教產令。命國內之新教徒凡自《奧古斯堡和約》後自舊教教會奪來之財產，一律交還。所謂教會財產包有大主教教區二處（馬德堡與布萊梅），主教教區九處，寺院約一百二十處，及其他教會之基金。且謂唯路

德派之新教徒得以自由崇奉,其他各派,一律禁止。是時華倫斯坦正欲執行皇帝之命令,而戰局之形勢忽變。蓋其時舊教同盟中人鑒於華倫斯坦之勢力過巨,頗懷猜忌之心,乃群以華倫斯坦勒索及虐待人民之劣跡,訴諸皇帝。皇帝乃免其司令之職,其軍隊之大部分遂散。舊教徒之兵力方衰,而強而有力之新敵又起。蓋瑞典王古斯塔夫·阿道夫(Gustav II Adolf)又有南下援助德國新教徒之舉也。

第三節
戰爭之第三步 —— 瑞典王之援助新教徒及其失敗

瑞典王國 挪威、瑞典與丹麥諸國,當查理曼時代為日耳曼民族所建設;然自十七世紀以後方參預西部歐洲之政治。自西元一三九七年卡爾馬聯盟締結以來,挪威、瑞典與丹麥三國合而為一。當德國改革宗教之時,瑞典退出聯盟而獨立,故聯盟遂破。瑞典之貴族名古斯塔夫·瓦薩(Gustav Vasa)者(西元一五二三年至一五六〇年)實為獨立運動之領袖。故於西元一五二三年,被選為瑞典之王。同年傳入新教。瓦薩乃籍沒教會之財產,壓服國內之諸侯,瑞典國勢,蒸蒸日上。繼其後者,又征服波羅的海東岸之地,露西亞入海之道因之阻隔。

瑞典王南下之原因 古斯塔夫·阿道夫(西元一五九四年至一六三二年)之入侵德國,其原因有二:第一,彼為當日極誠篤極熱心之新教徒,為時人所注目。彼實憫德國新教徒之困苦,思有以維持其安寧。第二,彼抱有擴充領土之心,欲以波羅的海為瑞士之湖。故彼之入侵德國,不但存援救新教徒之心,亦且抱獲得領土之望。

第二十八章　三十年戰爭

馬德堡之陷落　德國信奉新教之北部諸侯最初對於古斯塔夫・阿道夫並不歡迎；然自蒂利（Tilly）率舊教同盟之軍隊攻破馬德堡以後，新教徒方被其激起。馬德堡本為北部德國之重鎮，既為舊教徒所攻陷，居民被殺而死者凡二萬人，城亦被毀，蒂利殘忍之名雖與華倫斯坦相等，然該城之被毀，或非彼之責任。自西元一六三一年古斯塔夫・阿道夫戰敗蒂利於萊比錫後，新教諸侯方表示歡迎之意。古斯塔夫・阿道夫乃西向而進，駐軍於萊茵河上。

華倫斯坦之再起及瑞典王之陣亡　次年春間彼乃入巴伐利亞境，又大敗蒂利之軍隊，進逼慕尼黑城，陷之。彼是時正可長驅直入維也納，然皇帝忽召回華倫斯坦，令其召募新軍，而以軍權予之。西元一六三二年十一月古斯塔夫・阿道夫遇華倫斯坦於琉森地方，兩軍相戰甚烈，瑞典卒獲勝。然古斯塔夫・阿道夫因深入敵中，為敵人所殺，新教徒驟失其領袖。

華倫斯坦之被刺　然瑞典人仍不退出德國之境外，繼續從事於戰爭。唯是時所謂戰爭，已流為一種軍官盜劫之舉動。兵士到處殺人，殘忍無比。華倫斯坦有陰與黎希留及新教徒諸侯信札往還之跡，舊教徒疑甚；皇帝亦有所聞。華倫斯坦之兵士多紛紛散去，而彼卒於西元一六三四年被人暗殺而死。同年皇帝軍隊大敗新教徒於諾德林根地方。不久薩克森選侯退出瑞典同盟向皇帝求和。德國諸侯亦頗有厭亂者，戰爭至此，頗有終了之勢。

第四節　戰爭之第四步 —— 法國之干涉及其結果

黎希留重啟戰端　是時法國宰相黎希留忽又遣兵入德國以與皇帝戰。蓋法國自皇帝查理五世時代以來，四面均為哈布斯堡王朝之領土所包圍。

境界除大西洋岸一面外，其他各方之界線，均無天然形勢，難以自守。故法國之宗旨，在於弱敵以自強，而且欲得魯西永之地以庇里牛斯山為法國與西班牙之界線。同時法國並欲獲得勃根地伯國及沿邊要塞以擴充其勢力於萊茵河之上。

黎希留阻止西班牙侵略義大利之舉動　黎希留對於三十年戰爭並不取袖手旁觀之態度。彼曾力促瑞典王之干涉，並以軍餉供給之。而且彼曾阻止西班牙之擴充其勢力於義大利之北部。西元一六二四年西班牙之軍隊侵入信奉新教之阿達河流域，其目的顯在於征服其地為己有。黎希留以為西班牙之舉動，與法國之利害極有關係，蓋一旦西班牙征服其地，則德國與義大利兩地之哈布斯堡王朝領土，有打成一片之觀也。法國乃遣軍隊入義大利逐其地之西班牙人。黎希留本非有所愛於其地之喀爾文派新教徒，蓋純為法國利害起見者也。數年之後，法國與西班牙又有爭奪曼切華公國之舉，黎希留親率軍隊以敗西班牙人。三十年戰爭將終之時，皇帝頗占優勢，故黎希留不得不出兵以挫敗之。

黎希留之干涉及戰禍之延長　黎希留於西元一六三五年五月向西班牙宣戰。其時彼已與哈布斯堡王朝之敵人締結同盟。瑞典允俟法國願和後再與德國皇帝言和。荷蘭亦與法國同盟，德國諸侯之一部分亦然。故戰端重啟之後，法國、瑞典、西班牙及德國之軍隊，再肆蹂躪德國者前後凡十年。軍糧極缺，故軍隊不得不頻頻調動以免飢餓。瑞典軍屢戰屢勝，皇帝斐迪南三世（Ferdinand III）（西元一六三七年至一六五七年）乃遣一道明派之修道士向黎希留勸其毋再援助德國與瑞典之異端以攻擊純正之奧地利。

法國繼西班牙而霸　然是時黎希留已死，時西元一六四二年十二月也，其外交可謂大告成功，想彼臨終時亦必引以為快也。法國得魯西永、阿圖瓦、洛林及亞爾薩斯諸地。法國王路易十四（Louis XIV）（西

第二十八章　三十年戰爭

元一六四三年至一七一五年）即位初年，名將甚多，武功甚盛，蒂雷納（Turenne）及大孔代（le Grand Condé）尤著。吾人於此，即知法國不久將繼西班牙而稱霸於西部歐洲矣。

第五節　《西發里亞和約》及戰爭之結果

戰爭終止（西元一六四八年）　三十年戰爭參預者既如此之多，而各人所抱之目的又如此之雜，故締結和約，因之不免需時。當西元一六四四年時，法國已與帝國決定講和於芒斯特，皇帝與瑞典媾和於奧斯納貝克，皆西發里亞境中之城市也。各國代表之往來蹉商和約者竟至四年之久，至西元一六四八年方訂定簽字。約中之條文為歐洲國際法之根據，至法國革命時方止。

條約之規定　據約中所定，凡德國之新教徒，無論其為路德派或喀爾文派均受《奧古斯堡和約》之承認，得以自由崇奉。凡新教諸侯，可以不理昔日交還教產令。凡西元一六二四年時若輩所占有之教產，仍得保留之。各邦諸侯仍得自定其境內所奉之宗教。德國各邦得互結條約，與外國亦然，帝國至是可謂瓦解；蓋此種規定與承認各邦之獨立無異也。波美拉尼亞之一部分及奧德、易北與威悉三河口之地，均割與瑞典。唯三地仍屬於帝國。不過瑞典此後在德國公會中得三表決權耳。

至於法國，則得梅斯、凡爾登及都爾三主教教域，此三地在百年前法國王亨利二世曾欲得而甘心者也。皇帝亦以其在亞爾薩斯之權利讓與法國，唯史特拉斯堡城則仍屬帝國。最後荷蘭與瑞士之獨立，亦得各國之承認。

331

第六卷　宗教改革及宗教戰爭

戰爭之惡果　德國人民因三十年戰爭所受之苦痛，筆難盡述。昔日繁盛之區，多變為荒涼之域。村落之成墟者數以千計；有數處人民之數較戰前減少至二分之一，亦有減至三分之一者，亦有不及三分之一者。奧古斯堡城本有八萬人，至是收留一萬六千人。德國人民亦因各國兵士之蹂躪及凌虐，故返諸野蠻之域。自此至十八世紀末年，德國之元氣大傷，故對於歐洲之文化絕無貢獻。唯有一事焉，實為德國之希望所繫。其事唯何？即布蘭登堡之選侯自《西發里亞和約》後，為皇帝治下最有勢力之諸侯是也。他日既為普魯士之王，建設強國於歐洲，為戰敗哈布斯堡王朝而建設德意志帝國之先聲。

第六節　科學時代之開始

新科學　吾人處今日之世，對於三十年戰爭漸形忘卻，對於蒂利，華倫斯坦及古斯塔夫·阿道夫諸人亦漸無關心之人。抑若戰爭之為事，唯有破壞而無建設，所得實不償其所失。然當三十年戰爭進行之日，亦正有人專心於科學之研究，其影響之遠大，自非戰爭所可比。此輩科學家之研究方法與古代絕異，若輩以為古人之著作——就中以亞里斯多德之著作尤著——在各大學中所通行者，均係未經證明之言論。若輩以為欲謀科學之進步，當自脫去古人之陳規，自行實驗與研究始。

哥白尼之發見　波蘭之天文家哥白尼（Copernicus）於西元一五四三年，著書說明昔日太陽與恆星環繞地球而行之說之非是。彼以為太陽實為中心，地球與行星均環繞之而行。又以為恆星之似環繞地球而行者，蓋地球私轉故耳。哥白尼之著書雖經某教宗閣員之提倡，而且以其書達其景仰

第二十八章 三十年戰爭

教宗之忱者,然新舊教之神學家,群以其學說為違反《聖經》上之主張,故竭力反對之。吾人至今已知哥白尼之學說並不謬誤,而神學家之攻擊,實屬無知。所謂地球,不啻滄海之一粟。就吾人所知者而論,則宇宙全體,並無中心。

伽利略 義大利科學家伽利略(Galileo Galilei)(西元一五六四年至一六四二年)用其所發明之望遠鏡,竟能於西元一六一〇年發見太陽面上之黑點,乃證明太陽之為物並非完全不變如亞里斯多德所言者,並以為太陽亦有私轉之跡者也。伽利略並在比薩之斜塔上投物於地,以證明亞里斯多德主張凡物重百磅者則其墜地速率較重一磅者加百倍之言之謬誤。此外伽利略對於器械學上,亦復多有發明。彼之著作有用拉丁文者,亦有用義大利文者,因之頗為崇拜亞里斯多德者所不喜。蓋若輩以為此種新思想若僅限於熟諳拉丁文之學者,則伽利略之罪尚為可恕,今竟以義大利文播之於大眾,則其危險極大,不且懷疑當日神學家與大學之主張耶?伽利略最後被召至異端裁判所,其主張頗有為教會中人所禁止者。

笛卡兒 當三十年戰爭開始之時,法國少年名笛卡兒(René Descartes)者,適畢業於耶穌社中人所設之學校,為增加世界知識起見,乃有從軍之舉。然彼之思想甚富,當彼於某年冬日在停戰期中獨坐深思,忽悟吾人之輕信一切,絕無理由。彼以為彼所信者多傳自古人,乃疑古人主張何以無誤?彼乃專心致志另尋新理,一意於重建哲學之根基。第一,彼先斷定至少有一事為真。彼「思」故彼必存在。此語遂為彼之名言,彼又斷定世間果有上帝,上帝果予吾人以善心,吾人若善用之,則吾人必不致受欺。總之笛卡兒主張凡「清明」之思想必係「真」思想。

笛卡兒之著作 笛卡兒不但建近世哲學之基,而且有功於科學與數學。彼對於英國人哈維(Harvey)之發明血液循環之理,大為感動,以為

第六卷　宗教改革及宗教戰爭

即此已足徵科學之成功。彼著書曰《談談方法》(*Discours de la méthode*) 用法國文著之，以備不諳拉丁文者之研究。彼謂用一己之腦筋以求真理者，其結果必能較專恃拉丁文者為佳。彼並著有《代數》及《幾何學》(*La Géométrie*) 諸書，而解析幾何一種學問，實彼所發明者也。

培根之理想國　英國人法蘭西斯・培根（Francis Bacon）本精於法律而為官吏者，有暇每專心於研究增加人類知識之方法，彼亦並用拉丁文與英國文以著書。近世反對「師說」與信賴「實驗」者彼實為其第一人。嘗謂「吾輩乃古人」非生在古代之人之為古人，蓋其時世界尚幼，而人類尚愚也。年老時彼並著未完之小書曰《新大西島》(*New Atlantis*) 者。書中描寫數歐洲人所到之理想國。國中最要之機關為所羅門室，為一極大之科學實驗室，以發明新理改良人類狀況為目的。此室實為他日英國皇家學院之模範。英國之皇家學院建於培根死後約五十年，至今尚存也。

科學社之創設　科學社之組織，始於義大利。不久英國、法國、德國均有同樣科學院之建設。此實歷史上空前之機關。其目的與古代希臘學校及中古大學不同，不在於傳授古人之知識，而在於新知識之發明。

吾人已知當十三、十四兩世紀時，曾有指南針、紙、鏡、火藥等之發明，至十五世紀又有印字機之發明，然至十七世紀時，人類之進步方甚迅速。發明之時代，實始於此，至今未已。自顯微鏡與望遠鏡發明以來，古代希臘人與羅馬人所不知者，吾人無不知之。不久因科學進步而產出改革之精神，中古時代可謂告終，而近世時代乃於是乎開始矣。

第二十八章　三十年戰爭

中古歐洲史——王權與聖座：
從蠻族入侵至宗教戰爭，5 世紀初到 16 世紀的歐洲歷史全景

作　　　者：	何炳松
發 行 人：	黃振庭
出 版 者：	崧燁文化事業有限公司
發 行 者：	崧燁文化事業有限公司
E ‑ m a i l：	sonbookservice@gmail.com
粉 絲 頁：	https://www.facebook.com/sonbookss/
網　　　址：	https://sonbook.net/
地　　　址：	台北市中正區重慶南路一段 61 號 8 樓 8F., No.61, Sec. 1, Chongqing S. Rd., Zhongzheng Dist., Taipei City 100, Taiwan
電　　　話：	(02)2370-3310
傳　　　真：	(02)2388-1990
印　　　刷：	京峯數位服務有限公司
律師顧問：	廣華律師事務所 張珮琦律師

-版權聲明-

本書版權為興盛樂所有授權崧燁文化事業有限公司獨家發行電子書及紙本書。若有其他相關權利及授權需求請與本公司聯繫。
未經書面許可，不得複製、發行。

定　　　價：450 元
發行日期：2024 年 08 月第一版
◎本書以 POD 印製
Design Assets from Freepik.com

國家圖書館出版品預行編目資料

中古歐洲史——王權與聖座：從蠻族入侵至宗教戰爭，5 世紀初到 16 世紀的歐洲歷史全景 / 何炳松 著．-- 第一版．-- 臺北市：崧燁文化事業有限公司，2024.08
面；　公分
POD 版
ISBN 978-626-394-668-2(平裝)
1.CST: 中古史 2.CST: 歐洲
740.23　113011652

電子書購買

爽讀 APP　　　　臉書